趙 万一 著
王 晨 監訳
坂本真樹
崔 文玉 訳

民法の倫理的考察

Minfa De Lunli Fenxi, 2nd Edition

●中国の視点から

法律文化社

民法的伦理分析〔第二版〕

赵　万一

Minfa De Lunli Fenxi, 2nd Edition
by Wanyi Zhao

© Wanyi Zhao

All rights reserved.
The original Chinese edition was firstly published by Law Press China in 2012. This Japanese translation is published by arrangement with Law Press China c/o the author.

「『民法の倫理的考察』の巻頭に寄せて」

法の継受：受け手の側の論理と抵抗

名古屋大学名誉教授
名古屋学院大学教授　加藤　雅信

【ローマ法植民地の「民」がみるもの】

　「ローマは，三度世界を征服した。最初は武力によって，二度目はキリスト教によって，三度目はローマ法によって」というイェーリングの有名な言葉がある。この言葉が喝破しているように，現在の世界の成文法国のほとんどは「ローマ法によって征服」されており，本書の著者，趙万一氏が住む中国も，この小文を執筆している私が住む日本も，その征服の地であって，ある意味ではローマ法植民地の一部を形成している。

　ローマの武力による征服は数世紀の間続いたが，永続はせず，かつてのローマ帝国は，本拠地イタリア，そしてフランス，スペインをはじめとする多くの国家へと分裂していった。その後幾世紀かをへて世界の歴史は帝国主義の時代へと進み，非ヨーロッパ世界はほとんどすべてといってよいぐらいヨーロッパ列強の植民地と化したが，第二次大戦後までに——各国内に民族問題という残滓を残しつつも——その植民地のほとんどが姿を消した。そして，キリスト教もかつての力を失いつつある。結果として残されたのが，「ローマ法による征服」であった。

　植民地には「植民される側の論理」があり，それが火を噴けば「独立運動」となる。「法制度植民地」では，それがどのようなかたちをとるのか。趙万一氏ご自身がどのように考えておられるのかは若干の留保が必要な部分もあるが，私からみると，それが姿を現わしたのが本書であるように思われてならない。

　本書の序論には，「異なる法律文化は法制度上大きな相違を示す。……例えば，古代ローマでは，私法が多くの民事関係を調整しており，古代の中国では

民間の礼儀と習慣によって民事関係を調整していた」（本書4頁）との叙述があり，そして，あとがきの冒頭は，「現行の法律体系の中で，民法は最も厚い文化の蓄積であり……民法は法律意識を含め，公平，自治，誠実を核とする法治精神と法律文化を表現する」（本書253頁）との叙述がある。

　この中間に位置する本書本体は，民法全体にわたって，それぞれの分野で「倫理」がどのように発露されているかの分析が続く。そこでとりあげられる民法は，古今東西，実に幅広いものであり，基本的に西洋民法を肯定する論述も続くなか，中国的なもの，中国固有の文化，中国的な「公平」観，「道徳性」論が垣間見える記述となっている。本書の対象は中国に限定されない「民法一般」であるが，グローバルな民法分析のなかに「中国」が垣間見えるのが本書の特徴である。

【民法典の倫理性？】

　しかし，ひるがえって考えてみると，「法と倫理」，「法と道徳」このような言葉を聞いた読者は，いったい何を思い浮かべるであろうか。東洋において法規範をもっとも簡潔に定めた漢の高祖の「法三章」では，殺人・傷害・窃盗だけが処罰の対象となっており，西洋においても，旧約聖書にでてくる「モーゼの十戒」にも「殺すなかれ」，「盗むなかれ」の文言がでてくる。これらは，道徳の根幹であると同時に，法の根幹でもある。

　しかしながら，「殺人」も「窃盗」も刑法典に規定されているだけで，民法典にはこれらの文言がでてくるわけではない。もちろん，「殺人」を犯せば，民法の不法行為による損害賠償の対象にはなるが，①赤ちゃんを殺した犯人と，②赤ちゃんに添い寝をしてうっかり窒息死をさせてしまった気の毒なお祖母さんとが負う損害賠償の範囲は民法では同一である。また，③他人の物を盗んだ場合と，④過失で壊した場合との民法上の損害賠償の範囲も変わりはない。①と②，あるいは③と④とでは，「倫理的な悪性」の程度はまったく異なると思われるが，民法の分野では「民事制裁」の内容は同一とされている。刑法は倫理的なのに，民法は倫理を無視しているのではないか，このような疑問がでてきてもおかしくはない。

　前段に述べたような例を考えると，倫理や道徳は自律的であり，法は他律的

であるとはよくいわれるが，刑法は最小限の倫理を「他律的な法」として規定したものの，民法はそれほど「倫理」を気にせず規定しているのではないかという気がしてくるところである。以上に述べたような感想が正面から語られることはそれほど多くはないが，民法学者のほとんどは「民法と倫理」というテーマをとりあげることなく，民法研究を進めてきた。ところが，趙万一教授執筆の本書は，原書の『民法的伦理分析』との題名のもとに，この問題を正面からとりあげた。ユニークな本であることは疑いをいれない。

ただ，この本がとりあげている民法の倫理性は，第2章以下第7章まで，「平等原則・公平原則・意思自治の原則・信義誠実の原則・公序良俗の原則・権利濫用禁止の原則」と「倫理」を語りやすい「開かれた一般条項」についての記述が続くが，第8章以下で民法の具体的な法制度についての分析に入ると，「倫理」による基礎づけが急に困難になる。この本に書かれているように，法律行為には「詐欺・強迫」もあるし，代理には「表見代理」の規定もあり，多くの法制度が「倫理的要素をも」含有している規定をもつことは事実である。しかし，そのような部分があるとしても，各法制度の全体を「倫理的分析」によって基礎づけることができるものなのだろうか。もちろん，民事紛争解決の「スジの良し悪し」を語るときには，倫理ないし公平感と無関係ではありえないので，各法制度が倫理・公平・正義と無関係であるとまでいうつもりはない。しかし，それだからといって，法規範のすべてを倫理的に基礎づけることも非常に困難なのである。

期間計算の規定の倫理性を語ることはほとんど不可能であろう。また，もう少し実体的な規定を考えてみても，連帯債務や保証債務の倫理性を語ることも難しい。さらに若干の例をあげれば，各国の成年年齢をみても，日本民法が制定された明治中頃には21歳から24歳くらいの国が多かったところ，現在では，ネパールのように16歳の国もあれば，インドネシアやエジプトのように21歳の国もあり，多くの国はその中間である。このようななかで，成年年齢基準を若年とするか上の年齢とするかによって，「倫理的な差」が存するわけではない。「若年者の自立」をめざした成年年齢低年齢化を振り回してみたところで，その成年年齢に達して低年齢者が悪徳商法の餌食になるようでは何の意味もない。民法を離れて例をあげれば，道路の右側通行か左側通行かは道徳律と無関

係で，統一性さえ保たれればどちらでもよいのである。このように，民法を含め，法には技術的な規範が少なからず存在している。

そもそも，「倫理」を「七面倒臭い」といって嫌う不道徳な人間は少なからずいるが，「倫理は複雑すぎてわからない」という人間にお目にかかることはまずない。倫理が倫理として社会で通用するためには，万人にわかる簡潔な命題であることが必要なのである。これに対し，民法を含む法律は，ときに技術的な複雑な様相を示すことも少なくない。「法は複雑すぎてわからない」というのは，法を学びはじめた者の多くがいだく感想であろう。この感覚の歴史は古く，初期の成文法を代表する紀元前18世紀のハンムラビ法典でも条数は282条にものぼるのであって，古今東西，法は複雑でわかりにくいと人々に思われ続けてきたのである。そうであるからこそ，漢の初代皇帝の高祖は，法三章をつくり，法の簡素化をはかって，透視性を高めたのであろう。しかしながら，このような簡素な法では社会の統治にじゅうぶんではなく，この後に，法三章ですべてを済ませた国は，世界のどこにも存在していない。

それはともかくとして，さきに述べたような「複雑な法」に，「倫理」のにおいを嗅ぎとる人は少ないのが現実である。この意味では，民法等，法律に多くみられる複雑な法制度は，しばしば技術性が強く倫理性に乏しい規範群としてとらえられており，倫理的色彩も強い一般条項と好対照をなしていることになる。

ところが，この本で，著者はほぼオーバーオールに民法の各制度を「民法〇〇制度における倫理的分析」として描いてみせた。第2章以下第7章までの一般条項についての分析はともかくとして，前段，そして前々段に述べた内容を考えると，一般的に「民法制度は道徳化された法律制度である」（本書5頁）として，民法の各制度を倫理的に基礎づけることにはかなりの無理がある，との感を私自身はいだくところである。では，なぜ著者のように，古今東西の民法に通暁した人物が，無理を押してまで民法の各制度を倫理的にとらえたいという欲求にかられたのであろうか。

【西洋法植民地からみた西洋民法】

多少私的な話に立ち入ることにはなるが，その点をお許しいただけるのであ

れば，この巻頭の小文を著わしている私が立つ位置と本書との立ち位置の異同を述べておくことにしたい。

　私は，かつて「法意識国際比較研究会」という組織をたちあげ，世界22か国／地域における契約遵守意識の比較調査を行い，また，日米中三国のそれぞれにおいて全国調査を行って東洋社会と西洋社会における法の成り立ちをその基底意識の視点から調査・分析するとともに，さらには，アマゾン，ゴビ砂漠，モンゴル平原，ヒマラヤ・ネパール，タイ北部山岳地帯の少数民族の村々，タンザニア奥地等，世界各地を訪ねながら，土地所有権についての「所有権発生の構造」と知的所有権発生の構造を分析したことがある。この世界的な調査を行ったさい，日本をよく知る欧米の法律学者から，「なぜ，日本人は『法意識論』に興味をもつのか？　わが国には，そのような研究はないのだが……」との質問とも感想ともつかぬ言葉を受けることは稀ではなかった。

　本書の著者，趙万一氏は，本書の最初で「古代中国の性善説」と氏のいわゆる「欧米の性悪説」とを対置して，次のように述べる。中国の性善説のもとでは「修身斉家治国平天下」的な徳治主義的国家像が描かれたのに対し，欧米の性悪説のもとでは，「人の本性は常に貪欲で利己的である……人の本性が善に向くことができない場合に，法治主義を採用するしかない……権力者の本性は最も容易に罪悪を露呈しがちである……欧米の法治思想はこのように人の本性は悪だという仮定に基づいて始動してきた」(本書11頁)。「これは，人の本性に対し不信感を有する人々に特有の思考様式」(本書12頁)である。このような中国・欧米の対置観を基礎におきながら，訳者の言葉によれば，「中国の倫理的視点から民法の理念・原則・制度について全面的かつ詳細に分析した専門書」(本書xiii頁)としての本書が著わされたのである。

　このように，本書の著者が「民法の倫理性」を問題とし，私を含めた日本の法学者が「法意識論」に興味をもつにいたるのは「西洋法に征服された東洋のせめてもの反逆」という側面があるように私には思われる。民法典に体現されている，欧米人にとってはごく当然の規範内容が，東洋人である中国人や日本人には「異物」であるがゆえに，本書の著者は中国的観点を交えつつその規範内容の「倫理性」を考え，私を含めた日本人は「西洋人と東洋人——ないし，日本人——の法意識のギャップ」に興味をいだいたのである。法意識論という

方向性はとらなかったが，氏の「いわゆる外国の先進の法律規定を異質社会に『移植』すれば，法律は必ずや現実生活とのずれを生じ，実用的な効果がなくなる」（本書21頁）という理解はきわめて的を射た指摘であって，日本にも中国にもそのままあてはまるものである。

【民法典の根源的倫理性】

　中国の改革開放後の経済力の増強と，それを基礎とした軍事力の増強は，中国ナショナリズムを刺激しつつあり，近時においては一般に「中国的なるもの」を強調する傾向が見受けられ，極端な場合には中華思想的発想と結びつくこともある。本書は，インテリが執筆したものだけあって，その種の極端な弊があるわけではないが，それでも「中国」の独自性を主張しようとする気持ちが――西洋民法を全体として肯定的に評価しながらも，底流的逆流として――垣間見えるところがある。

　しかしながら，私自身は，日本や中国を含む東洋社会，いや非ヨーロッパ社会の多くがローマ法植民地であると評価しているが――「法文化の差異」を法意識論として学術的に分析はするものの――「独立運動」を起こすつもりはないし，法における「日本文化の独自性の発揮」をめざしたいとも思わない。それは，別段，ヨーロッパ文明の奴隷となった植民地根性のゆえではない。

　私自身，「民法の再法典化」という立法論にも興味をもっており，自分たち自身の「民法典私案」を著わしている（民法総則編につき，民法改正法研究会〔代表 加藤雅信〕『日本民法典改正案Ⅰ　第一編 総則――立法提案・改正理由』〔信山社，2016年〕。民法財産法全体につき，民法改正法研究会〔代表 加藤雅信〕『民法改正 国民・法書・学界有志案』〔日本評論社，2009年〕。前著の中国語訳として，民法改正法研究会考家建議稿〔代表 加藤雅信〕＝朱曄・張挺訳『日本民法典修正案Ⅰ　第一編 総則――立法提案及修正理由』〔北京大学出版社，2017年〕）。

　この立法提案も，「権利－義務」関係を前提とした西洋法の論理を枠組として用いたものであった。このような発想の基底には，「権利－義務」関係には，それによって個々人がミクロ的に相互に制御しつつ，また，制御されつつ，自己利益を追求し，かつ，防御していくという，アトムとしての個人の相互関係が総体としての社会統制を構成するという基本原理があるのに対し，さきに述

べた東洋的な「徳治」主義的発想は、究極のところ「人治」を基礎づけるだけに終わるという、私自身の考え方がある。

「人権」ないし「基本的人権」という発想は、徳治からは——単に「下賜」されるだけで——生まれることなく、「権利‐義務関係」という、ぎすぎすしてはいるが、西洋的発想から生まれるものである。ここで私が「ぎすぎす」していると評した点に着眼して、趙万一氏は、「権利‐義務関係」を否定的にとらえており、「権利には固有の欠陥があり、権利の本質は他人に対する不信任と防備を通して自分の利益を守ることにある」、われわれは、「権利本位がもたらしたマイナス効果を最大限減少する必要がある」(本書10頁)。「人の本性は悪であるとの仮定」(本書12頁)のもとに、「公民の私力で適切に解決できることであれば、国家権力の介入する必要はないというのが民法の主張である。人の本性を信じないため、人々は……個人の権利や義務の範囲を決め、国家権力が個人の権利の領域に勝手に入ることを許さないのみならず、個人間相互に権利を踏みにじることも許さないという規定をもって社会個人間の権利濫用を防止する」(本書13頁)。ここに述べられている民法理解そのものは正確であるが、この箇所の引用文献が『検察日報』に掲載された「一方的深刻な性悪論」という題名の論文であることが、この叙述のめざす方向性を余すところなく物語っている (同書13頁注34)。

私自身の見方に話を戻すと、民法には、倫理性が浮かびあがりやすい一般条項の数は少なく、多くの規定は技術的であり、規範内容は複雑である。しかしながら、自分自身をリベラリストであると考え、「人権」そのものを大事にしている人間にとっては、「権利‐義務関係」という民法の根源にある発想が、社会構成員間の相互制御の総体が社会統制となるという非権力的発想を生みだし、それがひいては「人権」という倫理の生みの母であり、また、「母なる大地」であるように思われる。実は、一見技術的にもみえる民法の根源的倫理性はこの点にあるのであって、それがゆえに、私自身は、ローマ法や西洋民法型発想からの独立を志向するつもりはない、と考えているのである。

「倫理」から民法を考えるというユニークな発想から本書を著わした趙万一氏が、上記のような「非権力的社会統制の基礎」を形づくるのが民法であり、権力から独立した市民社会の形成を可能とすることこそが、民法の根源的倫理

性であるというとらえ方をどのようにお考えになるか，まだお目にかかる栄に浴したことはないが，一度，伺ってみたい気がする次第である。前々段に紹介した内容にある程度答えが現われているとすれば，この小稿は，意思自治を説くさいにも「いかなる社会主体の行為も国家権力に制限されなければならない」(本書84頁)という発想をもちつつ「社会主義民法体系及び相応する民法文化を構築すべきである」(本書21頁)という現代中国の現体制擁護的な主張に対する，1人のリベラリストからの論評ということになるのであろう。

　本書を読んで感じるのは，著者，趙万一氏が──「政治社会中国」という地に身をおくインテリゲンチャーとして，政治社会における限界を感じつつも──リベラリズムをも追求したいという姿勢をおもちのことである。その意味では，現代中国についてこのようにいうことは言語矛盾の感もあるが，お目にかかったことがない同氏は「体制内リベラリスト」と評されるべき人物かもしれず，小稿の内容をみて，「社会体制が異なるなかで，日本の学者が勝手なことをいって……」と苦笑なさる状況が思い浮かばないわけでもない……。内容的に，この小稿に本書に対する批判も含まれていることを否定するつもりもないが，その批判をもちつつ，著者，趙万一氏に連帯のエールを送りたい。

『民法の倫理的考察』の刊行にあたって

　趙万一教授は，西南政法大学教授であり，法学院長である。趙教授は，現代の中国を代表する私法学の第一人者である。趙教授は，英国のビジネス法の雑誌の編集委員も務められ，世界的に著名である。趙教授の専門分野は，民法，商法，会社法，証券取引法，比較法と多面にわたるが，最も得意とされる分野が民法である。本書は，民法の基本原理を，意思自治，公平原則，平等原則，信義誠実原則，公序良俗原則等に求め，これらの基本原理から，中国民法の全体像を示し，解説した，趙教授の代表作である。本書は，中国の民法学の最高の水準を持つ書との評価を得て，中国私法で最も権威のある民法哲学文庫から出版されている。本書は，中国で三版を重ね，法学研究書としては異例のベストセラーである。

　日本では，中国法に対する関心は高く，中国に子会社あるいは合弁会社を有する企業は，中国私法に対するビジネス上の関心を有している。日本の研究者は，中国の私法学の学問研究についても強い関心を寄せている。日本では，中国私法に対するハウツー本，ビジネスガイド的な本は存在するが，中国私法学の学問水準を伝える本はほとんど存在しない。本書は，中国私法学の最高水準の本であり，法律文化社から発刊された本書は，歴史上初めて，中国法学の本格的な学問的著作が日本において発刊されたものの一つである。中国民法に関する信頼できる研究書が，日本の読者にわかりやすい日本語で提供されることは，日本のビジネス界にとっても，歓迎される画期的なこととなるであろう。

　本書は上海大学の崔文玉教授が訳され，静岡大学の坂本真樹准教授と大阪市立大学の王晨教授が監訳された。崔文玉教授は日本で学位をとられた高名な新進気鋭の比較法研究者であり，坂本真樹准教授は崔文玉教授の日本留学時代の同僚であり，日本における民事法の新進気鋭の若手研究者である。王晨教授は日本における中国の民事法の第一人者である。本書は，日中の民事法学を代表する最高レベルの頭脳の共同作業であり，これも日本の読者の興味を集めるところである。

法律文化社は，これまで，学問的価値のある良書を発掘し，日本の読者に提供する素晴らしい役割を果たしてきた。私は，ここに，法律文化社から出版された，赵万一著『民法の倫理的考察——中国の視点から』を，江湖に強く推薦するものである。

　2017年7月10日

大阪市立大学大学院法学研究科教授

高橋　英治

訳者序

本書の内容と基本的視点

本企画は，中国・法律出版社より2003年に刊行された中国語の書籍趙万一著『民法的伦理分析』に加筆修正を加えたうえで日本語に翻訳したものである。2003年の同書の内容と基本的視点を以下で簡単に紹介する。

同書は，中国の倫理的観点から民法制度全般を研究する理論的体系書である。特定の社会的倫理の観念と規則は，各国の民法制度の基礎であり，民法制度を特定の社会的文脈で評価する際の主要な基準でもある。各国の民法は当該国の基本的な倫理を法律制度に反映させた結果とも言える。現在中国の民事立法は，外国の先進的な法律制度の導入にかなり意欲的である一方，研究が充分ではないという問題がある。民法は国民の社会生活と最も密接な関わりがある法律であり，先進的な法律文化と法律制度の導入を常に求めているが，同時にその規制内容は国民の伝統的，倫理的観念，道徳との一致をも求めている。法制度の現代化，特に民事立法の現代化が成功するには必ず先進的法制度と伝統文化との双方向の相互作用がなければならない。どのような社会文明の進化や法制度の進化であっても倫理の蓄積及び承継が必要不可欠であり，先進的な文化であっても法制文化を吸収し導入する過程で，一貫した伝統法制の存在価値を全面的に否定することはできない。一定の法律的な伝統と社会習慣を離れて，いわゆる国際基準に合わせた現代民法制度の確立を試みるならば，このような法制度とシステムは安定性と実効性を失ってしまうだろう。理想的な民事立法は，伝統文化と現代的法制度の理念の間で十分に相互参照しながら構築されるべきである。すなわち，現代中国の市場経済体制の要求に対応でき，かつ，中国社会で受容されている社会主義的な民法典のシステムとも相応する未来の民法制度を構築すべきである。

本書の構成と概略

本書は序論と11の章で構成される。序論では「民法学がなぜ倫理に拘るの

か」を論じる。そこでは本書の主要なモチーフと目的，すなわち現在の中国の民法研究では外国の先進的な民法制度を比較的積極的に参考にして導入しているが，中国の伝統文化，伝統倫理，伝統習慣の研究と吸収に対しては十分ではないという問題意識を提起する。そして民法の倫理性が中国の未来の民法典制定の主要な根拠であるべきだ，と論じる。第1章の「民法の倫理的考察」の概述においては，主に民法の倫理的一般概念を論述して，倫理道徳と民事法制度との関係，倫理・道徳の民事執行に対する影響，倫理的な規則が各国民法に及ぼす影響の多面性について考察する。第2章から第7章にかけて，民法の基本原則の歴史的変遷，民法の基本原則の発生における倫理的基礎と経済的基礎，民法の基本原則における平等原則，公平原則，意思自治の原則，信義誠実の原則，公序良俗の原則，権利濫用禁止の原則などを多角的に検討する。第8章の「民法の基本制度の倫理的分析」では，民法の基本的制度における倫理の性格付けに関する詳細な研究を行う。本章では民事法の主体制度，行為制度，代理制度の倫理的基礎，倫理性の表現及び価値を論じる。第9章の「民法の財産関係における倫理的分析」では主に財産制度について考察する。本章には物権制度，債権制度，契約制度，相続制度，知的財産権制度及び倫理関係などが含まれている。財産と財産権の観念は，単なる法律的表現ではなく倫理的判断である。第10章の「民法の身分関係についての倫理的分析」では，公民人格権制度と婚姻家族制度における倫理的関係及び倫理的表現について考察する。身分関係は民法の中で最も倫理的領域であり，それ自身，倫理的判断及び倫理的関係の法律的表現である。第11章の「民事救済制度についての倫理的分析」では権利救済の視点から，民法上の権利救済の必要性，価値と効果，救済対象，形式と手段，民事救済の手続等の問題に言及する。

本書の出版意義

本書は2003年9月に法律出版社で初めて出版され，大きな社会的反響を引き起こした。中国知ネット（CNKI）での検索も可能で，すでに数百回引用されている。さらに多くの大学で大学院生の専攻著書として指定されている。同時に，中国大陸の学界で幅広い称賛を得ている。また台湾地区の民法学界においても関心を集めている。台湾五南図書出版社の努力により，本書は2005年5

訳者序

月，台湾にて繁体字で出版された。本書は2012年3月に改訂版が出版され，トータルで約4000部刷られた。

　著者は中国商法法学会副会長を務める高名な学者であり，日本国内の中国留学生・研究者の間でもよく知られている。2012年3月，中央大学法学院，永井和之教授の招待を受け日本比較法研究所の会議場において「民法と商法との関係」について座談会及び講演を行い，日本の学者と留学生たちの好評を得た。また2013年3月にも，大阪市立大学大学院法学研究科，高橋英治教授のお招きで「中国の会社法制について」の講演を行うなど，日本の研究者との学術交流も盛んに行っている。

類書との違いについて

　本書は中国の倫理的視点から民法の理念・原則・制度について全面的かつ詳細に分析した専門書である。日本ではあまり知られていない，中国における外国私法の受容の研究書でもある。本書の出版は，単に一中国研究者による民法研究書の刊行にとどまらない。中国の法学界を代表する著者が，現代中国の市場経済化でめまぐるしく変容する中国社会の法制度全般（民法・商法など主に私法）を見据えながら，中国の社会倫理の民法制度への影響とその価値について，どのような考察を加えてきたのかを改めて認識し，評価することに大きな意義がある。

2017年7月30日

上海大学法学院教授

崔　文玉

目　次

『民法の倫理的考察』の巻頭に寄せて——法の継受：受け手の側の論理と抵抗
『民法の倫理的考察』の刊行にあたって
訳　者　序

序　論　民法学がなぜ倫理に拘るのか ──────── 1

　　Ⅰ　倫理性は民法の基本的特徴の一つ　2
　　Ⅱ　民法の倫理的基礎　10
　　Ⅲ　倫理性を持つ民事慣習や民事伝統は民法の主なる淵源　16
　　Ⅳ　倫理性は民法制定における主なる根拠　20

第1章　民法の倫理的考察 ──────── 23

　　Ⅰ　倫理制度の概説　23
　　Ⅱ　倫理道徳と民事法律制度の関係　29
　　Ⅲ　倫理道徳の民事法律の実行に対する影響　34
　　Ⅳ　倫理制度の各国の民法における影響と相違に関する分析　38

第2章　平等原則と民法の倫理 ──────── 43

　　Ⅰ　平等と民法における平等原則　43
　　Ⅱ　民法の平等原則成立における倫理的基礎と経済的基礎　47
　　Ⅲ　民法における平等原則の内容　52

第3章　公平原則と民法の倫理 ──────── 55

　　Ⅰ　民法における公平の概念と公平原則の歴史的考察　55

        Ⅱ　民法の公平原則成立における倫理的基礎と経済的基礎　60
        Ⅲ　公平原則の民法における地位　63
        Ⅳ　公平原則と他の民法原則との関係　66
        Ⅴ　公平原則の倫理的意義及びその影響　69

第4章　意思自治の原則と民法の倫理 ── 71

        Ⅰ　意思自治の意味と内容　71
        Ⅱ　意思自治原則の成立における社会経済の倫理的基礎　77
        Ⅲ　意思自治の原則の制限とその他の原則との関係　82

第5章　信義誠実の原則と民法の倫理 ── 89

        Ⅰ　信義誠実の原則の基本概念についての考察　89
        Ⅱ　信義則の制度の基礎　96
        Ⅲ　信義則の地位・内容・役割　100

第6章　公序良俗の原則と民法の倫理 ── 107

        Ⅰ　公序良俗の意味と類型　107
        Ⅱ　公序良俗の各国法律における運用　110
        Ⅲ　中国の公序良俗の制度　115

第7章　権利濫用禁止の原則と民法の倫理 ── 120

        Ⅰ　権利と権利の衝突　120
        Ⅱ　権利濫用禁止原則の倫理的基礎　123
        Ⅲ　権利濫用禁止原則の作用と内容　124

第8章　民法の基本制度の倫理的分析 ── 130

        Ⅰ　民事主体制度の倫理的分析　130
        Ⅱ　民事行為制度の倫理的分析　138

Ⅲ　民事代理制度の倫理的分析　146

第9章　民法の財産関係における倫理的分析 ── 149

　　Ⅰ　民法の財産関係における倫理的分析の概説　149
　　Ⅱ　民法物権制度における倫理的分析　152
　　Ⅲ　民法債権制度における倫理的分析　161
　　Ⅳ　民法契約制度における倫理的分析　170
　　Ⅴ　民法相続権制度における倫理的分析　192
　　Ⅵ　知的財産権制度における倫理的分析　198

第10章　民法の身分関係についての倫理的分析 ── 209

　　Ⅰ　公民人格権制度についての倫理的分析　209
　　Ⅱ　婚姻家庭制度についての倫理的分析　227

第11章　民事救済制度についての倫理的分析 ── 242

　　Ⅰ　民事救済制度の本質についての倫理的分析　242
　　Ⅱ　自力救済についての倫理的分析　244
　　Ⅲ　公的救済についての倫理的分析　246

　あとがき

序論

民法学がなぜ倫理に拘るのか

　数十年にわたる論争と模索を経て，市場経済に対する民法の促進的役割がますます社会に認められている。現在，中国において，完全なる社会主義市場経済の法システムを構築するために，また社会生活に対する法律の確認・限定及び指導機能を十分に発揮するために，民法典の草案が作成されている。しかし，中国の民法典は何を基本とし，どのように制定すべきかなど，いまだ一致をみない。ところで，外国の先進的な民法制度を参考にし，導入する等の基本姿勢は比較的進んでいるが，中国の本土資源である伝統文化，伝統倫理，伝統習慣に関する研究とその反映は不十分である。これは，理論上民法と市場経済の関連性を強調し過ぎて，民法自体の倫理性に関心をまったく示さなかったことが主な原因である。民法は主に財産（経済）関係を調整するが，民法の発生と歴史の変遷を見ると，人（特に公民）自身の価値，人の法的地位，人の権利に対する関心のほうが財産に対する関心に比べるとはるかに勝っている。この点も民法がそのほかの経済関係を調整対象としている商法や経済法などの法分野と区別できる主たる特徴の一つである。したがって，民法にとって人自体が目的であって，財産は人の目的を実現するための手段に過ぎない。もし我々が主たる目的を取り違え，財産関係の規律に専ら目を向け，民法の核心として，人自体に対する保護や人の理性の向上を認識し重視しないならば，ここから制定した民法典はただ民法の本質を歪め異なるものとなるだろう。しかし，民法の主たる特徴は，徹底した倫理性であり，人は典型的な倫理性の動物である。そのため，民法を理解するには民法の倫理性を研究しなければならず，これも私が倫理性を民法研究の基点としている理由である。

　『辞海』で倫理を調べると，人々の相互関係を処理するにあたっての道理や

準則とされ，現在では通常「道徳」の同義語として使われている[1]。現在理解されている倫理の範囲は幅広く，人間の社会生活の様々な側面に関わっている。倫理道徳の役割は，まず評価などの方法を通じて人々の行為及び活動を指導しあるいは正すことである。「道徳の目的は，社会的意義からすると，過度に利己的な影響の範囲及び他人に対する有害行為を減少させ，共倒れになる争い及び社会生活の中に潜むその他の社会を分裂させる力を取除くことで社会の調和を強調することにある」[2]。同時に，道徳はまた評価と激励などの方法を通じて，理性的人格を形成し，人々の道徳性と道徳観念を育成することができる。法律には道具的価値があるほか，もう一つの重要な役割として倫理的価値がある[3]。真の法治国家では，法治が表す価値観と社会の主流である倫理道徳規範の価値観とは高度な同質性を表すべきで，法治の価値も道徳規範の価値，あるいは倫理道徳の大体の評価指標である。この点が，民法と倫理道徳の関係において特に極立っており，民法は非常に倫理性の顕著な法律部門であることが示されている。

I 倫理性は民法の基本的特徴の一つ

民法が体現している倫理性について，以下のいくつかの側面から説明できる。

1 民法文化は倫理性の文化である

一般的意義から言うと，法律は文化の表現形式の一つであり，伝統，慣習などの文化要素と共に文化の固有の内容を構成する。しかも法律文化は文化の一つとして，歴史の習慣や伝統と密接につながり，民族の連綿と続けられてきた生活方法，宗教の倫理，考え方などの浸透と定着の結果であり，人々の観念と意識に深く融合し，しかも極めて強い地域性，民族性と安定性を有する。世界

---

1) 倫理（Ethics，倫理と倫理道徳）という用語は，ギリシア語（ethos），ラテン語（ethice）及び中世紀の英語（ethik）から，道徳を表す morality はラテン語から由来したものである。両者ともに，原語意は品格（character）と習慣（habit）等と関わりがある。
2) ボーデンハイマー（E. Bodenheimer）『法律学――法哲学及び法律方法』，鄧正来訳，中国政法大学出版社，1999年版，371頁。
3) 程雁雷「法の道具的価値と倫理的価値」，光明日報網（http://www.gmd.com.cn）。

には文化に関わる定義が多く,『ブリタニカ百科事典』は166の文化の定義を集めており,テーラー（Taylor）(1871年）は,文化あるいは文明は一つの複雑な総体であると考え,その中には知識,信条,芸術,法律,倫理道理,風習と社会成員としての人が,学習を通じて得た他の能力と習慣が含まれている。この定義は記述的定義に属する。パーカー（Parker）とバージュス（Burgis）(1921年）によれば,一つの集団の文化とは,この集団が生活した社会の遺伝的構造の総合であり,これらの社会遺伝構造は,また,この集団の特定の歴史生活と人種の特徴に基づきその社会的意義を獲得する。この定義は歴史性の定義に属している。ウィリー（Willy）(1929年）は,文化は一つの反応行為の相互の関連と相互依存性の習慣モデルシステムであるとする。ハンティントン（Huntington）(1945年）は,我々が言う文化とは,人類が生産あるいは創造したもので,後に他の人に譲るものであり,特に次世代の人に伝わる物,慣習,制度,考え方と行為モデルとする。[4] 典型的な文化の定義の中では,慣習,風習,倫理道徳を文化の重要な内容だとみなしている。民法文化が倫理文化として体現かつ指向している最重要価値は,人自身への配慮である。「人間性の最も重要な法則は自身の生存を守ること,人間性の最も重要な配慮はその自身へのあるべき配慮である」[5]。

　約百年前,イギリスの有名な法律家メーン（Maine）は一つの有名な言葉を残している：一つの国家の文明の程度の高低を判断するには,その国の法律文化における民法と刑法の地位を観察すれば答えを得ることができる。通常,文明国ほどそれに応じて民法も比較的発達しており,しかも国家の全法律文化の中で核心と魂の地位にある；それに反して,文明度が比較的低い国では,刑法の発達に比べて民法が劣位に置かれている[6]。我々はしばしば中国の法律文化は発達していないと言うが,それは民法文化が発達していない点を指しており,民法文化が発達していないことは,また直接に中国で長い間遵奉してきた「重刑軽民」の伝統の結果でもある。現代社会における民法は「経済関係を直接に法律原則に翻訳し,社会経済生活の条件を法律形式で表現している準則」であ

---

4)　郭連「国外学者の文化定義について」,大地,2002年第6期。
5)　ルソー（J. J. Rousseau）『社会契約論』,何兆武訳,商務印書館,1994年版,9頁。
6)　郝鉄川「民法の理念：現代法治の基盤」,検察日報,1999年12月22日。

り[7],したがって「民法典は,どこでも法律制度全体の核心」となっている[8]。それゆえ,民法観念を広げるのが各国の法治観念を現代化するための主な任務になっている。一方,社会が異なれば法律の役割・機能及び法律とその他の社会規範の関係に対する見解が異なるため,異なる法律文化は法律制度上大きな相違を示す。ある国家は,法律制度によって社会関係を調整,制御しているが,他の国家では法律以外の他の社会規範によって調整,制御している。例えば,古代ローマでは,私法が多くの民事関係を調整しており,古代の中国では民間の礼儀と習慣によって民事関係を調整していた。ウェーバー(Weber)はかつて影響深い仮説を立て,論証した。つまり,あらゆる事業の背後にはこの事業の発展と運命を決定する精神力が存在していて,このような社会精神の気質を表現している時代精神は,特定の社会の文化的背景となるある内在の淵源関係を持っている[9]。形式上,近代ヨーロッパの市民社会は一つの完全な市民法律体系を形成しており,実質的に一種市民法における偉大な私法精神を懐胎し,悠久の歴史が近現代西洋の法律伝統を滋養してきた[10]。それだけでなく,民法の本質には,強い正義性がある。民法は人の尊厳,自由と人格の独立を守ることを制度全体の基礎としており,法律の焦点は個人にあてられている。モンテスキュー(Montesquieu)の言うように「慈母のような民法の目には,それぞれの個人が一つの国家である」[11]。民法のこのような正義性が市民社会にはなくてはならない自己肯定力を賦与している。

2 民法の規範は主に倫理的規範として表れる

　民法規範とは,公平を実現することを目的として,一定の手続に従い,制定

---

7) 『マルクス・エンゲルス選集』第4巻,人民出版社,1974年版,248頁。
8) ワトソン(A. Watson)『民法法系の進化と形成』,李静冰・姚新華訳,中国政法大学出版社,1992年版,172頁。
9) これはウェーバー(M. Weber)の元の言葉ではなく,翻訳者が「訳者絮語」にてウェーバー思想を概括したものである。参考,ウェーバー『プロテスタンティズムの倫理と資本主義の精神』,彭強・黄曉京訳,陝西師範大學出版社,2002年版,3頁。
10) 劉武俊「市民社会と中国法治の道」,理論検討網(世界と中国研究所),2002年11月13日の学術論文。
11) モンテスキュー(C. L. de S. Montesquieu)『法の精神(下)』,張雁深訳,商務印書館,1963年版,190頁。

された，市民社会の主体が守らなければならない行為準則である。イギリスの近代思想家ホッブス（Hobbes）によると「法律とその行使は人に一切の自発的な行為をしないように制約するためではなく，人々を指導し保護して，その無謀な願いやいい加減な行為でうっかり自分を傷つけないようにするためである。垣根を植えるのは歩行者を妨害するためではなく，ただ彼らに道を歩かせるためであるのと同じである[12]」。社会学の観点から観察すると，含まれている法律条項は，大きくは倫理性条項と技術的条項の二種類に分けられる。通常，民法規範は商品経済と市場経済に一般的な行為規範を提供する。これらの一般的な行為規範は市民社会全体と経済の基礎について抽象的かつ概括的なものであり，人々の合理的な思考の結果生み出されたもので，比較的合理的で安定している。民法条項の大半が，調整対象の性質と特徴，調整手段の特徴に基づいて決定されるため，倫理性条項となり，社会主体の簡単な常識と倫理的判断でその行為の性質を確定することができ，当事者は豊かな法律の専門知識と専門判断能力を持たなくてもよい。この点については民法概念と原則の解釈を通じて説明できる。

　まず，民法制度は道徳化された法律制度である。法律はワンセットの行為規範の体系として，一定の行為規範を規定することで人々の行いを規律し，人間の行動や活動に直接に法の効力を及ぼす。しかし，倫理道徳は主に人の観念を調整することで人の行為に影響を与える。それゆえ，人の行為に対する倫理道徳の効力は間接的である。しかし，人の行為に間接的若しくは直接的に働くにしても，倫理道徳と法律は共に調整機能を持っている。これが倫理道徳と法律の共通点である。それぞれの方式で人の行為に作用し，人の行動に影響を与えるので，共に社会規範の体系と規範属性を持っている。倫理道徳が普遍的に適用される理由は，社会生活を営む中でその観念を通じて人の行為を調整することで一定の行為規範が生じ，それに基づきさらに人の行為を調整できる点にある。倫理道徳と法律の調整の対象は内容的に重なるところがある。すなわち，対象によっては倫理道徳からも法律からも調整される。このような情況では普遍的な特徴を持つ倫理道徳規範を法律の規定に昇華させることが必要である。

---

12) ホッブス（T. Hobbes）『リヴァイアサン』，黎思复・黎延弼訳，商務印書館，1985年版，270-271頁。

つまり，倫理道徳の法律化を実現するのである。典型的な例を挙げると，民法の「帝王条項」としての信義誠実の原則の法体系での運用である。その主要な役割は，法律を適用する際，不正義を正し，欠缺を補充する際に生じる可能性がある誤差を克服するためである。一方，この原則には多くの不確定性があるが，これは主に当原則が倫理道徳のルールであるからであろう。世界的に見れば，「文明が発達し，法制度が整った健全な国であるほど，その法律の中で体現される道徳規範が増える。一つの国の法制度が完璧で健全であるかどうかは，道徳規範が法律規範に入っている数によって決まると言える。ある意味においては，法制度が完璧で健全な国では，法律はほとんど一部の倫理道徳規則に編纂される[13]」ことになる。立法者も社会全体がこのような倫理道徳行為を認識し受け入れる程度を考慮に入れるのはもちろんである。倫理道徳に違反するすべての行為を法律に昇華させ，確立することはできない。もしすべての倫理道徳の問題が法律問題に変われば，法律が倫理道徳に代替することになる。これは人類が法律を創設した目的でもなく，また，国家の財力では，倫理道徳のすべてを法律化した後必要となる法律執行のためのコストを支えることもできない。しかし，社会の進歩と倫理的観念の発展に従って，国家はできるだけ多くの基本的な倫理規範と重要な倫理的道徳規範を法律規範に昇華する必要がある。特に民法規範の場合にはその必要がある[14]。

次に，民法の概念は倫理的な概念である。法律の主要な目的の一つは，人間の行為をある規範の基準の支配下に置くことである。規範基準を確立するためには，その基準を適用する行為を分類する必要があるため，法律と概念は不可分の関係にある。ローマ法，特にドイツ民法典成立後，民法は概念の使用と定義を重視し始め，民法も典型的な概念法学になった。概念を法律規範によって表現するだけではなく，立法と司法の過程でもなくてはならないツールである。「概念がなければ我々は法律的な思考を言葉に変えることができないし，このような思考を分かりやすく明確に他人に伝えることもできない[15]」。刑法の

---

13) 王一多「道徳建設の基本途経」,哲学研究,1997年第1期。
14) 郝鉄川「道徳の法律化」,検察日報,1999年11月24日第3期。
15) ボーデンハイマー（E. Bodenheimer）『法律学――法哲学及び法律方法』,鄧正来訳,中国政法大学出版社,1999年版,465頁。

罪刑法定主義に基づいた概念の明確性，確実性の要求とは違って，民法の概念は，相当な柔軟性と不確実性が特徴である。典型的なのは民法の基本的な要請としての公平と信義誠実，行為の効力を判断する際の善意と悪意，行為者の責任負担を判断する過失などの概念はすべて柔軟性を有する。しかし，法律概念では現実の複雑な社会生活から生じる不確実性をカバーすることができない。また，民法の概念が高度の抽象性を有することもその原因である。そして「法律規範の用語は，一般化されるほど不明確になるため，法律規範を執行する裁判官に与えらる自由はさらに大きくなる[16]」。そのため，比較的静態的な社会においても，すべての予測可能な争いを前もって解決できる永遠不変の規則を創造することはできない。ある法律学者は次のように述べている。人間関係は日々変化するため，恒久不変の法律関係は決してあり得ない。ただ流動性，柔軟性あるいは一定の確実性を持つ法制度だけがこのような人間関係に適用できる。さもなくば社会は束縛されるだろう[17]。最後の原因としては，民事活動自体が社会倫理生活の一部として，強い社会性を有するが，倫理規則を正確な法律言語で叙述することは難しいという点である。まさにこのような民法概念の不確実性と民法規範の高度な概括性及び極めて強い倫理性ゆえに法律を適用する際，倫理性の基本原則と民事習慣を必ず指針とし，様々な事実関係と法律規定の内容を比較し，そして相応の価値判断を必要とする。これに対して，「スイス民法典」第1条2項の規定では，制定法に相応する規定がない場合，慣習法によって判決しなければならず，相応の慣習法がない場合，「裁判所が立法者として採用すべき規定に基づいて判決する」。中国台湾の民法典第1条によると，「民事に関して法律に規定がないときは，慣習により，慣習がないときは，法理による」と規定する。さらに「フランス民法典」第4条は，法律に明文の規定がなく，曖昧または不十分という理由で，裁判官が事件受理を断ることを禁止している。なぜなら，このような状況で裁判官は民法の精神についての研究を通じて賢明で合理的な法適用ができるからである[18]。

---

16) ダヴィド（R. David）『當代主な法律体系』，漆竹生訳，上海訳文出版社，1984年版，90頁。
17) 沈宗靈『現代西方の法律哲学』，法律出版社，1983年版，99頁。
18) グレントン（M. A. Glendon）・ゴードン（M. W. Gordon）・カロッツァ（P. G. Carozza）↗

3 民法の法治精神は理性に合致する倫理的な法治精神として表れる

　法治主義は，現代の人類社会に対する重大な貢献の一つである。西洋の法治主義を貫く大きな流れは，人間の理性への呼び声である。法治主義の意味に関して，古代ギリシアの哲学者アリストテレス（Aristotles）はその著書『政治学』の中で，「法治主義には二重の意味がある：普遍的ですでに成立した法律に従うこと。しかも皆が従う法律は良く制定された法律であるべきであ[19]」り，「人は理性の動物」だという命題を立てた。現代西洋法の根源はローマ法であり，古代ローマで法という言葉は正義（Justus）を意味する単語で表わされる。ケルスス（Aulus Cornelius Celsus）は法を「善及び公平の術」と定義し，ウルピアヌス（Domitius Ulpianus）は法を「誠実に生活し，他人を侵さず，各人に彼のものを分配すること」と定義する。[20] メーンは『古代法』で「ローマ人の法制度は，二つの要素から成り立っている」と述べる。ユスティニアヌス（Justinian）皇帝によって欽定出版された『法学提要』（Institutes of Justinian）においては，「法律や慣習に統制されるすべての国は，その一部はその固有の特定の法に支配され，一部は全人類が共有する法の支配を受ける。ある民族が定める法律は民族の『民事法律』と呼ばれ，自然の理性が全人類に指定する法律は『国際法』と呼ばれる。なぜならすべての国がそれを採用するからである。『自然の理性が全人類に指定した』というこの部分の法律が，『法務官告示』によってローマ法律学の中に組み入れられた要素だと想定される部分である。ある地方でそれは単に『自然法（Jus Naturale）』と呼ばれている。その規定は自然の衡平法（naturalis aequitas）と自然の理性の命令を受けたと言われている[21]」。近代西洋市民社会の台頭は，ローマ法の復興，宗教改革やプロテスタント倫理形成などの深い社会文化的背景を伴っていた。理性はストア学派の一つの重要な概念として，宇宙に遍く存在する万能の力とされ，法律と正義の基礎であると考えられていた。キケロ（Cicero）は，自然法の本質は正しい理性で，理性

　　＼『比較法律傳統』，米健ほか訳，中国政法大学出版社，1993年版，81頁。
19)　『法学辞典』，上海辞書出版社，1988年版，652頁。
20)　ボンファンテ（P. Bonfante）『ローマ法教科書』，黄風訳，中国政法大学出版社，1996年版，4-6頁。
21)　メーン（H. J. S. Maine）『古代法』，沈景一訳，商務印書館，1959年版，27頁。

は人と自然界の他の動物とを区別する標識であるとする。自然法思想は近代西洋の法治主義の基礎であり，自然法の内容の一つは理性である。モンテスキュー，ルソー（Rousseau）らは近代西洋の法治主義の主要な設計者で，彼らはまた啓蒙思想と理性主義の提唱者でもある。理性と倫理は分けられない関連性を持っている。理性の結晶としての民法は，個人の倫理道徳の能力とその限界の問題に対してそれ程関心を払っていない。逆に，共同体のメンバー全員を十分制限できる，共同体の公共の価値基準と公共利益の分配方式に関する倫理の構築を重要視する。[22] 理性の要求がなければ現代の民法制度はないと言える。

4 　民法の権利本位の思想は主に倫理思想に表している

有名な法律家の梁慧星教授によると，いわゆる民法の本位とは，民法の基本の目的，基本的役割あるいは基本的任務を指すとされる。言い換えれば，民法はなぜ存在しているのか，その追求している効果は何で，どのような効果に達すればその存在価値を実現できるのかを中心的基準とする。その中の自由，平等，正義は法律が求めている永久不変の価値であり，同時に民法の持つ最も基本的な価値でもある。[23] 民法は何を本位としているのかについて学界において見解が分かれているが，権利を本位としていると考えるのが主流であろう。民法は全体の内容を設計するうえで権利を定める法として，人に自由に選べる空間を与え，人の理性を認め，広める。民法の権利本位の思想は，まず社会経済の倫理思想から生まれる。このような経済倫理が含んでいる内容には，主に市場交換の中の道徳秩序，分配の法則及び主導的な価値の体系がある。例えば財産に対する追求，使用と管理である。市場経済の道徳秩序は主に経済倫理の第一段階――職業の道徳と経済の信用によって構成される。この両者が人々の行為規範を構成していて，市場経済運営の基礎と市場の秩序が保障されている。現代市民社会は市場の経済体制の上に道徳的基礎，つまり他人の生命，財産，自由，権利に対する尊重を定め，民法を含めるすべての法制度はこれを出発点にしている。これだけではなく，権利それ自身は正義を意味する。ラテン語の「ius」は権利や正義をも意味し，英語の「right」も同時に権利と正義を意味す

---

22)　江平・趙楚「民法的本質特徴は私法である」，中国法学，1998年第6期。
23)　梁慧星『民法総論』，法律出版社，1996年版，34頁。

る。西洋文化における個人の権利は,ある種の社会で一般的に適用できる正義だと強調する。言い換えれば,正義は言うまでもなく一種の当然な権利を象徴している[24]。これに対し,ヘーゲル(Hegel)は「ギリシア人の中で,道徳は同時に法定の権利である。このため,憲法は完全に道徳と人心に依存している」と結論づけている[25]。法律と倫理の関係の上で,郝鉄川教授は「善は法律より優れる」と述べており,善と権利の衝突を解決するには,善が法律より優れるとすべきだと考えている。権利には固有の欠陥があり,権利の本質は他人に対する不信任と防備を通して自分の利益を守ることにある。権利を実現する方法としては,できるだけそれぞれの人を全体の中から隔離し,個人の権利の排他性を明示することである。そのためには,我々は西洋の権利を尊重する経験を吸収すると同時に,権利で善を代替することから生じる弊害を防ぎ,権利本位がもたらしたマイナス効果を最大限減少する必要がある。このような観点は,現在中国の民事立法に対して一定程度参考にする意義があると信じる[26]。

II 民法の倫理的基礎

1 民法は人の倫理的要求に由来する

人の本性は本来純粋倫理学の範疇に属するものの,人の本性はすべての時代・すべての国家の政治制度の根本起点であり,かつ民法を含むすべての立法の倫理的基礎となる。いかなる制度も人を対象に設定されており,一定の人の本性の仮定に基づき確立されている。人の本性に対する異なる仮定は異なる法治主義の道に導く可能性がある。法律は一種の文化であり,「性善」や「性悪」は永久不変の主題である。すべての法律問題は,そもそも法律文化の問題であり,すべての法律文化の問題は,所詮人の本性の善悪に対する仮定と判断から始まる。古代中国が古代ギリシアや古代ローマのような法治主義を尊重する伝統を形成してこなかった理由として,経済や政治制度という理由を除き,性善

---

[24] 馮亜東『平等,自由及び中国と西洋文明』,法律出版社,2002年版,79頁。
[25] ヘーゲル(G.W.F. Hegel)『歴史哲学』,王造時訳,上海書店出版社,1999年版,297-298頁。
[26] 郝鉄川「善は権利より優れる」,検察日報,2002年11月1日。

説という価値観念に密接に関連する。性善説は人心をすべての素晴しい価値観念の源とみなし，それによって，国の統治を「修身斉家治国平天下」[27]の道徳修養の過程とみなす。外在の規範や制度の確立・補完を通じて人の行為を制限するのではなく，逆に内心を掘り起こし，人の意識を向上させることにより君子国をたつ[28]。それゆえ，人の本性において法律は必要ではない。「孝をもって天下を治む」や「徳をもって天下を治む」は最高の統治方式である。したがって，所謂「汎道徳主義立法」を生み出す。

　それに対して，欧米は性悪論をより強調しており，人性悪は法律存在において不可欠な哲学主体性の前提になるとする。プラトン（Plato）は若い頃，人の本性は善良であると考えていたが，晩年になって，人の本性は思ったように決して善良ではないことに気づいた。それゆえ，彼は，人の本性は常に貪欲で利己的であると主張し，人の本性が善に向くことができない場合に，法治主義を採用するしかないと主張した。アリストテレスは欧米の哲学者の中で法治主義を主張した第一人者であり，完全に性善説の信条を捨てて，人の本性は貪欲で利己的であるため，法治を持って制限すべきであり，権力者の本性は最も容易に罪悪を露呈しがちであるため，権力で権力を制限しなければならないと主張した。欧米の法治思想はこのように人の本性は悪だという仮定に基づいて始動してきた。キリスト教以降，「原罪」説はさらに欧米人に人の本性が悪であると信じ込ませることになった。中世のスコラ哲学家は，人は原罪を有しており，胎児の頃から罪悪を持っている，よって外在の力を借りて制限する必要があると考えた。さらに，中世において教権と王権は並立・衝突することによって，欧米人に権力を制限する必要性をますます確信させた。欧米の近代法律文化の思想は，性悪説と法律の因果倫理の連鎖を中断しないことで，それをより突出し及び系統化した。ホッブスは自然の産物として，人類の感情や欲望が人の本性を創る；利益は欲望や感情の動因である；人間のすべての行為は個人利益のため，個人の欲望や感情を満たすためであり，それゆえ人間は生まれつき利己的で悪であると考えた。スピノザ（Spinoza），モンテスキューははっきり

---

27) 訳者注：天下を治めるには，まず自分の行いを正しくし，次に家庭を整え，さらに国家を治め，そして天下を平和にすべきである。

28) 郝鉄川「法治の性善論を悟る」，検察日報，1999年6月2日。

と性悪説を主張しており，それを法律の基礎とみなす思想家である。カント(Kant) は，理性は人の本性であると強調するものの，自然の欲望も人の本性の一部であると認める。しかし，同様に「人の本性の弱さや欠点」も強調した。これは道徳上の善良な欠点のみならず，その中に存在する罪悪行為に傾く有力な要因と動機を指すものである。人間の本性は悪に深く陥りやすく，社会において人々の衝突をもたらす。このような衝突が人のすべての力を喚起し，人類の歴史の中で原始の時代から文明までの発展を実現した。したがって，悪は人類の歴史の原動力としても現れる。ヘーゲルは弁証法の観点から悪を見続けており，悪は善と対立する範疇において意志の表現でもあり，悪は善と同じく意志を源とする。意志は概念において善かつ悪であり，善と悪は物事の肯定や否定を統一したものであると考える。[29] 性悪説は所有権制度の生成のうえで特別な役割を持つ。まさに人の悪い本性を適切に制限するために，社会の異質の力としての，また社会から分離した国家が現れる。国家が法律に基づき個人が占有することの合法性を確認することによって個人所有権が生じる。ある学者が言うように，所有権の発生は人の悪い本性を源とする人のどうしようもない選択であり，いかなる社会や状況においても，生存は人間の第一本能であるため，人の性悪性を制限する必要がある。公衆の生存のため，強い公権力は，人の行為を規則が許す範囲でコントロールしなければならない。[30] 法の歴史において法治論者は多くが理性主義者であったが，理性の本質から言えば，これは，人の本性に対し不信感を有する人々に特有の思考様式であり，理性の根本には法律が善に対するものではなく，悪に対し定めたものであるとの考えが存在する。

2 人性を発揚かつ抑制するのは民法の主な役割である

人の本性は悪であるとの仮定は，法律分野が異なればその及ぼす影響も異なる。公法の分野において，「立憲主義によれば，人の本性は不完全なため，利己や権力濫用の傾向がある」が，「立憲政体は人の欠陥を補うために設けられるもの」なので，すべての政治制度は悪を前提に設けられる。立憲政体の存在

---

29) 張雲平・劉凱湘「所有権の人性根拠」，中外法学，1999年第2期。
30) 同上。

序論　民法学がなぜ倫理に拘るのか

という事実は，人の本性の不完全さを表している。『ザ・フェデラリスト』の作者も「人がみな天使であれば，政府はもとより必要とされないであろう[31]」とする。人は相互協力し合う社会性と，私利私欲を求める個人主義という本性の二重性を有するが，個人主義の本性は私欲を満たしたいとの本能にある（他人の犠牲を惜しまない）ため，人に内在する本性をコントロールしなければならない。「社会をコントロールするものは主に道徳，宗教や法律である[32]」；「近代世界において法律が社会をコントロールする主な手段となった[33]」。そして，徐々にこの強い力を独占した。カントは，もし悪魔に頭さえあれば，その悪魔に法律を適用しなければならないと考える。ヒューム（Hume）は「政治家は，すでにこのような準則を定めた。即ちいかなる政治制度を設定する際にも，あるいは憲法の制約や規制を確定する際にも，すべての対象を無頼漢とみなす——無頼漢のすべての行為は，私益を目的とする以外にない」と考える。ヒュームの「無頼漢」の仮定は真の人の本性を追求したものではなく，規範的意義により立憲政治に出発点を与えるものである。それは人類の英知や戦略を表現する：まず最低の状況を設定し，すべての人は無頼漢であり，それを前提として人の本性をいかに防ぎ，緩和し，補うかを考える。それゆえ人に内在する本性を制御しなければならない。民法の分野において，性悪防備の対象は主に国家や国家の公権である。国家公権の私欲は最も濫用されやすいので，民法は私法自治や私法優先を実行しなければならない。公民の私力で適切に解決できることであれば，国家公権の介入する必要はないというのが民法の主張である。人の本性を信じないため，人々は個人の権利や義務を決める私法を制定し，個人の権利や義務の範囲を決め，国家権力が個人の権利の領域に勝手に入ることを許さないのみならず，個人間相互に権利を踏みにじることも許さないという規定をもって社会個人間の権利濫用を防止する[34]。これは，民法の人の不完全性に対する既存の設定であり，実に強い道徳感から出発し，人の本性において生来

---

31) ハミルトン（A. Hamilton）ほか『ザ・フェデラリスト』，程逢如等訳，商務印書館，1980年版，264頁。
32) パウンド（R. Pound）『法律での社会的制御』，沈宗霊訳，商務印書館，1980年版，9頁。
33) 同上書，10頁。
34) 郝鉄川「一方的深刻な性悪論」，檢察日報，1999年5月19日。

ある欠陥を直視し反省したものである。したがって民法は制度設計において，人の天使の一面を促進するのみならず，市民に多くの権利を与え，同時に人の獣の一面を抑える一連の義務を設定することで人の欲望の膨張を抑えるのである。

3 民法制度の優劣を判断する主な基準は倫理に適合するか否かにある

　法律制度の優劣の判断基準は二つに分かれる：一つは，法律が体現する人類理性の程度の高低である。すなわち法律は必ず良法でなければならない。もう一つは，法律が社会において受け入れられる程度であり，両者とも必要不可欠な存在である。これにあわせて，法治社会において，最も基本的な条件はアリストテレスが構図した「良法＋普遍的に法を守る」という枠組みである。「普遍遵法」とは法律が道徳化された後の遵法精神である；良法とはすなわち善法，人類の良知や正義道徳に合致する法律である。良法と称される法は少なくとも人権性，利益性，救済性の三つの内在的性質を含まなければならない。その中で，人権性は法律の道徳基礎であり，人権性を欠く法律はたとえ形式が合理的であるとしても，実際の価値は不合理であり，結局人に唾棄される[35]。古代ギリシア・ローマの時代に，法学家は法律を倫理性の高さにまで引き上げて称賛し，「法律は善と衡平の芸術」であると主張した。同時に，社会文化倫理の視野から法律精神の本質を解釈することを非常に重視し，それを実定法に深く隠れた最高の価値の主体とみなし，それによって法律は至高の地位を確立した。ユスティニアヌスはかつて「法学は正義と不正義についての科学である」と言った。正義は法律の基本原則として，ある完全な目標・道徳価値あるいは理想的な秩序を求める。しかし，正義は一つの法律の理想だけではなく，一つの現実的に実行可能な法律原則・基準と尺度でもある。人はこのような法律原則を通じて，個人と他人の睦まじい関係を築くことを期待することから，人類の生活秩序を守る最後の手段は，理性的な道徳観念であることを明らかにした。法は良法であるという場合のもう一つの意味は，法自体は適法性を持つべきであり，「悪法」は社会により守られる必要はないということである。キケ

---

35) 範進学「道徳の法律化と法律の道徳化を論じる」，法学評論，1998年第2期。

ロは有名な「悪法非法論」を出した。ウェーバーは「いかなる情況においても，統治は決して自動的に人を物質あるいは情感の動機に限定するのではなく，これを人の生存の基礎とすることをすべての経験を通じて十分明らかにした。逆に，いかなる統治も人々の適法性の信念を覚醒させ，育てようと試みる[36]」と示す。しかし，適法性自体が非常に強い道徳評価要素を持っている。「適法性には若干の道徳意味が含まれており，適法性を満たすことは，道徳上重要な価値を満たすという意味にもなる[37]」。

4 倫理性は民法が遵守される信仰的保障である

　法律，特に民法が有効に守られる前提は，該当法律が社会公衆に信仰されることである。これについて，有名な法学家バーマン（Berman）はかつて「法律は信仰されなければならない，さもなくば形骸化する[38]」と言った。また法律が信仰される前提として，法律は神聖な源を持つべきであるという。「神聖なる源がなくしては，永久の有効性もない[39]」。「まさに心理学の研究ですでに証明されたように，規則に従う要素たとえば信仰・公正・信頼・帰属感などを確保するのが，強制力よりはるかに重要である。法律は信任される際，それによって強制力の制裁を要求しないときこそ有効である[40]」。現代欧米の民法理念が比較的理性に一致するのは，民法の基本制度や理念が，宗教の信仰と高度の民主的な一貫性を持つからである。そして，宗教信仰が文化の連綿と続く任務を引き受けるのは，行為動機が可能になる十分な価値根拠を与えるからである。キリスト教の思想によれば，神は正義・愛・善であるので，人の存在自体も正義・愛・善である。これは本体論（Ontology）から非善，詐欺や悪に対する根本的否定になる。法律は人のものであり，一定の歴史時空の範疇にあるもので，超越神性を持っていない。しかし，これは決して神聖性の排除ではなく，民法の

---

36) ハーバーマス（J. Habermas）『合法化の危機』，劉北成・曹衛東訳．上海人民出版社，2000年版，128頁。
37) 周天瑋『法治の理想国──ソクラテスと孟子のバーチャル対話』，商務印書館，1999年版，119頁。
38) バーマン（H. J. Berman）『法律と宗教』，梁治平訳，三聯書店，1991年版，8頁。
39) 同上書，42頁。
40) 同上書，43頁。

観点から見れば,人の人格,尊厳や価値は同様に神聖である。[41]したがって,ある意義から言えば,民法が確認するものは宗教が信仰するものである。現代民法が信仰されるその他の主な理由は,人類の理性に適い,正義であることである。いかなる法律行為も有効に守られるには,人々の基本的価値判断や倫理的要求に符合しなければならないが,特に民法においてそうである。これについてロールズ(Rawls)は「法治が要求しかつ禁じる行為は,人々が合理的に期待される行為である」と述べる。古代ローマの発達した民法制度及び法律家らの法律に対する崇高なる追求は,当時の都市国家の人々の法律に対する崇高な情感を呼び起こした。すなわち法律に対する信仰の理念である。この信仰の誕生は,間違いなく当時の都市国家社会における法治精神の形成を推進し,ローマ都市国家の原始共同体の人治モデルからの脱却を加速し,よって法治化の歴史過程に入ったと考えられる。[42]古代ローマ以降,国家の民法及び全体的な法律制度の適法性は,当該国家の社会的アイデンティティと法の遵守の一貫性によって決まる。すなわち社会の公理に違反しないということである。至高の権力や自然法に対する個人の挑戦はどのようなものであれ,すべて人類発展の中に自然に形成した道徳や法律への違反や転覆の形をとる。いかなる民法制度の設計も,基本的社会理念に適合しなければならない。これらの理念は,正義・公平・公正を含め,人の基本権利の要求に一致しなければならない。

Ⅲ　倫理性を持つ民事慣習や民事伝統は民法の主なる淵源

　法律とは何かについて,学者はそれぞれ異なる視点から異なる答えを出す。筆者は以下の学者の概念を好む:法律とは,特定の社会が人々の権利義務関係を調整し,繰り返して適用できる,また社会の承認を受ける力であり,その実施を保障する普遍的な行為規範である。[43]この相対的に広範な概念には三つのレ

---

41)　鄭云波「世俗法律と神律法の局部——法律的信仰の理論と実践を分析する」,研究生法学(中国政法大学大学院),2002年第1期。
42)　張旭科「法律信仰の育成を論じる」,法律図書館＞法律論文データベース＞法律論文(http://www.law-lib.com/lw/)。
43)　胡旭晟「20世紀前半に中国の民商事習慣への調査と意義」,湘潭大学学報:哲社版,1999年第2期。

ベルの「法律」が含まれている：第一は，まだ不安定かつ比較的脆い社会の物質的力で保障する不文の慣習法あるいは慣習；第二は，比較的に安定・堅固な社会の物質力で保障する成文の慣習法；第三は，高度に安定・堅固な国家で保障する国家法である。以上いくつかの法律の表現形態の中で，慣習法や取引規則は倫理と密接な関係を持っている。

1 民事慣習の倫理性

慣習は語義から言えば，人々が長い期間に渡って繰り返して行い強固になった必要な行為方式である。慣習は比較的強い確定性や確信性を持っている。民事慣習は，民事主体が民事活動の中で守る一定の拘束力を持つ行為規範であり，主に民事取引慣習，婚姻家庭慣習，相続慣習などと表現する。その中で最も重要なのは民事取引慣習である。いわゆる民事取引慣習は，対立する利益を有する当事者間で，多くの取引が重ねられ，互いの利益が釣り合うよう工夫しながら生み出された。当事者の意思自治を反映し，取引主体に自発的に守られる一定の拘束力を持つ行為規則である。慣習は民法の発展史において非常に重要な地位を占め，民事活動を調整する主たる根拠である。特に早い時期の民事活動の中で，民事慣習は最も基本的な法源の一つである。これに対してエンゲルス（Engels）は鋭い分析をした：「社会発展のある段階で，このような需要が生まれ，毎日繰り返す生産・分配・製品交換の行為を一つの規則でまとめ，なるべく個人が生産交換の一般的な条件に従えるようにする。この規則はまず慣習として現れ，さらに法律になる[44]」。現代の民法は古代ローマの市民法から生まれ，徐々に市民社会の私法に成長したと考えられる。市民社会の私法は市民社会自身が蓄積してきた慣習，風俗，慣行などの抽象的な規則が長期間に渡って進化した結晶であり，慣習法は私法の真の源と称するに足る。メーンは「いわゆる『万民法』はすなわち，『すべての国家が共有する法律』である。実際，『万民法』は古代イタリアの各部族の各慣習の共同要素の総和である。つまり，ローマ人が観察できたのはこれら部族であり，この部族がローマに絶えず移民を送ったすべての国家だったからである。ある特別な慣行が大量の各部族に共

---

44)『マルクス・エンゲルス選集』第2巻，人民出版社，1974年版，538頁。

に使用された際,『すべての国家に共有の法律』あるいは『万民法』の一部分と記録される[45]」。ここから,真なる私法は市民社会の内部から生まれて成長すると考えられる。そして,主に様々な慣習法から進化し,権威性や強制力を与えられる慣習法になる。しかし慣習は強い倫理性を持ち,社会倫理が固定化した形態である。法律は慣習と違って,「立法者が創立した特殊的かつ精密な制度であり,風俗や慣習は国家の一般的な制度である[46]」。規範と比べると,慣習は以下の特色を持つ:まず,慣習は曖昧で規範性を持たない。慣習の具体的な内容や意味は,一般的に人々の理念を通じて表現され,明確な定式や規範を持たず,慣習を守るのも任意である。次に,慣習は一定の拘束力を持つ。慣習は法律規定と違って,国家の強制力を後ろ盾にしないものの,外在の強制力を持つ。慣習は社会主体の行為に対して相当の拘束力を持ち,この拘束力を社会主体の一種の自覚行為として内在化した。即ち一定の内在の強制力を持つ。第三,慣習は歴史性を持ちかつ歴史により推し進められる。これは二つの意味を持つ:一つ目は,慣習の内容は歴史性を持つ。古代の慣習は現代の慣習と内容の上で明らかな差異がある;二つ目は,慣習の形成は歴史の傾向に影響される。慣習は,人々が反復し絶え間なく実践する中で積み重ねられ形成されたものである[47]。慣習は社会を正常に運営し続ける上で非常に重要な役割を果たす。特に法律規範の欠乏する社会には,慣習の役割はさらに重要になる。「このような普遍の拘束力を持つ慣習は人々の社会関係に非常に重要な意義を持つ。慣習が実践される中で,常に社会や国家に普遍的に認められるようになり,そして徐々に法的性質を帯びる行為規範になる[48]。」現代の社会においても,慣習は変わらず各国民法の重要な源泉の一つである。取引慣習は市場経済関係に非常に重要な役割を持つ:それは市場の自律レベルを高め,法律を運用する際のコストを下げることができる;また,法律の空白を埋めることや法律の意味を解釈することを通じて,法律をより合理的に施行することができるようになる。

---

45) メーン(H. J. S. Maine)『古代法』,沈景一訳,商務印書館,1959年版,29頁。
46) モンテスキュー(C. L. de S. Montesquieu)『法の精神(上)』,張雁深訳,商務印書館,1963年版,310頁。
47) 張宇燕『経済発展と制度の選択――制度の経済分析』,中国人民大学出版社,1992年版,123-127頁。
48) 鄭遠民『現代商人法研究』,法律出版社,2001年版,126頁。

取引慣習は自律性行為規範として，法律の空白があるとき取引主体に選択可能な行為様式を提供できるとともに，法律の意味が曖昧あるいは衝突する際，法律解釈で必要な事実根拠や経験モデルを提供できることになる。なおかつ，多くの情況においては，「法律と慣習は人々の行動の原因と結果として，相互に交差し，密接不可分である」。

2 民事伝統の倫理性

民事慣習の形成は，民族伝統と密接な関係を持つ。ある意味で，民事慣習は民族伝統が長い間蓄積した結果である。一般に理解されているように，伝統とはすべての集団あるいは大部分の成員に共有のもので，人々が共有している生活経験や行為様式である。伝統は以下いくつかの特徴を持つ：まず，伝統は社会に流行していた最も核心的意義を持つ社会や文化経験の貯蔵物である。次に，伝統は一定の蓄積性を持つ。何世代もの人々の共有した文化要素こそが文化伝統を構成できる。さらに，伝統は一定の保守性を持つ。伝統は一旦形成されれば非常に強い生命力を持つ。社会制度や他のイデオロギーから独立して存在する。第四に，伝統は一定の地域性を持つ。人間の交際条件と情報の伝達の条件の制限を受けるため，伝統の形成は一般的には特定地域内の社会のメンバーの共同生活の要求の結晶である。そこで，伝統は一般的に特定地域内で役割を果たす。もちろん，特定の条件の下において，国の強力な助けを借り，何らかの伝統を一国の範囲内に広めることも排除できない。最後に，伝統の存在は持久性を持つ。伝統が一旦形成されれば容易に変わることはない。周囲の情勢がこれらの観念や行動パターンを排斥する変化をもたらしたり，その伝統に置き換わるようなより有効な観念や行為パターンが現れない限り，守られかつ堅持され続ける。言い換えれば，伝統の役割を発揮するに適する内外の社会政治・経済文化の条件が実質的に変更しない限り，伝統は存在し続ける。法律伝統の中に蓄積される法制文明の成果は，数世代に渡る取捨選択や試練を通じて，往々にして歴史上の生命力に富んだものになる。伝統の中の風俗，礼儀や

---

49) 梁慧星『民法解釈学』，中国政法大学出版社，1995年版，193頁。

50) ウェーバー（M. Weber）『経済と社会の中での法律を論じる』，張乃根訳，中国大百科事典出版社，1998年版，27頁。

法律が緊密に連繋し，ひいては一体化するため，この潜移暗化の力は中国の歴史発展の中で蓄積され，貴重な倫理観念が行為判断の規範や基準になる。この礼の力も民族精神の力である。欧州の学者たちも中国のこの法律伝統を賛美した。モンテスキューは，『法の精神』において中国のこの伝統道徳の積極的な役割を高く評価し，礼教を中国一般精神とし，政体原則に違反しない限度において，民族精神に従うのは立法者の職責であると示す。ドイツ法学家ツヴァイゲルト（Zweigert）／ケッツ（Kötz）も「何かを維持するために，必ずしも有用な物事を壊滅する必要はない；法律は邪悪ではない限り，社会慣習を尊重すべきである」とした。[51]

Ⅳ 倫理性は民法制定における主なる根拠

　21世紀の現在，未来の民法典は現代民法精神と理念を体現しなければならない。いわゆる近代民法について，梁慧星教授は，17，18世紀の発展を経て，19世紀にヨーロッパ各国の民法典の編纂において定型化された，一連の民法概念・原則・制度・理論と思想の体系を指すと述べる。その範囲は，ドイツ，フランス，スイス，オーストリア，日本及び旧中国民法など大陸法系民法と，英米法系民法を含む。近代民法のシステムである概念・原則・制度・理論と思想は，当時の社会生活における二つの基本的な判断の上に構築された。一つ目の基本判断は平等性である。二つ目の基本判断は互換性である。いわゆる互換性とは，民事主体が市場取引と民事活動において頻繁にその地位を交換し合い，この取引において売主として相手方との交換関係が発生し，その他の取引では買主として相手方との交換関係が確立する。いわゆる現代民法は，20世紀近代民法の継続的な発展である。現代社会の近代民法と言える。現代民法の基本的特徴は以下のとおりである：平等性と互換性の喪失；現代民法の理念は，実質的正義であり，現代民法の価値観は，社会的妥当性である。中国において長期間に渡り現代民法精神と民法理念が欠乏した状態にあり，未来の民法典が体現すべき現代民法精神と現代民法理念は外国法から導入されることになる。

---

51) ツヴァイゲルト（K. Zweigert）・ケッツ（H. Kötz）『比較法総論』, 貴州省人民出版社, 1992年版, 165頁。

一方，市民社会生活と最も密接な関連がある法律として，民法は先進的法律文化と法律制度の移植を重視することに加えて，その規範内容が市民の伝統的な倫理観や道徳と一致することも要求する。法律の成立における社会需要と文化遺産を一切無視して，いわゆる外国の先進の法律規定を異質社会に「移植」すれば，法律は必ずや現実生活とのずれを生じ，実用的な効果がなくなるだろう。古代中国の法律伝統は「倫理法」で名高く，中国の伝統的な法律文化は数千年の変化と発展を経て，鮮明な個性を有し，成熟した形態を形成するに至った。近代に入って，欧州の法律文化の衝撃を受け，中国の伝統的な法律文化の地位や影響を及ぼす範囲，社会の役割も根本的に変化した。伝統的な法律文化は再三痛手を負いながらも，その多くの要素は頑強に生き残り，中国民衆の法律意識・風俗習慣・行為方式の中に存在し続け，法のコントロールの及ばない社会生活の分野で役割を果たし，民衆の日常生活の秩序を維持する際にも重要な役割を発揮しており，さらに国家の法の実施にも影響を与えた[52]。例えば，伝統的色彩にあふれる礼儀習慣や郷規，民間の規約が多く，末端のコミュニティの中では依然として社会生活秩序を維持する重要な社会規範であり，伝統的な色彩にあふれる民間の調解メカニズムが末端のコミュニティで生ずる大量の社会紛争を解決した。現在の「郷規民約」は，実際には礼治的継続であり，習慣的，自動的に受け入れられ，社会に適応する自己コントロールであり，農村統治の一種の内力である。したがって未来の民法典は伝統の慣習や伝統文化の吸収と継承を十分に重視しなければならない。それによって揚棄と継承を基に，現代市場経済体制の要求に適応し，さらに社会に広く受け入れられる社会主義民法体系及び相応する民法文化を構築すべきである。

---

52) 柴玉麗・夏青「民間法と法制の現代化」，人民裁判所報，2002年11月5日。

民法の倫理的考察

I 倫理制度の概説

1 倫理の概念

　権威的な観点によれば,「いわゆる倫理とは,元々人間社会の中で人と人との関係や,人々の相互関係を処理する原則である」[1]。早くは先秦時代,孟子が「人倫」の概念を打ち出し,理想的な人倫を具体的に「父子親有り,君臣義有り,夫婦別有り,長幼序有り,友人信ある」[2]と規定した。人倫はここで人と人との関係と理解される。親有り,義有り,別有り,序有り,信有り,人倫においてあるべき形態になる[3]。倫理は人々の行為の質の善悪,正邪,ひいては生活方式,生命の意義と究極の配慮に関わることがわかる。

　西洋で,「Ethics」倫理はギリシア文字の「ethos」から生まれ,「ethos」の真意は「本質」,「人格」であり,「風俗」や「習慣」の意味につながる[4]。ルソー (Rousseau) は『社会契約論』において倫理の視野を個人から全体へ広げ,個人の幸せに相対するように公共の福祉が存在するので,一般社会でもそれ自身が固有の質を持つ道徳の生命とみなすと示した。ショーペンハウアー (Schopenhauer) は『倫理学の二つの基本問題』において,「同情」は道徳の起源と基礎であると述べた。同情に基づいて生まれた残忍な行為の排除を,同じ

---

1) 業露華『中国仏教の倫理思想』,上海社会科学院出版社,2000年版,1頁。
2) 「孟子・滕文公上」。
3) 楊国栄『倫理と存在——道徳哲学研究』,上海人民出版社,2002年版,4頁。
4) 何懐弘『倫理学とは何か』,北京大学出版社,2002年版,10頁。

く動物にも適用することによって、人類以外の生物を倫理思考の視野に取り入れた。「倫理システムが確立される経緯は、依然として最低限の条件を満たす社会生活を創設したいとの組織の強烈な願望があったからである。社会道徳ルールを制定するのは、社会全般の行き過ぎた行為を制限し、略奪行為と良心に背く行為を減少させ、隣人同士の関心を育み、和やかに共存する可能性を増やすためである」。現代社会が理解する倫理の範囲は非常に広く、「低レベルにあっては、例えば法律のような外在的なものは『民衆の日用に属するが知らぬ』ものであり」、「高いレベルにあっては、主客観を総合し、故郷に類似する、人や民族の精神本質を体現し、そこに居留できるものでもある。それは内外を連結し、上下を結び、ひいては平凡と神聖の間にトンネルを建立する」。

　表現形式から言えば、倫理は二つのレベルに分けることができる。一つ目は公平・正義などの抽象的な倫理理念や倫理観念である。このような倫理理念は人の本性に含まれた基本的な要素であり、人を他の動物から区別できる社会的標識であるため、この意味の倫理は高度な統一性を持つ。二つ目は規則形態としての倫理、即ち倫理規則である。この形態の倫理は特定の社会地域の倫理道徳準則と伝統習慣を昇華して形成されるため、通常は強い民族性と地域性を持つ。しかし、世界経済の一体化が強まり、異なる社会観念が融合されるに従って、いくつかの共通する倫理規則が抽出され、人類の共同生活を指導する基本的準則になる。1993年8月28日から9月4日の期間、世界から6500名の各宗派の宗教者がアメリカのシカゴに集まり、「第二回世界宗教会議」(Parliament of the World' Religions) が開かれた。この会議でユネスコの「世界倫理計画」(universal ethics project) が議論され、そこで起草された「地球倫理宣言」(Declaration toward a Global Ethic) が採択された。そして「地球倫理」について次のように定義した。「いわゆる『地球倫理』について、我々は世界的なイデオロギーを指すのではなく、あるいは『単一で統一』した地球宗教が現存の諸宗教を超えるものではない。さらに一つの宗教がすべてのその他の宗教を統轄支配するものでもない。私たちが考える地球倫理とは、『拘束力がある価値、

---

5) ボーデンハイマー (E. Bodenheimer)『法律学――法哲学及び法律方法』、鄧正来訳、中国政法大学出版社、1999年版、373頁。
6) 何懐弘『倫理学とは何か』、北京大学出版社、2002年版、12頁。

取消しできない基準,個人の態度に対する基礎的な共通認識である』。このような地球倫理に対する基礎的なコンセンサスがないと,いずれ社会が混乱し専制に脅やかされ,個人でも絶望に陥るだろう[7]。「宣言」は世界の各宗教と文化の道徳準則から全人類が遵守しなければならない一つの基本的なテーゼを提出した。すべての人は人間として扱われるべきである！ そして,イエスの名言「他人に大切に扱ってほしいなら,自分から他人を大切にすべきである」や孔子の名言「己の欲せざる所は人に施すことなかれ」を支えとする。この二つの基本原則は具体化すれば四つの側面を含む。①非暴力の文化と生命を尊重する文化を堅持する；②団結の文化と公正な経済秩序を堅持する；③寛容な文化と信義誠実のある生活を堅持する；④男女間の平等の権利とパートナーシップの文化を堅持する。ここで倫理問題への懸念として,社会道徳レベルを上昇させる必要性のみならず,調和が取れた社会発展を保証する必要性が挙げられた。

2　倫理と道徳の関係

道徳とは善と悪,公正と邪悪,誠実と虚偽などの観念,情操に関して,人と人との間,個人と社会との関係を調節する行為規範の総和である。全体的に言えば,道徳の体系は道徳観念,道徳意志,道徳準則及び道徳規範,道徳的行為などを含む。倫理と同じく,道徳も社会関係を調整する主な手段であり,その手段は常に「徳治」と呼ばれる。「徳治」は儒家の政治主張から生まれる。「論語・政を為す」には「道之以政,齊之以刑,民免而無恥；道之以德,齊之以禮,有恥且格」[8]と記されている。道徳の特徴は主に,善悪を評価する方法として現実世界を把握する；道徳は国の強制力を背景に実行され,実施されるわけではなく,人々の観念,社会の世論と善良の習慣によって維持される；個人と他人,個人と社会集団の間の利益関係を調整する際,道徳はその他の社会規範のように人々の個人の利益を強調するのではなく,他人の利益と社会集団の利益とを強調する。道徳の役割は,まず評価などの方法を通じて人間の行動や活動を指導,是正し,人々の間の能力を調整する。これに対してボーデンハイ

---

7) 藍江「普遍の倫理への問い」,中国学術城,2002年6月15日。
8) これを導くに政を以てし,これを斉うるに刑を以てすれば,民免れて恥ずることなし。これを導くに徳を以てし,これを斉うるに礼を以てすれば,恥りて且つ格し。

マー（Bodenheimer）は「道徳の目的は，社会的意味からすれば，あまりに利己的な影響の範囲を減少させることで，他人への有害な行為を除去し，双方共倒れになる争いや，社会生活の中に潜む社会を分裂させる力を取り除き，社会の調和を強化することである」と指摘した[9]。同時に，道徳は評価と励ましなどの方法で，世論や社会の気風を形成し，道徳観念を確立し，理性的人格を作り，人々の道徳の質と道徳観念を育てる。

　言語学から考察すれば，古代の中国おいては「倫理」と「道徳」は厳密に区別される。「倫理」は，分析，分類，配置，技術，操作などの意味を含み，「道徳」は現在の「科学的言動」に似て，人の認識する自然の法則につながり，「天人合一」の思想行動の意味が含まれている。西洋の哲学者も倫理と道徳の相違について注意を払っている。ヘーゲル（Hegel）は，道徳はより早い段階の「形式法」と同じく抽象的なものであり，倫理こそが彼らの真理である。それゆえ，倫理は道徳より高い地位にあり，道徳は主観的で，倫理は概念的には抽象的客観的意志と個人の主観的な意志の統一であると考える。「前者（倫理）は社会的な，誰もが守らなければならない価値規範や行為規範に傾き，後者は（道徳）は個性的な，個人の価値観や行為規範の傾向を持つ」と主張する説がある一方，倫理は「規範，理論を表示する」ことに重きを置くが，道徳は「現象，問題を指示する」ことに重きを置くと主張する説もある[10][11]。

3　倫理道徳の人性基礎

　ある意味では，道徳はある民族の文化の主な内容であり，その民族が特定の自然環境に適応する過程において徐々に進化・蓄積してきた共生現象の結晶である。しかしながら，倫理は，民族と自然社会との相互作用，なごやかに共存する一種の知識形式や生活の行為規範である。そのため，民族倫理は常にこの民族の特質と文化の総合的表現である。倫理道徳は民族文化の承載だけではなく，その民族意識を形成する文化発展に非常に重要な役割を果たす。ロールズ

9）　ボーデンハイマー（E. Bodenheimer）『法律学──法哲学及び法律方法』，鄧正来訳，中国政法大学出版社，1999年版，371頁。
10）　董群『禪宗倫理』，浙江省人民出版社，2000年版，3頁。
11）　何懷弘『倫理学とは何か』，北京大学出版社，2002年版，12頁。

(Rawls)は「良好な社会の組織とは，構成員の善なる発展を目指すように設計され，正義の公共的概念で有効に調節する社会である」[12]と言う。このような社会において倫理道徳は極めて重要な役割を果たす。倫理道徳は人の本性と密接不可分であり，倫理道徳自体は人の本性を向上させ，純化させる。倫理道徳は民族伝統の風俗習慣などと組み合わせて，人々の心理構造の特殊な感情に内在化される。倫理道徳を基盤に存在する社会の経済関係が変化したとしても，この倫理道徳はすぐ消えるわけではなく，古い意識として残り，社会発展に影響を与える。したがって，ある意味では，倫理道徳の慣性が非常に大きく，「安定性は各種の道徳観念の望ましい一つの特徴である」[13]。一方，倫理道徳は人の本性の発露として，自己満足の閉鎖システムではなく，表現方法や表現内容の多様性という特徴を持つ。そして倫理道徳の多様性は直接に人間の多様性という特徴から生まれる。ハイエク（Hayek）は，人の本性は無限に多様であり，個人の能力や潜在力は広範な差異を持つ——これは人類の最も特徴的な事実の一つである。人種の進化は，人々を万物の創造の中で最も多様性のあるものの一つにする可能性がある。「人々の先天性の差異の重要性を最低限まで減らし，人々のすべての重要な相違を環境の影響に属させるのは今の趨勢でもある。しかし，環境がいかに重要であっても，我々は一つの事実を無視してはならない。つまり，人は生まれたときから非常に異なる。たとえすべての人が極めて似た環境で育ったとしても，個人間の相違の重要性はこれによって減少されない。事実に関する一つの陳述として，『人々は生まれながらに平等である』との言い方は明らかに事実と合わない。しかし，我々はこの神聖な言い方を使用し続け，このような理想を表現する。つまり，法律と道徳の上で，すべての人は平等に待遇される。けれども，強調しなければならないのは，我々がこの平等という理想の意味を理解したいなら，我々はまず人々は事実上平等であるという観念を捨てなければならないのである」[14]。人の本質は法律が存在する原因

---

[12] ロールズ（J. B. Rawls）『正義論』，何懐宏ほか訳，中国社会科学出版社，1988年版，455頁。

[13] 同上書，457頁。

[14] ハイエク（F. Hayek）『自由秩序の原理（上）』，鄧正来訳，生活・読書・新知三聯書店，1997年版，104頁。

の一つであり，人の本質についての理解の差異がある程度各国の法律制度の相違を決定する。マルクス（Marx）は，「いわゆる人権はいかなるものであれ，市民社会の構成員の権利を超えることはない。即ち利己主義的人間は，自分自身・個人利益・わがままに閉鎖され，同時に全体から離脱する個人の権利を超えていない」[15]。倫理と道徳は人の基本的価値基準の一つであり，人の行為に決定的な影響を与える。社会的な存在として人は世論の否定的な評価を気にする。さもなくば社会団体に背かれる。

　人の倫理道徳性は経済の盛衰と直接的な関係を持つ。経済が発達する時代には，人々の社会の倫理道徳に対する要求は比較的高く，同時に自身も高い倫理道徳のレベルを表現するため，この時期の法律は広範な倫理道徳を体現している。これに反して，不況時代においては，人々の倫理道徳の表現は好景気の時に比べて減少しており，社会全体の倫理道徳のレベルも低下するので，この時期の法律における倫理道徳の教化は不十分となる。ただしいかなる倫理道徳にも人々は従わなければならないため，経済・政治・法律の現実の力を総合する社会賞罰メカニズムを必要とする。所謂社会賞罰とは，社会が様々な現実利益をもって個人の行動を賞罰し，経済・政治・法律・行政など多種の現実的な手段を利用し，利害を仲介として行為主体に社会が期待する，あるいは受ける行為の選択を促すのである。それが最も現実的かつ有力に個人の倫理道徳の外形と社会の倫理道徳の状況に影響を与えている。社会賞罰自体は倫理道徳の外に置かれ，主に人の賞への憧れ及び罰を恐がる心理，人の功利心，栄辱心を頼りにその役割を果たすものであり，人の是非の感覚を動かすものではない。社会賞罰に頼って表面的に倫理道徳の秩序を作り上げても，自律精神の溢れる倫理道徳や人格を育成することはできない。社会賞罰は倫理道徳を擁護する信頼できる手段となることができない。しかし，それは現実的で力強く人の行為に作用する特徴があるので，倫理道徳のレベルが高くないひいては倫理道徳のレベルが低い社会構成員を制約することができ，倫理道徳に反する行為を減らし，良好な倫理道徳の秩序の確立に最低限の条件を提供する。最も重要なのは，社会賞罰の方向性と今現在必要な倫理道徳的価値を合致させた場合，一般人は社

---

15) マルクス（K. H. Marx）「ユダヤ人問題によせて」，『マルクス・エンゲルス全集』第1巻，人民出版社，1964年版，439頁。

会賞罰方向の偏差より，現実利益と倫理道徳の要求との間でジレンマに陥ることを減らすことができ，人々が社会的倫理道徳価値を認める障害も減少させることができることである。[16)]

II　倫理道徳と民事法律制度の関係

　法律の道具的価値以外のもう一つの重要な機能は，倫理的価値である。法治国家，法治が体現する価値は，社会に主流の倫理道徳規範と高度な同質性を表す。法治価値の多くは道徳規範の価値，あるいは倫理道徳規範の評価指標である。[17)]

1　民法と倫理道徳の共通点

　倫理道徳と民法は社会規範の最も主要なものであり，異なる範疇に属するが相互に関連性を有する。民法と倫理道徳は上部構造の異なる領域に属するが，多くの面で共通点を持つ。両者は社会主体行為を規範する役割を担う；社会規範の範疇に属し，普遍の適用性を持ち，その調整範囲が重複し相互に包摂する。すなわち，ある民事行為と民事関係は倫理道徳に調整されると同時に，民法にも調整される。民法規範は基本的な倫理要求を体現している。

2　民法と倫理道徳の差異

　両者の違いは少なくとも以下の点にまとめられる。

(1)　存在形態

　その存在形態から言えば，民法は制度の範疇に属しており，主に具体的制度設計を通じて社会生活を調整する役割を担う。これに対し倫理道徳は，社会イデオロギーの範疇に属し，主に観念の潜移暗化（目に見えない感化作用）により社会関係に対する調整を行う。倫理道徳の実現は主に人の自律と内心の懺悔による；民法は他律であり，その実施は国の強制力に依存する。

---

16)　呉漢東「法律の道徳化と道徳の法律化」，法商研究，1998年第2期。
17)　謝維雁「憲政の徳性を論じる」，探索，2002年第2期。

(2) 発生の条件

倫理道徳は社会を支える最も基本的な規範システムであり，倫理道徳規範なくしては社会全体が崩れる。それゆえ，人がいるところには倫理道徳が必然的に存在し，それによって倫理道徳の無限性を決定する。これに対し，民法には時空的制限があり，特定の地域と特定の時間の範囲内にしか存在しない。

(3) 表現形式と実現メカニズム

民法は国家が制定するあるいは承認する行為規範であり，特定の手続により規定され，内容が明確であり，通常は各種の民法淵源の形で表現される。例えば国家制定法，習慣法，判例法などにより表現される。これに対し，倫理道徳規範の内容は人々の意識に存在し，人々の言行で表現され，人に対して潜移暗化の役割を果たしている。文字で表現されることが一般的になく，内容が比較的原則的かつ抽象的で，曖昧さを残す。

(4) 調整の範囲

民法と倫理道徳は人々の行為に異なるレベルで働きかける。前者は，最低限の行為要求を定めるのみで，後者は，人々の精神生活と社会行為のより高いレベルの問題を解決することができる。言い換えれば，民法の倫理道徳の要求に基づき昇華され確認されるのは，公認の社会倫理道徳の一部分に過ぎない。多くの倫理道徳要求は依然として倫理道徳分野に残っており，倫理道徳の規範によって制約され調整される。つまり，倫理道徳は人々の外部行為を調整するだけでなく，人々の動機と内心をも調整する。その調整基準は通常，いわゆる「完全無欠な人」，「聖人」あるいは「道徳人」に定められる。これに対し民法は，主に人の外部行為を調整する。内的動機はただ行為の効力を確定する一つの基準である。民法の判定基準は「一般人（中間層の人の意味）」である。

(5) 役割のメカニズム

民法は国家の強制力で実施を保障する。これに対し倫理道徳は主に世論や伝統の力，人々の自律によって維持される。言い換えれば，倫理道徳が役割を果たせる理由は主に人の賞への憧れ，罰を恐れる心理，人の功利心，栄辱心，あるいは成果を求める点にあり，人の良知を変えることには着目してない。もちろん，社会賞罰の外在化によって形成された表面的な倫理道徳の秩序では自律精神溢れる倫理道徳人格を育成することはできない。

(6) **権利義務の分配**

権利を本位とする法律として，民法は権利の観念と権利優先の観念を強調し，両者の平衡と合理的な分配を強調すると共に，義務の存在は常に権利の要求を満たすためにあるとする。これに対し倫理道徳は，義務を本位とする規範システムであり，義務優先と他人，社会に対しての義務と責任を強調する。一般的には義務のみを規定しており，対等の権利について求めない。

(7) **役割の着眼点**

倫理道徳は主に事前の防止と規制を重視するが，民法は事後の救済と調整をより強調する。

(8) **違反の効果**

民法規範としては，その基本的な構造には仮定，処理及び制裁の三つが含まれる。すなわち，それなりの民法効果を盾としなければならない。これに対し倫理道徳規範の違反は，通常世論の制裁や良心の呵責を受けるのであり，他の具体的な制裁措置または民法の効果はない。

(9) **安定性**

倫理道徳は伝統と不可分であり，一旦ある倫理道徳観念が生じそして固定したなら，周囲の情勢が著しくこれらの道徳観念を排斥し，または当該倫理道徳の代わりの他の有効的観念が生まれない限り，この倫理道徳観念は堅持または奉守され続ける。それに対し民法は社会経済的条件の発展や変化によって絶えず調整される。

(10) **役割の形態**

道徳法則は通常一定の柔軟性を持ち，具体的な人や具体的な状況によって適用方法が異なり，しかも直感で理解される。法律は通常の情況を目安にして，適用対象，適用条件，適用尺度と適用結果など高度な民主的厳格性と統一性を求める。つまり，適用過程において一定の範囲内の人を同等に扱わなければならない。したがって倫理道徳は「個別化の道徳」として表すことも可能であるが，法律は「統一化された法」と表現しなければならない。そしてこの「個別化の道徳」と「統一化された法」の間に終始矛盾が生じる。

3　倫理道徳と法律の関係

　社会規範の体系において，法律と道徳の二種類の行為規範は，社会関係を調整する手段は異なるが，その機能は相互に補充し合う。道徳の役割は，主に行動評価を通じて人々の行為を規制しあるいは誘導することにある。その実現方法は，主に世論で人々の行為を監督し，内心の教養と習慣を利用する。したがって道徳は社会の職業と家庭生活に広く深く影響を与える。道徳は，他人あるいは社会利益を深く危害する行為を非難することができるが，制裁はできないという局限性を持つ。これに対し法律は，明文で規定することで社会主体の行為を導引すると共に，国の強制力を後ろ盾としてさらにそれを推進する。誘導や推進の役割を果たすだけでなく，懲戒・防御の役割もある。文明社会が誕生して以降，どのような社会であっても秩序を維持または確立する際に，同時にこの二つの手段を用いることができなければならない。ただし，一方に偏ってはならない。その関係は具体的には以下のとおりである。①法律は，倫理道徳を伝播する有効な手段である。倫理道徳は二種類に分けることができる。一つ目は，社会の秩序化を求める倫理道徳である。即ち社会を正常に維持するのに欠かせない「最低限の倫理道徳」，例えば他人を暴力で傷つけてはいけない，詐欺手段で利益を求めてはならない，公共の安全を脅かしてはならないなどである。二つ目は，生活の質を向上させる人と人との緊密な関係を増進することに役立つ原則を含む。例えば博愛・無私などである。そこで，一つ目の倫理道徳は，通常法律に昇華し，制裁あるいは奨励方法を通して推進される。二つ目の倫理道徳は，高いレベルの倫理道徳で，一般的には法律に転化し難いか，あるいは法律と倫理道徳が混淆されるものである。②倫理道徳は法律の評価基準であり推進力である。法律は最低限の倫理道徳を含まなければならない。法律規範の多くの起源は，倫理道徳規範であり，元々倫理道徳規範の中で最も重要で，最も基本的な内容が法律規範となった。国家は，最も重要かつ基本的なものを法律規範に昇華させ，国の強制力をもって保障する。③倫理道徳は法律を補充する役割を担う。いかなる社会の法律も万能ではないが，倫理道徳の基準は「一般人」ではなく「聖人」を基準とし，「不道徳」であるが法律に違反しない行為については無力である。これは民法において直接調整し難い行為，または元々民法において調整すべきであるが，立法の遅れにより法律の根拠のな

い行為については，倫理道徳の調整が補充的役割を果たす。ハート（Hart）は『法の概念』の中で「自然法の最小限の内容」の論述において，法と倫理道徳の関係は緊密であり，民法は人類社会の基本的な共同道徳の事実を考えなければならない。しかし倫理道徳は決して一つの単純な規則体系にはなれない。また，倫理道徳は法律の実施を保障するが，倫理道徳のサポートがなければ，民法は有効に実施し得ない。すなわち，いわゆる「道徳のみをもって政治をするのは不十分であり，法律制度のみに基づいても物事はうまくいくことができない」とされる。④法律は倫理の要求を表さなければならない。フランスの社会学者デュルケーム（Durkheim）は「いかなる道徳社会においても，どの社会の構成員も他人に対し義務を履行しなければならない。これらの義務は一定程度の重要な地位を得る際，一種法律の性質を持つ」[18]。倫理道徳は法律の有効な基礎であり，法律は内面に正義性を持たなければならない。基本的な倫理道徳に適合しない法律は法律とはみなされない。即ち「悪法は法ではない」。ロールズは，法律は抽象的な倫理道徳観念に基づかなければならず，その核心は正義であり，正義は至高無上で不正義の法律は必ず放棄されると考える。⑤倫理道徳と法律はある状況においては相互に転化する。ある倫理道徳は，社会の発展に伴い社会において非常に重要であり，また常に覆される危険性があるため，立法者は法律の範疇に組み入れる可能性がある。逆に，過去に法律で禁止すべきであると思われる不道徳行為が，法律領域から除かれ，倫理道徳により調整される可能性がある[19]。もちろん，倫理道徳から法律への転化は多すぎてはならない。すべての倫理問題を法律問題に変えることは，倫理道徳と法律の取替えに等しい。これは人類が法律を設ける目的とその理想とする目標に適合しない。それに，いかなる国家もすべての倫理道徳を法律化した場合，法律執行に必要なコストを支えられる財力はないだろう。

　要するに，法律と倫理道徳は相互に異なり，互いに代替することはできず，片方をおろそかにもできない。したがって，単一の法治形態も単一の徳治形態

---

18)　デュルケーム（E. Durkheim）『近親相姦タブーとその起源』，喆汲ほか訳，上海人民出版社，2003年版，403頁。

19)　馬慧勇「道徳と法律の変貌――法治と徳治の歴史と現実の反省」，法律図書館＞法律論文データベース＞法律論文（http://www.law-lib.com/lw）。

も欠陥がある。倫理道徳は聖人の基準を採用している。また，民法は一般人の基準を用いる。人は天使でも禽獣でもないので，民法は人を半人半獣とみなすのである。

Ⅲ　倫理道徳の民事法律の実行に対する影響

1　倫理の民事立法への影響

　社会をコントロールする主な手段として，法律はまず社会生活の一般的な要求を反映しなければならない。さらに，立法の際，倫理道徳の民事立法への影響を考えなければならない。部分的かつ基本的な倫理要求を法律規定にまで必ず昇華させ，道徳の法律化を実現しなければならない。いわゆる道徳の法律化とは，主に立法者が一定の倫理道徳理念と倫理道徳規範や倫理道徳規則を立法手続を借りて法律や国の意志の形で表現し，それを制度化することである。それには主に三つの形式がある：まず，立法を通じていくつかの倫理道徳基準が法律基準になったことが確認できる。バーマン（Berman）は「すべての法律制度について我々は理性で以て社会が主導する社会的美徳を求めるだけでなく，我々の生命を献身することを求める。したがって，宗教的熱狂や信仰の飛躍こそが，我々に法律の理想や原則の普遍性をもたらす」[20]と述べる。第二に，いくつかの倫理道徳を慣習法に昇格させる。倫理道徳の法律化は，社会規範システムでの倫理道徳と法律の構造を合理的にし，システム自体の機能を実現させる。第三に，文明的ではない不道徳な行為を禁じる[21]。倫理道徳の立法活動への役割は二つに分けられる。第一に，倫理道徳は立法の重要な淵源である。実証分析の法律家ハートは「法律はどの時期においても，どの地域においても発展することは争いがない。事実上，特定の社会集団の伝統道徳と理想に深く影響され，現在の道徳レベルを超える個別の人が提出した啓蒙的道徳の批判にも影響される」[22]。

---

20)　バーマン（H. J. Berman）『法律と宗教』，三聯書店，1991年版，54頁。

21)　馬慧勇「道徳と法律の変貌──法治と徳治の歴史と現実の反省」，法律図書館＞法律論文データベース＞法律論文（http://www.law-lib.com/lw/）。

22)　ハート（H. L. A. Hart），*The Conception of Law*, Oxford University Press, 1961, pp. 181-182.
　　転引用張文顯『20世紀の西洋法哲学思潮研究』，法律出版社，1996年版，406頁。

これらは「立法を通じて突然に公然と法律に入るか，あるいは司法手続を通じて静かに法律に入る。例えばアメリカの場合，法的効力の最後の基準に，明確に正義の原則や重要な道徳的価値が含まれる。例えばイギリスの場合，最高立法機関の権限に対する形式上の制限はないが，その立法は，正義や道徳に従っている」。「いかなる『実証主義者』もこれらの事実を否定できない，そして法律の安定性は道徳観念との整合性に依存することも否定できない[23]」。第二に，倫理道徳は法律制定の指導思想である。いかなる法律規範にも立法者の善と悪，是と非についての価値判断が含まれ，立法者の許すこと・制限すること・禁止することの価値志向を反映する。その意味で，法律は社会が普遍的に遵守する価値志向を反映しなければならず，それに従い法律に相応する倫理道徳原則の含意を持つようにする。立法過程において，十分に倫理道徳の要素と倫理道徳基準を考慮すべきであり，適切な形式に従い倫理道徳の根本原則・主導的内容を法律化させる。そして，立法においては決して正義観念・公共利益やその他の倫理道徳の基本原則に逆らってはならない。さもなければ悪法である。このような法律は実施が困難となるだけでなく，立法者は人々の信用を失い，法律の権威を失墜させる[24]。

2　倫理の民事司法に対する影響

司法は，法律を実施する主な手段であり，法律の実施自体が勧善懲悪の過程である。法律は国家の評価として，何を推進し，何を禁止するかについての統一的な基準である。また，法律に含まれる評価基準は，ほとんどの国民の最も基本的な倫理道徳信念と一致する，あるいは近いため，法律の実施は社会倫理道徳の形成及び普及に大きな役割を果たす。もちろん，法治社会は人々が問題を処理する際に，まず行為が法律規定に適合するか否かを考える。裁判官は，裁判の際に，自由裁量に頼ることができず，現行法律の根拠に基づくしかない。ここで二つの情況を克服しなければならない。一つは，法律と道徳の関係を切り離すために法律を神聖化及び硬直化させることである。これは，必然的

---

23)　ハート（H. L. A. Hart）『法律の概念』，張文顕ほか訳，中国大百科全書出版社，1996年版，199頁。
24)　呉漢東「法律の道徳化と道徳の法律化」，法商研究，1998年第2期。

に法律が新たな状況に適応することはできないことになる。これにより法律が硬直・無力及び冷酷になり，法律と大衆の心理，社会の風習間の乖離とギャップをもたらし，倫理道徳を無力化し，軽蔑される状況にもなり，甚だしきに至っては倫理道徳の違反を激励し，倫理道徳の衰退を加速化させる。二つ目に，倫理道徳を法律規定に代替する。すなわち法律を道徳に対する「非全面的総括」による弊害を避けるために，法の執行過程において多くの道徳評価を導入する。その結果，法律規則と道徳要求の限界が曖昧で不明確になり，「法律の確実性と予見可能性が必ず侵害される」[25]。

　法律は倫理道徳の規範によりその抜け穴を補う。アメリカのリアリズム法学者フランク（Frank）は，多くの場合法律の過去・現在・未来は永遠に曖昧で，多様であるという。法律が処理するのは最も復雑な人間関係であり，直面しているすべての困惑と変化しやすい社会関係であり，この万華鏡のような時代にはなおさらそうである。たとえ相対的にみて静的な社会であっても，あらゆる事項に関し将来起こる可能性のあるすべての紛争を解決する規則を設けなければならない[26]。言い換えれば，法律は毎日直面している社会関係が極めて複雑であり，法律用語自体は曖昧で，不確実性を持つ。その上，人の認識が，局限的である点を考慮すれば，必然的に法律と現実のズレが生じる。したがって，法律の抜け穴は免れない。法律の抜け穴の存在原因については，様々な見解がある。ドイツ利益法学の創始者ヘック（Heck）によれば，①立法者は観察能力が有限で，将来のすべての問題を予見することができない。②立法表現の手段は有限で，たとえ将来のあらゆる問題を見通すとしても，立法において完全に表現するのは不可能である。具体的には，法律の抜け穴の存在理由は二つに分けられる。一つ目は，立法者の認識や意思である。すなわち，特定の問題について，立法者が当時規定するには不適切であると考えれば，その解決を諸判例または判例法にゆだねる。二つ目は，立法時の油断，立法者の思慮不足，あるいは情勢の変化がある場合である[27]。過不足を補うには主に判決を通じて法律規則

---

25) ボーデンハイマー（E. Bodenheimer）『法律学――法哲学及び法律方法』，鄧正来ほか訳，華夏出版社，1987年版，288頁。
26) 張乃根『西洋法哲学史綱』，中国政法大学出版社，1993年版，320頁。
27) 梁慧星『民法解釈学』，中国政法大学出版社，1995年版，250頁。

3 民事法律遵守の倫理的分析

　法の実現は，法律規範が人々の行為において具体化することである。法律の命はその実現にあり，当為を必然に転化，可能性を現実に転化する。法律は社会関係の調整と社会秩序を擁護する価値目標を実現し，社会の構成員の法律に対する自覚的な信仰と普遍的な遵守に依拠しなければならない。法律を遵守することは多くの場合，一種の道徳的義務であり，大部分の社会構成員は法律の強制力で法律を遵守するだけではなく，多くの場合には，彼らの道徳習慣により法律を遵守し，法律の信仰に基づいて法律を遵守する。これに対してペリクレス（Pericles）は，「個人の生活において，我々は自由で寛容であるが，公的事務においては法律を守る。これは我々が法律に深く心服するからである。……我々は法律自体に服従する，特に被抑圧者を保護する法律，または明文化されていなくても違反したら公の恥と思われる『法律』に服従する」と指摘した。[28] しかし，法律が厳格に守られるには，法律にある程度の道徳的含意を与え，法律の道徳化を実現しなければならない。法律の道徳化とは，法の遵守過程を主な焦点とする。つまり，法律主体は法律遵守の内在化を倫理道徳の義務とし，倫理道徳の義務を法律義務として扱う。人々はなぜ規則を守らなければならないのかとの問いに対して，法律家たちはいくつかの解釈を提供した。一つ目は，習慣である。二つ目は，適法性への認識である。法律は適法かつ権威を有する機関や関係者が正当な手続に従い制定したものであり，人々はその適用性を信じるために遵守する。三つ目は，恐れである。四つ目は，社会的圧力である。五つ目は，個人利益の考慮である。六つ目は，道徳上の要求である。[29] 国家や社会はその存在とより良い方向への発展を保障するためにこの存在と発展に必要な道徳の法律化を維持しなければならない。そして，それに強制力を賦与する。人々は法律が最大限度にその生存と発展を保障することによって内

---

28) パウンド（R. Pound）『法律での社会的制御』，沈宗霊ほか訳，商務印書館，1984年版，106頁。

29) 張文顕『20世紀の西洋法哲学思潮研究』，法律出版社，1996年版，95頁。

面の原動力を得る。即ち法律に対する信仰である。バーマンは,『欧米の法律伝統の神学淵源』において「西洋の法律体系に含まれる伝統的な宗教を検討しなければ,この伝統の革命的性質を理解することは不可能である。……欧米の法律体系の基本制度や概念と価値は,すべて11世紀及び12世紀の宗教儀式・秘跡または学説を根源とし,死亡,罪,懲罰と救いの新たな態度,及び神と人・信仰と理性の関係についての新たな発想を反映する」と指摘した。それゆえ,バーマンは,「西洋法律科学は一種の世俗の神学である」と結論を下した。[30] したがって,遵法は法治の外面的な表現形式にすぎず,遵法精神こそが法治の魂であると考える人もいる。遵法の自律的心理状態は,法律の他律性という目標を実現する基礎である。健全な遵法の心理状態は,社会道徳が求める人々の心理的反映とその積み重ねであり,その実質的内容は,主に法律遵守の義務感や法律違反に対する羞恥心である。[31]

Ⅳ 倫理制度の各国の民法における影響と相違に関する分析

　法律・道徳・宗教は,これまで人類社会の最も主要な社会統制の手段である。この三者は完全に独立しているのではなく,一定の程度でそれぞれ異なる面や次元で相互交差・融合する。人類の発展の歴史の時期に応じて,この三者の役割は社会的関係の程度で異なる。例えば,中世のヨーロッパにおいて道徳と法律はほとんど宗教に内包されていた。そして,現代ないしポストモダン以降の状況において,人々の理性は空前の高さまで引き上げられた。しかし,そもそも法律・道徳・宗教の三本柱で支えた社会秩序は,法律あるいは法律を主体とする柱で支えられる。さすがに単に人の法律への信頼や期待のみでできるものではない。「経済合理主義の発展は,部分的に合理的な技術と法律に依拠するが,同時に人類の実際に合理的な行為に適応する能力と気質で決まる。もしこのような合理的な行為が精神上の障害を受けたなら,合理的な経済行為の

---

30) バーマン（H. J. Berman）『法と革命——西洋法律伝統の形成』,賀衛方ほか訳,中国大百科事典出版社,1993年版,200-201頁。
31) 呉漢東「法律の道徳化と道徳の法律化」,法商研究,1998年第2期。

発展も深刻な内部障害を受けるはずである。神秘や宗教の力，及びこれを基礎とする倫理上の責任観念は，過去にはずっと行為に影響を与える最も重要な構成要素である[32]」。この観点は，宗教と倫理が依然として各国の法律制度に影響を及ぼしており，国によりそれらの影響が異なるからこそ，各国の民法制度上の相違性が決まるのである。

1 倫理制度の中国の古代法への影響

中国の偉大な先人は，法の起源は具体的な「裁判」活動であり，法律はそのような活動によって公示された行為規範であると考えた。「法」は一種の具体的な裁判活動であろうと，これによって公表される行為規範であろうと，いずれも裁判官が築き上げたものである。そもそも，古人の心の中で，成文法と判例法の違いはない。西周・春秋の時代，「礼」と「九刑」（法律原則）の指導下での裁判方法は，適切な先例を選択して裁判することであった。ウェーバー（Weber）は，「中国を代表としたアジアの国の伝統社会における一つの重要な特徴は，法律と宗教の命令，倫理規範と風俗習慣の区別が，曖昧で分別し難い」ことであるという[33]。商礼と周礼のかなりの内容が慣習法の範疇に属する[34]。漢朝以来，儒教は礼を法に取り入れた。最初は立法に参与することと現行法律を注釈することを通じて儒家の礼の精神を導入し，経義を以て判決を通じて，法に明文規定がない場合，礼を基準とする。法と礼が抵触する場合，礼によって判決する。その後，礼の規範は全面的に法律化された。魏・晋・北魏・北斉を経て，隋唐以後法律の儒家化は中国法律の正統となった。中国の伝統的社会の発生と発展してきた「中国人特有の融通をきかせて問題を処理する知恵」を反映する非形式の法律の顕著な特徴として，主に実質正義の実現を重視するのである[35]。中国古代法の価値基準を構成する宗法倫理は，少なくとも三つの特徴

---

32) ウェーバー（M. Weber）『プロテスタンティズムの倫理と資本主義の精神』，彭強・黄暁京訳，陝西師範大学出版社，2002年版，26頁。
33) 蘇國勛『理性化及び制限――Weber 思想序論』，上海人民出版社，1988年版，222頁。
34) 李占栄「各民族が共に中華文明の歴史を作るのを論じる――法律起源の視覚から」，法律図書館≫法律論文データベース≫法律論文（http //www.law-lib.com/）。
35) 郭春涛「法治方式での憲政――中国憲政の窮地を離す必然的な選択」，当代法学，2000年第1期。

を持つ。まず，血縁と家庭を土台に，家族倫理を倫理の起点とする；次に，それは主に家族倫理と国家倫理を構成する；第三に，それは儒家の倫理思想を現実の運び手とする。このような「倫理法」は古代中国宗法社会を土台に作られたものであり，当時の社会において，それは合理的・効率的でかつ最高の法である[36]。モンテスキュー（Montesquieu）は，中国の立法は「宗教・法律・風俗・礼儀を一緒にし，これらのすべてが道徳であり，これらのすべては徳であるとする。この四者の掟が，いわゆる礼儀である。中国の統治者はこのような礼儀を厳守することで成功した[37]」と述べる。数千年来形成してきた根強い汎倫理化の思惟方法は，法律を倫理型の法律として理解し構築した。

古代中国の法律は，強制手段で全面的に道徳的なシステムを確立し，推し進めてきた。現代倫理学の立場から見れば，その弊害は非常に顕著であり，その最大の弊害は現代社会が提唱する自由・同権思想の形成を阻害したことである。ウェーバーは，「倫理道徳的で，明確な生活準則を持つと思う近代資本主義の精神と戦う，革新に対する態度と反応を，我々は伝統主義と呼ぶ[38]」。しかし，その合理性と独特さは同じく顕著である。原因は，道徳規範は元々他律性の面があり，これを捨てれば道徳として成り立たない。中国古代社会（特に一般民衆）の文化発展のレベルを理解するために，特に道徳の他律性を十分に強調する必要がある；法律の強制性は徳を持つ人の自律を排斥するわけではない；「法による教育」は自律と他律をある程度兼ねており，社会道徳の発展に新しい道を切り開いた。もちろん，以上を分析する際，我々は一つの根本問題を考えなければならない。即ち法律が最大限に促進する道徳体系は，社会において十分な合理性を持つか否かの問題である[39]。

2　倫理制度の外国立法への影響

国によって倫理慣習が立法へ及ぼす影響は異なる。「ギリシア古代社会にお

---

36)　胡旭晟「中国の伝統的な『倫理法』の検討」，百年，1999年5月号。
37)　モンテスキュー（C. L. de S. Montesquieu）『法の精神（上）』，張雁深訳，商務印書館，1963年版，3頁。
38)　ウェーバー（M. Weber）の受け売り。ウェーバー（M. Weber）『プロテスタンティズムの倫理と資本主義の精神』，彭強・黄曉京訳，陝西師範大学出版社，2002年版，31頁。
39)　胡旭晟「中国の伝統的な『倫理法』の検討」，百年，1999年5月号。

いて，慣習や旧規は実定法に取って代わったため，個人の自由と保障は社会体制下の組織に依拠する」。現代民法の見本となる最初の世界的な法——フランス民法典は，主にフランスの慣習法や自然法の思想の影響を受けた。確実なことは，自然法によって展開された法典編纂の理念がなかったとしたら，精神史的にみて，この法典の全部がそもそも考えられなかっただろうということである。すなわち自然法的観念は，コード・シヴィルの根底にも横たわっているのであり，この観念によれば，自律的で，宗教的信仰箇条からは独立した，自然的諸原則が存在していて，それらの原則から各法規の体系が導き出され得るものであり，そしてもしこれらの法規が計画通り一目瞭然たる形態にまとめられるならば，まさにこれらの法規によって倫理的・理性的社会という社会秩序の基礎が据えられるというのである」。一方，「フランス民法典」のローマ法からの影響は，我々の想像よりはるかに少なく，実はゲルマンの慣習法とローマ法の混合体である。法典の起草者ポルタリス（Portalis）は『民法典序論』の中で「体系の統一性を損なうことなく，また一般的精神を驚かせることなく，成文法と慣習法の諸秩序を調和させたり，あるいはその一方を他方によって修正することができたときにはいつでも，こう表現してもよければ，我々は成文法と慣習法との間で和解させた」というのである。「フランス民法典」の起草が歴史の連続性の価値を非常に重視するのは，フランスが民法典を制定する前に，比較的成熟したゲルマン法がすでにフランスに広く存在していたからである。フランスの南部は，かつてローマ帝国の領域だったが，ローマ人が去った後も法律は残された。フランスの北部に，ゲルマン人が侵入したためゲルマンの慣習法が導入された。一部の慣習法，例えば「サリカ法典」，「ブルゴーニュ法典」，「西ゴート法典」及び「リブアリア法典」は成典に編纂された。フランス

---

40) モーガン（L. H. Morgan）『古代社会（上）』，楊東蓴ほか訳，商務印書館，1977年版，252頁。
41) ツヴァイゲルト（K. Zweigert）・ケッツ（H. Kötz）『比較法総論』，沈漢典ほか訳，貴州省人民出版社，1992年版，165頁。
　　訳者注：訳は大木雅夫訳『比較法概論原論（上）』，東京大学出版会，1974年，15頁を参照している。
42) 大木雅夫『比較法』，范愉訳，法律出版社，1999年，179頁。
　　訳者注：訳は大木雅夫『比較法講義』，東京大学出版会，1992年，97頁を引用している。

は政治的に早く成熟したため（13世紀フランスはすでにヨーロッパ最大の政治的実体である），国王は全国各地の慣習法を整備することができた[43]。パリ最高法院においてパリ慣習法を大量に用いたため，人々は当たり前のこととして，パリ慣習法が全国各地で通用し，さらにはローマ法より優先すると思っていた。裁判所においてもはや「ローマ法学者たちの学説などに頼る必要がないまでになっていたし，フランスにおけるローマ法の継受は，もはや包括的になされる必要がなかったのである[44]」。

イギリスでは，ヘンリー2世の改革を通じて，コモン・ローの地位を確立した。コモン・ローの特徴は以下の点である。(1)コモン・ローの基本的な内容は，伝統的な慣習規則であり，長期に渡り運用される中で次第に発展し豊富になった。(2)コモン・ローの規則は，コモン・ロー裁判所に認められた裁判規範である。(3)コモン・ローは，コモン・ロー裁判所が裁判を通じて徐々に発展させたものであり，コモン・ロー裁判所は裁判活動の中で慣習法の規則を淘汰・廃棄し，発展させる重要な積極的役割を果たした。(4)コモン・ローの規則は，判例を通じて体現された。裁判官が判決の際にその根拠となる慣習法の規則を整理し選別し，そして正確に述べる。一般的な理解によれば，「コモン・ローは，ただ普通の事柄に関し，普通の人の間で自然に形成されてきた生活慣例や関係の準則である。——外在の制定法で表現するか否かはあまり重要ではない[45]」。英米法の別の主要な淵源はエクイティである。エクイティが出現したこと自体，コモン・ローの適用による不公平を正すためであり，道徳観念の法律化である。メーン（Maine）によると，「『イギリスエクイティ』は道徳準則に基づく制度である[46]」。そして，この道徳は数世紀に渡り続いてきた。エクイティがコモン・ローに優先する。その主な理由も，エクイティはより良く人々の道徳要求を体現したからである。

---

43) ブローデル（F. Braudel）『15〜18世紀の物質文明，経済と資本主義』第3巻，康強・顧良訳，三聯書店，1993年版，366頁。

44) 大木雅夫『比較法』，范愉訳，法律出版社，1999年，164頁。
　　訳者注：訳は大木雅夫『比較法講義』，東京大学出版会，1992年，181-182頁を引用している。

45) 馮亜東『平等，自由及び中国と西洋文明』，法律出版社，2002年版，79-80頁。

46) メーン（H. J. S. Maine）『古代法』，沈景一訳，商務印書館，1959年版，40頁。

第2章

平等原則と民法の倫理

I 平等と民法における平等原則

1 平等の意味における歴史の考察

　平等は啓蒙運動以来，各流派の思想家により最も論述されている理念の一つである。「人は誰でもみな法律の前で平等である」というのは，資本主義国家も社会主義国家も憲法において明確に定める基本原則である。その実質は異なるものの，平等の精神は人々の心に植えつけられ，同時に社会が文明度を測る尺度ともなっている。平等は思想史において，自由と同じように様々な意味を持つ。平等の概念は，政治思想において基本的に二つの使い方がある。第一は本質上の平等，すなわち人々は平等な動物である。第二は分配上の平等，すなわち人々は財産の分配，社会的機会または政治権力の分配において比較的平等である。平等主義に関する理論において，本質上の平等は，分配について比較的平等であることを証明するためにしばしば用いられる[1]。ボーデンハイマー(Bodenheimer)は，「平等は異なる多様な意味を含む多形態の概念である。その対象としては政治に関与する権利，収入分配制度とされている場合もあれば，『劣勢群体』[2]の社会的地位及び法的地位とされている場合もある。その範囲は法律上の待遇に関する平等，機会に関する平等及び人間の基本的要求に関

---

1) 『ブッラクウェル政治学百科全書』，中国政法大学出版社，1992年版，230頁。
2) 訳者注：中国社会は強勢群体，弱勢群体，劣勢群体の3層に分かれている。強勢群体は高給官僚，企業管理者，文化芸能人等の高所得者。弱勢群体は労働者，農民等の低所得者層。劣勢群体は社会から脱落した人，反社会的行動に走る人。

する平等に関わる。それは，諾成契約上の義務と対応する義務との間における平等に関する保護，損害行為による賠償を行う際の適切な補償または原状の回復，かつ刑法を実施する際の犯罪行為と刑罰との間のある程度のバランス維持に注目しているであろう[3]」と指摘した。ロールズ（Rawls）は，平等に関する最も基本的な原則を二つ提示した。彼の理論を詳細に言えば，第一原則は，「人はみな，他の人と同様な自由の体系と互いに両立する平等な基本的自由の最も広範な体系を享受する平等な権利を持つべきである」。第二原則は，「社会的及び経済的な不平等は，それが①あらゆる人に有利になると合理的に期待でき，かつ②すべての人に開かれている職務や地位に付随するように取り決めなければならない[4]」。簡単に言えば，第一原則は「自由の平等原則」であり，すべての人が「平等」に政治的自由等の各種権利を享受することを強調する。第二原則は「格差原則（the difference principle）」であり，社会経済の不平等を強調し，社会において「最も不利な状態にある」人が最大の利益を得られるようにする。言い換えれば，それは不平等（即ち貧富の格差）を認めながら，不平等を制限し，最も不利な状態にある人に最大の利益を得られるようにすることである。即ち，いわゆる「補償原則」である。ロールズは，「社会正義」に関する二つの原則を設けるのみならず，この二つの原則の優先順位をも設けている。彼からすれば，社会正義に関する二つの原則は平行関係ではなく，「辞書式順位配列」の前後関係にある。この配列方法に基づき，ロールズは「優先原則」を示した。それは，第一優先の原則（すなわち自由の優先性）と第二優先の原則（すなわち効率及び福祉に対する正義の優先性）により構成される。第一優先の原則は，正義に関する第一原則が第二原則より優先することを示し，すべての人々の平等な自由の権利が主に保護され，第二またはその他の目的のために第一原則が破壊されてはならないよう求め，また第二優先の原則で公平な機会が格差原則より優先されることを示しているにもかかわらず，正義により保障されている自由の権利は決して政治取引及び社会利益により駆動されてはなら

---

3) ボーデンハイマー（E. Bodenheimer）『法律学——法哲学及び法律方法』，鄧正来訳，中国政法大学出版社，1999年版，286頁。

4) ロールズ（J. B. Rawls）『正義論』，何懐宏ほか訳，中国社会科学出版社，1988年版，60-61頁。

ないことを求める。ロールズによる正義原則及びその関係の設定から,彼は個人の自由の権利及び機会平等を堅持する上で,「格差原則」の導入を通じて,社会における不平等をできるだけ制限し,社会において最も不利な状態にある人の経済利益がある程度改善されるようにする。言い換えれば,ロールズの正義原則は,「自由の権利」と「形式上」の「機会平等」を優先的に維持する一方,経済利益を再分配しようとすることによって更なる「実質的」な平等を求める。ロールズの正義観及びその自由と平等について鑑みれば,西洋の自由主義に関する伝統的な基本原則と価値が堅持されている。ドウォーキン(Dworkin)は,平等は一種の権利であると主張し,主に二つの要素から構成されると言う。一つ目は平等に扱う権利であり,ある機会・資源または義務に関する平等な分配に関わる権利である。二つ目の権利は,平等な個人として平等に扱われる権利である。この権利は,他の人と同様に尊重され関心を持たれる権利であって,ある義務または利益分配を求める権利ではない。この権利において,人々は差別なく平等に扱われかつ尊重されるものである。また,ドウォーキンは,平等な個人として扱われる権利が基本で,平等に扱う権利は派生的なものであると主張する。

2　民法における平等原則

　民法における平等原則は,実際のところ平等観念が民法分野において反映され,応用されたものであり,憲法における政治的権利に関する平等に由来する。バーマン(Berman)は,「西洋の法律伝統において,法は一つの一貫した,融合一体のシステム,『実体』として想定されている。この実体は,時間的に数世代と一世紀の発展を経たものとして想定されている。……法は,一つの規則体ではなく,一つの過程であり,一種の事業である」と指摘した。ローマ法は,初めて法律権利関係において市民の権利の平等を確定した。これについ

---

5)　同上書,9頁。

6)　ドウォーキン(R. Dworkin)『権利論』,信春鷹・呉玉章訳,中国大百科全書出版社,1998年版,238頁。

7)　バーマン(H. J. Berman)『法と革命——西洋の法律伝統の形成』,賀衛方ほか訳,中国大百科全書出版社,1993年版,10頁,13頁。

て，メーンは,「人類の根本的に平等であるという説は言うまでもなく『自然法』からの推定であると思う。『人間はすべて平等である』ということは当時の法律命題の一つで，時代の進歩に伴って政治上の命題となった」[8]と主張する。ボーデンハイマーは，法律に関する平等は「法により同一視される人であれば，法により確定された方法によって扱われなければならない」[9]と指摘した。平等と自由は密接に繋がっており，平等は自由を実現する保障である。ハイエク（Hayek）は，「一般的法律規範及び一般的行為規範における平等は，自由に役立つ唯一の平等であり，自由を取り壊さないで確保できる唯一の平等である」[10]と強調した。1789年フランスの「人間と市民の権利の宣言」（即ち「人権宣言」）において，初めて平等と自由が人間に関する二つの最も基本的な政治要求として確定された。宣言は，人類の平等・自由は剥奪してはならない最も基本的な自然権であり，同時に最も神聖なる民主原則であると明言した。ここで言う自由とは政治的自由を指しており，「他人を害さないすべてのことをなしうる」ことである。平等は政治的権利であるのみならず，民事的権利でもある。それは「財産を侵害されない神聖なる権利」として現れ，「法律の前では人は誰でもみな有する平等な権利」及び公共租税を平等に分担する権利であると宣言した。宣言では，「市民は各自の能力に従って，すべての名誉や地位，仕事を得る。かつ，その道徳と能力により生ずる差別以外，あらゆる差別があってはならない」と定められている。平等が民法領域において広汎に用いられる際に，民法における平等原則が生じた。いわゆる平等原則とは，民事活動の参加者は民事関係における法的地位が完全に同等であり，そのなした同一の法律行為は法により平等に扱われ，法の適用において同様な法的保護を受けることを指している。

---

8) メーン（H. J. S. Maine）『古代法』,沈景一訳,商務印書館,1959年版,53頁。
9) ボーデンハイマー（E. Bodenheimer）『法律学——法哲学及び法律方法』,鄧正来訳,中国政法大学出版社,1999年版,286頁。
10) ハイエク（F. Hayek）『自由秩序原理（上）』,鄧正来訳,生活・読書・新知三聯書店,1997年版,102頁。

Ⅱ 民法の平等原則成立における倫理的基礎と経済的基礎

1 民法の平等原則成立における倫理的基礎

　第二次世界大戦後，普遍的に存在する法律価値の外部性困惑に対して，法学者は平等原則の背後に存在する信仰問題の重要性について意識し始めた。彼らは，「新生国家が誕生し，または既存国家が自ら革新する際，インドであれ，イタリアであれ，またナイジェリアやフランスであれ，新しい憲法はその時期における秩序である。革命が成功した場合，たとえ共産主義革命でも，憲法を公布しなければならない。……しかしながら，憲政論は世界中に呼び掛ける力があるものの，かつての確固たる自信を失いつつあるように見える。……できる限りこの問題を理解しかつ解明するために，憲政論の起源を探究しなければならない」[11]。法学における平等価値の重視は，権利及び義務関係という独特な視点からその役割が本質的平等であることを確認し，同時に本質的平等を規範的な言葉で平等の分配として表現するのである。これは，実に二つの問題を解決しなければならない。第一に，本質的平等はどこから生まれるのか。または平等価値はいかに証明されるのか。第二に，分配の平等はいかに保障されるのか。一つ目の問題は，平等価値の由来または土台の問題であり，二つ目の問題は，平等な保護という問題である。「天賦人権論者は，人間そのものは自らの権利・義務を理解する能力を有すると考える。この主張は，政府に対する家父長式統治に反対するための理論的根拠を提供した。功利主義者は，すべての人は同等の，快楽と苦痛を体験する能力を有していると考えるため，各個人は多くの権利より一つの権利しか享受することができないと言う。カント（Kant）主義者は，人間は尊厳を有する者であると考える。なぜなら，人間は道徳を有し，道徳法則を理性的かつ体系的に遵守することができるからである。これは，次のような格言に根拠を与える。すなわち，人間は目的を実現する手段であるだけではなく，目的そのものとされるべきである[12]。ロールズは，平等の基礎は人間

---

11) フリードリッヒ（C. J. Friedrich）『正義を越える——憲政の宗教次元』，周勇ほか訳，三聯書店，1997年版，1頁。
12) 『ブラックウェル政治学百科全書』，中国政法大学出版社，1992年版，230頁。

の本性に関する一般的事実であって，実質的に力を有しない手続上の規則だけではないと指摘した。人間の本性に言及した理由は，人と人との間に実際は生まれた時から一定の不平等が存在しているからである。これらの不平等は主に社会と自然という二つの側面に存在する。平等の観念に関する理論根拠について，資産階級思想家，特にそのうちの啓蒙学者は様々な回答を与えた。即ち，①「自然説」は，自然状態において人と人とは完全に平等であるという。平等は，「自然権利」として現れ，「自然法」により賦与され，剥奪不可のものである。②「天賦説」は，人間の平等的権利は人間の本性により人類に与えられたものであり，すべての人に適用されると言う。人間の本性により人類に与えられた平等な権利は生まれつきのものであり，生命の存在は平等な権利を取得しかつ享受することを意味する。[13] ③「理性説」は，平等な要求を主体性に関する追求と選択に帰結すると言う。しかし，この追求と選択は主体の利益要求に基づかず，主体に固有の「理性」に関する発見と認知である。グローティウス（Grotuis）は，平等な権利は人類の理性に由来し，「自然権は，正当な理性による命令であり，行為が合理的な自然に調和するかどうかによって，道徳上の優劣，あるいは道徳上の必要性を判断し，かつそれによって，当該行為は自然を創造した神により，禁止かまたは命令かを指示される」[14]。ホッブス（Hobbes）は，平等な自然権は「理性により発見された訓示または一般法則である」と言う[15]。④「神の説」は，「神」は信仰体系と精神体系として，正義を表すのみならず，真理をも象徴すると言う。これについて，ロック（Locke）は，平等は神が「人間に行動の悟性を与え」，そこで追求しかつ享受するものであると言う[16]。ミルトン（Milton）も，平等な権利は「自然がある権利を人間に与え，彼らに自分自身を保護させるもの」として，他のものと同様，「神に属し，神に頼る」と言う[17]。

13) 周仲秋『平等観念の歴程』，海南出版社，2002年版，170頁。
14) 北京大学西語系資料組編『ルネサンスから十九世紀までの資産階級哲学者・政治思想家による人道主義・人性論に関する言論の編纂』，商務印書館，1971年版，222-223頁。
15) （台）ホッブス（T. Hobbes）『リヴァイアサン』，朱敏章訳，商務印書館，1986年版，97頁。
16) 参照，ロック（J. Locke）『政府論（下）』，葉啓芳ほか訳，商務印書館，1986年版，18頁，36頁。
17) 参照，呉易風『空想社会主義』，北京大学出版社，1980年版，57-61頁。

第 2 章　平等原則と民法の倫理

⑤「自愛と私利説」は,「人の本性は自愛と私利という天性を有する。このような自愛と私利という生まれつきの性質があるからこそ, 人は生存, 自由, 財産, 自衛, 反撃を追求しかつ知恵, 能力を発展させる欲望と行為を生み出した[18]」とみなす。ルソー (Rousseau) は,「権利の平等及びそれによって生まれた正義概念はすべての人の自己に対する偏愛によって生み出されたため, 人間の本性に由来するものである[19]」と記す。⑥「正義説」は, 平等は美徳であり, 平等には正義が含まれていると言う。さらに, 正義は合理性の最高の体現であり, 人間の本性を反映する自然法則に該当する「永遠不変の公理」である。当然, この正義は最終的に神の意思に帰結し,「一切の正義は神から由来し, 神こそ正義の根源である[20]」と考える。⑦「宗教信仰説」は, 平等原則は「バイブル」文化に根づいており, またはフリードリッヒ (Friedrich) が言うように「西洋のキリスト教の信仰体系及びその世俗秩序の意義を表す政治思想に根づいている[21]」。バーマン (Berman) は,「西洋の法律の伝統の神学淵源」において,「西洋の法律の伝統における宗教を検討しない限り, この伝統の革命的な性質の理解は不可能である。……西洋の法律体系における基本制度, 概念及び価値は, 11世紀と12世紀の宗教儀式, 秘跡及び学説上の淵源を有しており, 死, 罪, 罰及び救いに対する新しい態度, かつ神と人間, 信仰と理性との関係に関する新しい想定を反映している」と指摘した。したがって, バーマンは,「西洋の法律科学は一種の世俗的な神学である[22]」という結論を導いた。ヘーゲル (Hegel) は,「キリスト教の教義に限って, 個人の人格と精神が初めて無限的かつ絶対の価値を有するものとしてみなされる。個人が救われるのはすべて神の意志によるものである。キリスト教の教義によれば, 神の前では, すべての人々は自由であり, 平等である。キリストは人々を救い, キリスト教に関する自由を取得させた。これらの原則は, 人間の自由を出身, 地位及び教育レベ

---

18)　周仲秋『平等観念の歴程』, 海南出版社, 2002年版, 171頁。
19)　ルソー (J. J. Rousseau)『社会契約論』, 何兆武訳, 商務印書館, 1982年版, 42頁。
20)　同上書, 48頁。
21)　フリードリッヒ (C. J. Friedrich)『正義を越える——憲政の宗教次元』, 周勇ほか訳, 三聯書店, 1997年版, 1頁。
22)　バーマン (H. J. Berman)『法と革命——西洋の法律伝統の形成』, 賀衛方ほか訳, 中国大百科全書出版社, 1993年版, 200-201頁。

ルに依らないものにした[23)]」と指摘した。キリスト教の平等には主に原罪に関する平等及び「神学上の平等」が含まれる。「原罪説」は，財産及び地位という要素を完全に否定し，「すべての人はその地位，財産を問わず，いずれも罪人である。救世主キリストに依って自分のために贖罪すれば，死後永遠に不滅となる[24)]」と言う。そこで，エンゲルス（Engels）は，「キリスト教はすべての人々に平等の一種である原罪の平等しか認めない。これはキリスト教が，かつて奴隷と被抑圧者の宗教であったその性質に完全に適合している[25)]」と指摘した。神学上の平等は「人は誰でもみな神の前においては平等である」とする。人類思想の進歩の軌跡において，「人は誰でもみな神の前に平等である」という原則は，非常に重要な理論的価値を有する。イギリス及びフランスの新興資産階級は，まさにこの原則に基づいて封建特権に反対している。彼らは「人は誰でもみな神の前で平等である」ということから「人は誰でも法律の前では平等である」ことを直接推定した。[26)]

　平等自体には強烈な倫理判断の色彩がある。ダール（Dahl）は，かつて「平等は，証明せずとも自ずと明らかになるものなのか[27)]」という深遠な命題を出した。彼は，「我々が認識しなければならないのは，時には我々の平等についての評論は事実判断のためではなく，表現するためであり，マラソンの試合や聞き取りテストの勝者を評論するように，我々が真実と思う，あるいは間もなく真実になろうとすることを表現するのでなく，人類に関わる道徳判断やあるべきことを表すのである。……我々はこの道徳判断を『内在的な平等』原則と呼ぶ[28)]」。しかしながら，ダール自身もわかっているように，道徳判断は依然として最後の根基ではなく，平等理論に関する最後の根基は理性の境界線以外にある。そこでは，ルター（Luther）が言うように，我々は神からの助けを求める。

---

23) ヘーゲル（G. W. F. Hegel）『哲学史講演録』第1巻，賀麟ほか訳，商務印書館，1981年版，51-52頁。
24) 周仲秋『平等観念の歴程』，海南出版社，2002年版，81頁。
25) エンゲルス（F. Engels）「反デューリング論」『マルクス・エンゲルス全集』第20巻，人民出版社，1965年版，7頁。
26) 周仲秋『平等観念の歴程』，海南出版社，2002年版，83頁。
27) ダール（R. A. Dahl）『民主を論じる』，李相光ほか訳，商務印書館，1999年版，69頁。
28) 同上書，72頁。

またはダールが言うように,「我々は神の平等な子どもである[29]」。そこで,我々は世俗政権の監護を必要としないようになる。

2　平等が生成した経済的基礎

　平等は民事立法の一つの基本原則として,商品経済や市場経済と緊密に繋がっており,商品経済が存在する限り平等でなければならない。平等な法的地位は(商品)経営者が公平な民事を行う前提条件であるのみならず,経営者の自由意志を実現する必要な保障でもある。

　ただ,平等は人類社会の発展と軌を一にしているわけではなく,社会経済と人類文化とが一定程度蓄積されて生み出されたものである。社会立法の目的は,法律手段を通じて支配層が認めるいわゆる平等を確認しまたは回復させることにある。古代ローマ時代においては,奴隷制の生産方法により事実上広汎な身分平等は存在しなかった。「ギリシア人及びローマ人については,人々の不平等はいかなる平等よりも断然重視されていた」。「ギリシア人と野蛮人,自由民と奴隷,市民と被保護民,ローマ市民とローマ臣民がいずれも平等な政治的地位を求めることができると考えるのは,古代人からすると常軌を逸した行為である。ローマ帝国時代において,自由民と奴隷の差別を除くあらゆる差別は,次第に消滅してきた。これにより,少なくとも自由民にとって私人間の平等が生じた。……しかし,自由民と奴隷との間に対立が存在する限り,一般人の平等から得た法的結論にならない……[30]」。中世ヨーロッパにおいては,身分上の平等も文明が先行する自治社会における存在に過ぎなかった。しかし,「中世の封建社会の内部において,このような階級を生み出した。この階級はその更なる発展において,現代の平等要求に関する代表者になることが決まっていた。それは市民階級である[31]」。市民階級は,「人から屈辱を与えられ,奴隷のようにこき使われ,遺棄及び軽蔑される一切の関係」,特に「宗教と身分」を打ち倒し,人々に自由と平等を取り戻すよう求め,その結果「自由と平等も

---

29) 同上書,73頁。
30) エンゲルス (F. Engels)「反デューリング論」,『マルクス・エンゲルス選集』第3巻,人民出版社,1972年版,143頁。
31) 同上書,144頁。

自然に人権として推進される」[32]。平等は，現代民法観念の形成を進める上で重要な役割を果たし，資本主義以降の現代社会と封建社会以前の時代とを区別する主要な標識でもある。メーン（Maine）が言うように，「すべての進歩的な社会の動きは今までのところ『身分から契約』への運動であった」[33]。

III 民法における平等原則の内容

　民法分野において，平等原則には多くの要素が含まれているが，最も基本的なのは市民の資格に関する平等であり，身分上の平等，すなわち民事権利能力の平等である。民事権利能力の平等を実現する限り，人間は民族，種族，職業，性別，家庭出身，宗教信仰，学歴，財産状況，居住期間，政治地位等を問わず，民事主体の資格を享受し，平等関係を築くことができる。身分上の平等を確認する限り，人々はその他の権利に関する平等を求めることができ，例えば，政治的権利に関する平等を取得することができる。現代社会における平等は，古代ローマ及び封建社会の狭い適用範囲から脱却しており，市民全体に一律に効力を及ぼす。ルソーは，「社会契約は，市民が同様な条件を遵守しかつ同様な権利を享受するよう，市民間にこの種の平等を確立した」[34]と述べる。「フランス民法典」第8条では，「すべてのフランス人は私権を享有する」と定められている。「ドイツ民法典」第1条では，「人間の権利能力は出生の完了とともに始まる」と定められている。中国の「民法通則」第3条においても，「当事者の民事活動における地位は平等である」と定められている。また，人間は終生民事権利能力を享受し，いかなる場合においても剥奪されてはならない。ここで留意しなければならないのは，法律上確認する必要のある平等とは民事条件，民事規則に関する平等であって，民事結果に関する平等ではない。結果上の完全な平等とは，平均主義思想と「均貧富」の観念の法律における虚幻の反映に過ぎない。それは，人々の願望の中に存在するだけで，立法者が立

---

32) マルクス（K. H. Marx）「『ヘーゲル法哲学批判』導言」，『マルクス・エンゲルス選集』第1巻，人民出版社，1972年版，9頁。

33) メーン（H. J. S. Maine）『古代法』，沈景一訳，商務印書館，1959年版，97頁。

34) ルソー（J. J. Rousseau）『社会契約論』，何兆武訳，商務印書館，1982年版，44頁。

法する根拠とはならない。民事法の指導思想としての平等原則には，以下のような内容が含まれる。

(1) いかなる民事上の主体も主体資格は平等である。民事上の主体資格の平等は，すべての民事参加者は平等の身分をもって民事経済活動に参加し，その身分地位は高低優劣の区別がないことを意味する。いかなる主体であっても民事活動と業務活動は同一の法律規定が適用される。これについて，レーニン (Lenin) は，「社会主義者が言う平等は，常に社会的平等，社会的地位に関する平等を指しており，決して個人の体力及び知力に関する平等を指すわけではない」[35]と指摘している。主体資格の平等はまた，すべての民事主体は同等の権利を享受し同等の義務を負担することも意味する。いかなる民事主体も法律の定めを超える権利を享受してはならず，相手方に対してその権利にふさわしくない義務を負担するよう求めてはならない。

(2) 民事関係における当事者はそれぞれ独立しており，意思の独立を享受し，他の者の意思による支配を受けない。すなわち，民事主体の間に意思の服従関係が存在せず，一方当事者は自らの意思を相手方に強いてはならず，一方的に他の民事主体に義務を強いてはならない。例えば，いかなる団体及び個人も行政権力をもって他の者による商品取引行為を制限してはならず，経済上の優位及び独占的地位を濫用して民事上の相手方を制限・排除してはならず，または他の民事主体に障害を設けてはならない。

(3) 民事関係における当事者の権利・義務は対等であり，経済利益においては互いに実現させる。権利・義務は互いに関連する対立・統一体であり，一方は利益を表象し，もう一方は負担を表象する。いかなる権利の取得も相応する義務の負担を条件及び前提としており，権利と義務，リスクと利益は対等でなければならず，これはローマ法以来の法学者が確立した基本的法律原則である。義務なくして権利は存在せず，権利なくして義務も存在しない。また，社会において権利と義務はいかに分配されても，数量関係において権利と義務は常に等値または同額である。しかしながら，ここでの権利・義務の対等性は社会全体の権利・義務の対等のみを指しており，個別の民事主体の権利・義務の

---

35) レーニン（V. I. Lenin）「自由派教授が平等を論じる」，伍天翼・杜紅衛編訳『政治の知恵』，警官教育出版社，1992年版，90頁から引用。

絶対同等を指すわけではない。実際に，いずれの民事主体の権利・義務も同量であることは不可能であり，法がすべきことは，権利・義務を異なる社会主体の間に公平に分配することである。また，平等は，民事関係上の当事者が経済上において互いに実現するよう求める。「社会におけるいかなる経済関係もまず利益として表されるのである[36]」。まさにこの利益関連が，異なる社会主体の活動を結びつけている。民事立法の主な目的の一つは，法の強制力を用い，当事者の経済利益の実現を公平に保障することである。

(4) 民事主体は法による保護を平等に受ける。平等とは，法はいかなる民事主体による活動も一律に取り扱うことを意味する。いかなる民事主体の正当な民事行為も法による評価や保護を受ける。法律に違反するいかなる民事行為も法により平等に追及される。法は，すべての民事主体に対し同等の保護方法，保護手段，保護内容及び保護の程度を与える。いかなる社会メンバーの合法的権益についても，法は同等に保護し，即ち「我々の権利が政府による侵害を受けないよう保護し，政府を通じて我々の権利が他の市民による侵害を受けないよう保護する[37]」。アメリカ憲法修正第14条第1節において，「いかなる州（その下での組織を含む）もその管轄権の範囲で何人にも法による平等な保護を否定してはならない」と定められている。平等な保護は，「我々の権利が政府による侵害を受けないよう保護し，政府を通じて我々の権利が他の市民による侵害を受けないよう保護する」という二つの法的目標を実現しなければならない[38]。それに関連して，平等な保護は常に三つのチャンネルを通じて実現される。即ち，第一に，政府の特権を制限する。第二に，法による支配という原則である。第三に，法による援助である。いかなる市民による違法・犯罪行為に対しても平等に追及しまたは処罰する。いかなる者も違法・犯罪をして制裁を受けない特権を享受してはならない。

---

36) 『マルクス・エンゲルス選集』第2巻，人民出版社，1972年版，537頁。
37) バーンズ（J. M. Burns）ほか『民治政府』，陸震綸ほか訳，中国社会科学出版社，1996年版，158頁。
38) 同上。

第3章

公平原則と民法の倫理

　中国において社会主義市場経済が確立し完備するにしたがって，法治国家プロセスが加速し，人々の社会の公平に対する要求がますます強くなっている。公平は，倫理概念であると同時に一つの法律概念である。社会の公平は，法治と道徳の組み合わせであり，社会安定の基礎であり，社会進歩の先決条件である。人類社会の発展史を顧みると，社会の公平と公正を求める人々の訴えや闘争が絶えない。公平を実現するレベルが，国の文明度を測る主な指標となる。

I　民法における公平の概念と公平原則の歴史的考察

1　公平の意味と民法における公平

　公平の観念は，元々古代ギリシアの都市国家制度にさかのぼる。アメリカの現代政治学者サビーネ（Sabine）は「正義・自由・立憲政体と法律尊重など多くの近代政治観念，もしくはこれらの概念の定義は，すべてギリシア思想家の都市国家制度における見解より生まれる」と考える。各国の法律の発展経緯を見ると，公平は法律制定やそれを実施する際に非常に重要な地位を占める。多くの場合，「人々はしばしば公平を法律の同義語としてみなす」。裁判所は「公平の砦」と称される。ただし公平に適切な定義を与えるのは非常に難しい。法

---

1) サビーネ（G. H. Sabine）『政治学説史（上）』，盛葵陽等訳，商務印書館，1986年版，22頁。
2) スタイン（P. Stein）・シャンド（J. Shand）『西欧社会の法律価値』，王献平訳，中国人民公安大学出版社，1990年版，74頁。

律上の公平は正義であり，法律の最高価値であるとする観点もある[3]。ここで公平は，法律の理想的あり方とみなされる。また「公平の意味は平等である」との主張も[4]，公平は正義の分配であるとの主張もある[5]。実際のところ，公平は元々道徳の規範である。社会正義の観点から，人々に広く認められている価値観や経済利益上の公正・合理を基準として評価し確定した。中国において，公平は舶来品ではなく，中国の伝統文化から生まれ，中国の伝統の倫理理念を主に表現したものである。儒教の理論は，特に「中庸の道」を強調しており，双方間の中立を強調し，実に公平原則を最も良く体現している。注意を払うべきは，古代中国の公平の観念は事実上，道徳の規範であり，主に社会の理念として，人々の観念と意識に存在するという点である。その判別は主に，社会正義の視点から，人々が公認する価値観や経済利益上の公正・等価・合理を基準として決定する。このような意義から，アメリカの有名な哲学者ロールズ（Rawls）は，公正を正義の同義語と理解し，「正義の原則は，公正的合議または契約の結果である」と指摘する[6]。そして，狭義の公平には「配分の公平」と「矯正的公平」を含む。「前者は，社会の構成員間に利益・責任・社会的地位などを分配すること」を指す[7]。それは「基本的な権利と義務を平等に分配することを求める」[8]。また「すべての社会価値，即ち自由と機会，収入と財産，自尊心の社会的基礎を平等に分配することを求める」[9]。「後者は，社会の構成員の間に元々確立していたがしばしば破壊される均勢と衡平を再建することを指す」[10]。

---

3) 孫国華主筆『市場経済は法制経済である』，天津人民出版社，1995年版，163頁。
4) 何懐宏『倫理と社会正義』，中国人民大学出版社，1993年版，120頁。
5) ボーデンハイマー（E. Bodenheimer）『法律学――法哲学及び法律方法』，鄧正来ほか訳，華夏出版社，1997年版，255頁。
6) ロールズ（J. B. Rawls）『正義論』，何懐宏ほか訳，中国社会科学出版社，1988年版，12頁。
7) スタイン（P. Stein）・シャンド（J. Shand）『西欧社会の法律価値』，正献平訳，中国人民公安大学出版社，1990年版，76頁。
8) ロールズ（J. B. Rawls）『正義論』，何懐宏ほか訳，中国社会科学出版社，1988年版，14頁。
9) 同上書，62頁。
10) スタイン（P. Stein）・シャンド（J. Shand）『西欧社会の法律価値』，正献平訳，中国人民公安大学出版社，1990年版，76頁。

第3章　公平原則と民法の倫理

「修正された公平の使う手段は，算数上の割合方法の一種である。それは，公平な分配に使う幾何学的な比例法と異なる。公平の矯正について両方の功徳を考える必要はなく，みなが平等とみなすべきである」[11]。

これらの公平の概念は，我々に大いなる示唆を与えるが，法律上公平の本質的な意味が定義されていないため，まだ不十分である。我々は，民法上の意義としての公平は主に，権利と義務，利益と負担が相互関連する社会主体間に，合理的に分配あるいは分担されることを強調する。このような分配や分担の結果は当事者と社会に認められるものでなければならない。民法の公平は主に四つの意味がある；一つ目は，当事者は，平等な社会の外部条件と平等な法律地位に置かれている。このような公平は「前提条件の公平」とも言われる。二つ目は，社会はすべての社会構成員を平等に扱う。そしてみな社会から彼らの貢献と関係なく同等の対価を得られる。この公平は「配分的公平」とも言われる。三つ目は，交換過程において当事者の権利・義務は対等かつ合理的であるべきであり，この公平は「交換的公平」とも言われる。四つ目は，権利と義務の関係が崩れた場合，法律は正義の原則と人間の理性に基づいてこの不均衡を矯正すべきである。この公平は「矯正的公平」とも言われる。公平原則は，民法の役割や性質，特徴を体現し，民法の追求目的も反映しており，民事立法の趣旨や法律を執行する基準及び行為者の法律を守る指針となる。公平原則は民法の生ける魂であるといっても過言ではない。公平原則は，民法のすべての具体的原則と異なり，すべての市民社会に普遍的な効力を持つのみならず，民法の立法や執行，その遵守過程に至るまで一貫して存在する。

民法の追求する公平は，歴史性かつ相対性を有する。イギリスの著名な法学者メーン（Maine）によれば「『イギリスのエクイティ』は道徳規則に基づいて確立した制度である。しかし，これらの規則が現在の道徳でなく，過去数世紀前の道徳であることが忘れられている。また，これらの規則は，可能な限り多方面に応用されたこと，今日の倫理的信条とは大きく異なることはないが，必ずしも今日のそれと同じレベルでないことが忘れられている」[12]と指摘した。注意すべきなのは，民法の公平は主に個人の公平を強調かつ保護し，個人間の経

---

11) 同上書，76頁，77頁。
12) メーン（H. J. S. Maine）『古代法』，沈景一訳，商務印書館，1984年版，40頁。

済上の公正や平等に限る点である。それは形式上の公平と機会の平等であり，社会全体の利益の視点から追求する実質的公平と平等ではない。民法の対象は，個人利益の基本法と個人権利の保護法である。即ち，アリストテレス（Aristotles）の言うように，公平は相互に相手の人身尊厳を認める自由人の間にある割合あるいは関係を非常に重視する。「それゆえ，各種公平において，最も重要なのはそれぞれの主体の要因や複数の人間関係における整合性の要因である」[13]。

さらに，民法は形式的公平を強調するが，実質的公平も強調するため，公平は法律規則の厳密な適用を強調する。法律条文を機械的に理解することに拘泥せず，さらに立法の主旨を重視し，当事者の内心にある真実の意思表示を究め，実質の公平を実現させる。それは，「公平が規則的倫理に屈従するほど，法律と人々の正義感の格差がより大きくなり，したがって，人々の意識する法律は徐々に理解されなくなり，適法性を失うことになる」[14]からである。

民法の公平原則にも一定の制限がある。民法が強調する公平の実現は，個人の利益の実現には役立つかもしれないが，必ずしも社会全体の公共利益に有利に働くとは限らない，状況によって社会の公共利益に矛盾することもある。

2　公平原則の判断標準

他の法律制度の原則と比べると，公平原則は高度の総合性と意味の不確実性を持つ。公平原則は，非常に明確な意味を持つ概念ではなく，それ自体が総合性・歴史性を持ち，個人の受け取り方にも差異がある。それは具体的に平等・誠実や意思自治など明確な要求に外在化することができ，人々の内心の判断の根拠にもなる。古代の公平と現代の公平にも質の違いがある。各国の立法において，公平は高位原則の一つであり，他の民法原則と具体的な法律条文に対して指導的役割を果たす。公平の判断基準について，ロールズは「社会制度がこれらの原則を充たす場合，その制度に介入する人々はこの条件に従って相互に

---

[13]　スタイン（P. Stein）・シャンド（J. Shand）『西欧社会の法律価値』，王献平訳，中国人民公安大学出版社，1990年版，78頁。

[14]　アンガー（R. M. Unger）『現代社会での法律』，呉玉章・周漢華訳，中国政法大学出版社，1994年版，191頁。

協力し合う——自由平等な人間である限り，相互の関わりは公正であり，この条件に同意する。人々は社会が原初の状態を満たせば社会の規定を受け入れる。この原初状態は選択原則問題において広く受け入れられた合理的な制限がある」と考える。[15] 英米法系のエクイティの中にも，公平を基本的な価値判断基準とするものもある。即ち立法の価値追求と法律の適応の歪みを正す手段とする。同時に公平原則は，具体的判断基準と個人の主観的な受け取り方に束縛される。つまり公平か否かの判定は，人の知識や教育の影響を受け，外部の雰囲気に影響されるとしてもそれは，個人の世界観や価値観の変化を通じてその役割を果たす。根拠とする基準が異なるため，異なる公平の結果と異なる公平の形式が出る。例えば，兄弟二人がケーキを分けることを例に挙げると，少なくとも8種類の公平あるいは公正な分配方法が考えられる。これはハイゼンベルク（Heisenberg）が発見した有名な「測定の不確定性原理」と似通う。つまり観察活動自体が異なれば，異なる観察結果が導き出される。[16] また公平原則は一定程度規範の存在しない範囲がある。それは具体的な行動規範の中ではなく，具体的に法律規範を指導する原則的規定の中にある。非規範的性質は明確な行動内容や確かな保障手段を定めるでもなく，民事行為を単に規範することもせず，ただ具体的な民法制度と結合して有効に市民社会の法律調整を行う。公平の意味上の曖昧さと理解上の不確実性により，近年，その研究は甚だしく無視され，冷遇されている。ひいては，信義則に取って代わる傾向にある。その主な表現として，信義則の適用範囲が無限に拡大され，当事者間そして当事者と社会の間の利益の調整にも信義則が組み込まれる。信義則を「帝王条項」にまで昇華させることによって，公平原則を当事者の意思表示と行為遵守における基本的要求とするのではなく，公平原則を信義則の表現とみなす。事実上公平原則の内容は，信義則より一層豊かであり，公平こそ民法の精神的精髄である。

---

15) ロールズ（J. B. Rawls）『正義論』，何懐宏ほか訳，中国社会科学出版社，1988年版，13頁。
16) ハイゼンベルク（W. K. Heisenberg）『物理学と哲学』，范岱年訳，商務印書館，1981年版，24頁。

Ⅱ 民法の公平原則成立における倫理的基礎と経済的基礎

1 公平原則における倫理的基礎

　公平原則の出現は純粋な理論の演繹ではなく，社会発展の基本的要求にかなう人類の理性及び思惟の結果である。まず，公平は法律が求める最高理性と最高価値の目標を達成するため，自然法と社会法が共に追求すべき究極の目的である。「公平としての正義において，人々は予め平等の自由原則を受け入れる。この原則を受け入れる際，人々には無知のベールがかけられているので，明確に善の観念を正義原則の要求に一致させるか，あるいはそれらに直接反する要求に固執することはない」。次に，公平原則は，人類生存の基本的な要求に適う，自由と人格平等の外在化されたものである。人は公正な扱いと人格の尊厳を得ることのほか，生まれつきの自由，平等と公平を渇望する。カント（Kant）は「人はただ一つ天賦の権利を持つ，即ち生まれつきの自由である。自由は他人の強制的意志から独立し，しかも普遍の法則によって，すべての人の自由と共存することができる。それはすべての人は自身の人間性を持って生まれてきた権利である」と述べる。モンテスキュー（Montesquieu）は「自由と政制の関係において，自由を確立するのは法律のみ，ひいては基本的な法律だけである。しかし，自由と国民の関係において，自由は風俗，規則と慣例から生まれ，ある民事法規は自由に役立つ可能性もある」とする。三つ目に，公平は，異なる社会主体の共同需要を満たすことができる。「公平は，現状を維持する役割を果たすが，それは社会の他の構成員間の関係が，理論上最大限の合理的状態にある際に可能になる。もし，既存の利益と職権の分配制度に批判的な態度を持つ場合，公平を改革のスローガンにすることも可能である」。公平原則は，民事主体の積極性を十分に発揮でき，その潜在力を引き出すことにも優れている。民法は，授権的規範のシステムとして，個人の自治を強調し，権利主体の地位の平等や民事行為の自由及び私権神聖などの諸原則を確認する。これは，個人の潜在エネルギーの発揮に必要な法的保障を提供することによって，最大限に生産力の潜在エネルギーの発散を促進する。四つ目に，公平原則は強大な信仰の基礎を持つ。公平原則の基本内容は，権利と義務の一致を求

め,主に権利と義務の相互の整合性を強調する。これは公平原則の要求のみならず,公平原則の体現でもある。例えば現代契約制度はその淵源の一部をローマ法,一部を教会法に持つ。教会法は,契約に「公平」「合理」及び「平等」を求める,いわば双方の利益と損失を均衡すべきであるという。即ち「価格正当」の原則を表す。最後に,公平原則の出現は,社会経済の発展の要求でもある。社会生活は高度な複雑性を持つので,いかなる社会においてもすべての状況に適応する「完璧」な法律を制定することはできない。したがって,法律概念は一定程度一般化しなければならない。たとえ比較的静態的な社会であっても,すべての可能な紛争を予想し,予めそれを解決できる永遠不変の規則を創設することはできない。そして,公平の出現により伝統的な法律概念の欠陥を補うことができる。つまり,人間関係が日々変化し,決して恒久不変の法律関係があり得ない状況で,流動的かつ柔軟に,または有限の確実性を持つ法律制度こそ,この人間関係に適応することができる。そうでなければ,社会は束縛される[17]。この「流動性・柔軟性,あるいは有限的確実性を持つ法律制度」は,主に公平原則・信義則・公序良俗の原則を表す。

2　公平原則の成立における経済基礎

公平原則が生み出す経済基礎は,主に民法の調整対象である商品経済から生まれる。商品経済は,公平に交換が行われる最も有効なルートである。民法と商品経済は緊密に結合し,商品経済があれば法律があり,商品経済を調整する基本的な法律すなわち民法もある。商品経済は二つの存在条件を必ず満たさなければならない。一つ目は,社会主体は社会において役割が分担されており,自己に必要なすべての商品を生産できないため,商品の交換が必要となる。「相互対立するのは平等な権利を有する商品の所有者である。他人の商品を占有する代わりに自分の商品を譲渡するしかない」[18]。二つ目は,財産が他者に属している場合,すべての人が無料で他人の労働製品を占有することができるようにするには,相手の財産の所有権を認めなければならない。その上で等価の労働交換を行うことができる。これにより,所有権制度と契約制度が生まれ

---

17) 沈宗霊『現代の法律哲学』,法律出版社,1983年版,99頁。
18) 『マルクス・エンゲルス選集』第19巻,人民出版社,1963年版,422-423頁。

た。契約は日々，反復的に行われる製品の交換活動を法律の形式で定着させたものである。「切れ目のない交換の繰り返しは規則的な社会過程になる[19]」。「この経済交換と交換において生じる事実関係は，後に契約という法律の形式を得た[20]」。「各当事者は共同の意志行為に従って，自分の商品を譲渡しかつ他人の商品を占有することができる。ここから，人々は相互に相手が所有者であることを認めなければならない。この契約の形式（法律で定着したかどうかにかかわらず）を持つ法権関係は，一つの経済関係を反映する意志の関係であり，この法律関係あるいは意志関係の内容はこのように経済関係自体が決める[21]」。しかし，商品経済は「生まれながらの平等主義者」で，いかなる特権も認めず，一つの権威つまり競争だけを認める。それはすべての経済活動の参加者が，法律上平等な法的地位を持つことを求める。公平は，契約制度の基本的な要求であり，契約制度はまた，公平の実現を保障する最も有力な手段である。メーンが言ったように，「すべての進歩的な社会の動きは今までのところ『身分から契約へ』の運動であった[22]」。商品経済がなければ本当の意味の公平原則はない。

　また，公平原則は現代の経済公平理論と密接な関係を持つ。公平理論は社会比較理論とも呼ばれ，アメリカの行動科学者アダムス（Adams）が *Toward an Understanding of Inequity* などの著書において提唱した公平理論である[23]。この理論は，給料分配の合理性・公平性及び勤労者の生産の積極性への影響を研究の中心に置いた。公平理論の根本的な観点は以下のとおりである：公平は貢献の原動力であり，人が報酬を受け入れるかどうかは人々が何を得るかよって決まるのでなく，人々の所得の公平によって決まる。この理論の心理学上の根拠は，人の知覚は人の動機に大きな影響を与えるということである。人は業績を上げ報酬を収めた後，自分の報酬の絶対量に関心を持つ。さらに自分の報酬の相対量も重視する。このような考慮事項を比較して，自分の報酬が合理的かどうかを決める。比較結果は今後の仕事に対する積極性に直接に影響を及ぼす。

---

19) 同上書，第23巻，106頁。
20) 同上書，第19巻，423頁。
21) 同上書，第23巻，102頁。
22) メーン（H. J. S. Maine）『古代法』，沈景一訳，商務印書館，1959年版，97頁。
23) アダムス（J. S. Adams），*Toward an Understanding of Inequity*，1963。

比較方法は二つある：一つは，横断的な比較である。即ち人は自分が得た「報償」と自分の「仕事量」の割合を組織内の他人と社会的に比較して，等しい時に公平であると思う。二つは，縦の比較である。即ち自分の現在投入する努力と現在得る報償の割合を自分の過去に投入した努力と過去に得た報償の割合と比較して，等しい時に公平であると思う。勿論この公平理論は，主に分配の公平に偏重し，取引の公正に触れない。取引の公正は商品経済の需要により多く依存する。

Ⅲ　公平原則の民法における地位

1　公平原則の民法における核心的地位

中国は市場経済体制を確立して以降，関連する法学理論や立法行為にも新たな挑戦をした。法律家は，新しい情勢の下で法律の価値指向，特に民法の価値指向を考え始めた。その中の代表的な観点が，利益原則や効率性の原則を社会主義立法の基本原則として，「法律価値の体系に効果・利益優先の価値観を確立する」と提案したことである[24]。さらに「効率優先は現代法の精神の価値指向である」ことを導き出した[25]。この利益原則の役割と地位を無限に高めるやり方は，異なる法律部門が異なる役割で異なる価値指向を持つべきであることを混淆させるのみならず，法学研究や経済科学研究を混同させ，経済活動の目的や経済立法の目的を混同させる。利益・効率自体は公平を代表するものではなく，しかもそれらは不公平から生まれたものである。経済科学においては間違いなく効率を中心とすべきであるが，すべての立法が効率を唯一の目標や最終目標にする必要はない。まさに刑法が追求するのは正義，手続法が求めるのは公正であるように，自然法の強い性質を持つ民法は効率を求めるが，公平との関係において公平をより重視し，至上のものとし，効率が公平原則に従うこととなる。エンゲルス（Engels）は「日常生活において，もし我々が非常に簡単な関係に接した場合，公平・不公正・公平感・法の権威などの名詞を社会現象に応用しても，大きな誤解を引き起こすことはない。しかし，経済関係につい

---

24) 劉升平等「市場経済と法律学の更新と変革」，中国法学，1993年第4期。
25) 張文顕「市場経済と現代法の精神論略」，中国法学，1994年第6期。

ての科学研究において,我らが見たとおりこれらの名詞は救いようもない混乱を引き起こす。まさに現代化学において燃素論の用語を使い続けようとすれば混乱を引き起こすのと同様である」と言った。「なにが自然法の権利であるかの基準は,その権利自身の最も抽象的な表現,即ち公平で図ることができる」[26]。つまり,自然法の分野で,法律における最初の抽象的な概念は公平であり,公平は倫理的規範を主な内容とする民法の存在根拠を構成するのみならず,民法全体の基本的価値指向にもなる。しかし,効果と利益は経済関係の影響を受けて,公平観念を補充するために必要となるに過ぎない。

　公平原則は,民法制度の各面に現れ,民法規定の初めから終わりまで貫く原則である。「人格平等,私有財産の神聖は不可侵,契約自由」は,資産階級民法の三大基本原則であり,かつ,中国の民法の基本原則であり,みな公平を表す。人格の平等は,公平から市場主体行為に対する要求であり,私有財産は神聖にして侵すべからずというのは,民法の市場主体の財産への公平的保護と絶対的保護を反映している;契約自由は,行為者の意思自治を尊重することを前提として,公平原則を実現する方法の一つである。一般的意味から言えば,民法上の公平原則は以下の内容を含む：①行為者が直面しているのは平等な行為環境であり,法律がすべての行為者を差別せず平等に扱うべきである。言い換えれば,各市場主体は十分かつ均等な機会を得て,市場で行為すべきであり,一部の行為者に特別な優遇を与え,あるいは,一部の行為者に差別的待遇を与えるべきではない。②行為者のすべての社会経済活動に対して同一の法律を適用する。法はすべての行為者の行為に対して同じく要求する。③行為者が,民事活動に参加することによって,享受する権利及び義務負担はほぼ等しくなるべきである。即ち権利と義務の一致を実現する。④行為者は,経済活動において経済利益を適切に共有すべきであり,等価有償を実現すべきである。つまり当事者の取得した財産権利と財産義務の履行は価値においてほぼ等しく,等量労働の相互交換を行うべきである;⑤市場主体は,良い心理状態で社会経済活動に参加するからこそ,その活動の結果が行為に相当する法律効果を得る。即ち行為と結果の間に相対の公正を実現する。

---

26) エンゲルス (F. Engels)「蒲魯東や住宅問題についての再論」,『マルクス・エンゲルス選集』第2巻,人民出版社,1972年版,539-540頁。

2　公平の核心的地位に存在する根拠

民法が公平を最高の価値指向とするのは，経済社会上の要因や思想観念の基礎が複雑だからである。これらの基礎と要因は主に以下のとおりである：

(1)　公平の核心的地位における主体の根拠──適用主体の広範性と主体地位の平等性

商法など他の法律制度に比べて，民法の適用対象は広範で，社会全体に適用でき，その内容は，すべての市民主体の基本的人権保障法である。したがってその基本属性として，民法は主体の最も基本的な生存の要求を最大限に満たすべきである。社会大衆が求める最も基本的な価値は平等・自由・公平である。平等自体は，強烈な倫理判断の特徴を持つ。ダール（Dahl）は，かつて「平等は，証明せずとも自ずと明らかになるものなのか」という深遠な命題を出した。彼は，「我々が認識しなければならないのは，時には我々の平等についての評論は事実判断のためではなく，表現するためであり，マラソンの試合や聞き取りテストの勝者を評論するように，我々が真実と思う，あるいは間もなく真実になろうとすることを表現するのでなく，人類に関わる道徳判断やあるべきことを表すのである。……我々はこの道徳判断を『内在的な平等』原則と呼ぶ[27]」。公平の要求の一つとしての「身分の平等は理性の要求として，ローマから近代市民法まで，同じ流れを受け継いできた理念であり不滅の憧れでもある[28]」。

(2)　公平の核心的地位の規範上の根拠──民事行為と民法規範の強い倫理性

公平原則の倫理性は，まず民法規範の高度な抽象性から生まれる。罪刑法定主義に基づき，明確かつ肯定的な概念を持つことが要求され，異なった意味で解釈することが極力排除される刑法の条文と違って，民法の概念はかなりの不確実性を持つ。典型的には民法が求める公平と誠実信用，善意と悪意を判断する行為効力，行為者が責任を担うべきか否かなどは，みな非常に大きな柔軟性を持つ。その理由は，民法規範は市場経済に一般的規則を提供したが，これらの一般的規則は市民社会全体とその経済基礎を抽象化し概括したものであり，人々の理性及び思惟の結果であり，通常比較的安定しているからである。しかし「法律規範の用語が解釈を要するほど不明確になれば，法律規範を実施する

---

27)　ダール（R. A. Dahl）『民主を論じる』，李柏光ほか訳，商務印書館，1999年版，72頁。
28)　張俊浩主編『民法学の原理』，中国政法大学出版社，1991年版，21頁。

際,裁判官に与える自由度も大きくなる」[29]。民法概念が不確実なため,具体的事件において様々な事実関係を考慮し法律規定の内容に照らし,裁判官が価値判断を下すようになる。これに対して,有名な比較法律家ダヴィド (David) は「……多くの分野で,我々は往日の明智を回復し,『人治』さらに法治傾向に賛同する。法治は,我々の行為に手本を提供するのみで,あらゆる場合に我々に明確な解決方法を与えることはできない。そして,概括的文言を通じて,再び公平を行使する際,これらの概括的文言は契約者の善意行為を奨励し,誤りを犯さないよう戒め,政府の部門に権利濫用しないことを求める;法律は裁判官が受理した事件に対して最も公平と考える処理条件を与え,同じく各契約の締結者も仲裁者に公平な裁判権を与えた」[30]。民法規範はこのように高度な一般性や極めて強い倫理性を有するため,法律の適用にあたって倫理的な公平理念に基づかなければならない。これに対し「スイス民法典」第1条は,もし裁判所が,制定法において相応の明確な規定を見つけられない場合,慣習法に基づき判決しなければならない。相応の慣習法がない場合は「裁判所は立法者として採用すべき規定に基づいて判決する」と規定した。中国の「台湾民法典」第1条にも「民事法律に規定がない場合は慣習に従い,慣習がない場合は法理に従う」と規定した。ここで法理は主に倫理的な公平・誠実・信用の理念を表現し,そこで公平理念は最も重要な理念である。

Ⅳ 公平原則と他の民法原則との関係

公平原則は他の法律原則に比べて,高度な抽象性と高度な概括性を持つ。公平は民法の他の原則を借りて表す必要がある。民法の他の原則との関係において,公平原則は他のものより基礎的で,より原則的である。各国の立法において公平原則は終始高位の原則として他の民法の原則と共に具体的な法律条文の中で指導的役割を果たす。同時に公平原則は,曖昧性を有し,通常民法その他具体的な原則を借りて体現される。即ち公平原則は具体的に平等・意思自治な

---

29) ダヴィド (R. David)『現代の主要な法律体系』,漆竹生訳,上海訳文出版社,1984年版,90頁。
30) 同上書,2頁。

どの明確な原則と要求として表現することができる。アリストテレス（Aristotles）の公平の概念には，平等の内容が含まれている。しかし，アリストテレスは「平等はみな同じというわけではない。公平を実現すれば，平等な人は平等に扱われ，不平等な人は具体的な状況によって不平等に扱われる。個人間の違いをもとに進めるほかない。この意味では，公平は中立を求める[31]」。公平原則を指導とするからこそ，真の法律の平等が実現できる。法律上確認すべき平等は，他の行為条件や行為規範の平等であり，行為結果の平等ではない。完全なる結果の平等は，他の平均主義の思想及び均貧富の観念の法律上の幻の反映であり，人々の願望の中にしか存在せず，立法者が立法する根拠とはならない。

　自由と自主は，公平原則を外在化した主な表現である。法律における自由とは，社会経済活動の参加者は法律の許す範囲内で自分の意志によって一定の行為をしたりあるいはしなかったりすることができることである。そして自らの意志によって行為の対象やパートナーを選ぶ。自由は二種類の性質を持つ：「①積極的である。何かをしようとする自由であり，人のために何かを行う自由ではない。②目標が明確である。特定の性質を持つことをしようとする自由，いわば何かをするに値することであり，あらゆることを行うことではない[32]」。自由は，公平原則を実現する基礎であり，公平原則の基本的価値の要求でもある。自由を求めるのは人類固有の天性であり，現代的意義において人が持つべき基本的な保障でもある。自由経済の時代に，「契約は取引手段であるだけではなく，すでに人の生き方となり，人の思考方法を支配する。それは信念として，文化伝統として，現実生活の着実な力になる。このような意味では，市場は公権力と対抗する機能を持つことができる[33]」。人類社会の発展史は同時に自由の発展史でもあり，社会の絶え間ない進歩は，人間が絶えずに自由に向かって進むことを意味する。そして，自由を社会で実現するためには，規

---

31) スタイン（P. Stein）・シャンド（J. Shand）『西欧社会の法律価値』，王献平訳，中国人民公安大学出版社，1990年版，79頁。
32) バーカー（E. Barker）『イギリス政治思想』，黄維新ほか訳，商務印書館，1987年版，21頁。
33) 単飛躍『経済法の理念とカテゴリーについての解析』，中国検察出版社，2002年版，26頁。

則と切り離すことはできず，規則の範囲内の自由である。モンテスキューは『法の精神』において「一つの国において，いわば法律を持つ社会において，自由は望むべきことを行い，望まないことを強制的に行わせることではない」「自由とは，法律が許可していることを行う権利である」[34]。しかし，いかなる自由も相対的であり，社会の公平に反すべきではなく，他人の利益を害すべきでもない。市民社会にとっては，自由な行為は同時に正当な行為であり，適法的な行為と秩序的行為を意味する。いかなる不正な行為も実際には自由の濫用であり，極端な自由と放漫の自由である。自主は，伝統的な民法において「意思自治」とも呼ばれ，その核心は当事者が民事活動をする際に，対外的に表した適法な内心の真実の意味を十分に尊重することである。市民社会において，自主はまずいかなる行為者でも自由に意思表示をする自由を表す。行為者の内心の意思活動は，一定の方法を通じて表示することで，必ず社会や他人に知られる。このような行為者の内在意思の外在表示は法律上「意思表示」と呼ばれる。民事立法はまず行為者が自由に意思表示をすることを保障すべきである。次に真実の意思表示を求めなければならない。即ち行為者が外に示した意思表示は，内心意思の真実に合致しなければならず，虚偽の意思表示であってはならない。

　公平原則の発展の長い歴史において，公平原則が日々進化し，法律の地位が漸次向上するにしたがって，公平原則の内容と要求も次々と変化し，個別の公平はますます一般公平と社会公平に向かって発展する。個別の公平とは，当事者間の利益衡平で，一般公平と社会公平とは当事者の利益と社会の利益間の利益衡平を言う[35]。個人と個人，個人と社会間の利益衡平こそ，真の民法が求める公平である。そして個人と個人，個人と社会間の利益衡平の最高の実現方法は，個人の権利の濫用を禁止することである。いわゆる権利濫用を禁止するとは「正当性の原則」とも呼ばれ，市民社会の参加者が社会経済活動において当該権利の設立趣旨を守らなければならず，当該権利を利用して社会や他人の利

---

34) モンテスキュー（C. L. de S. Montesquieu）『法の精神（上）』，張雁深ほか訳，商務印書館，1961年版，154頁。
35) 参照，熊選光・彭国元主編『民法：公平な芸術——民商法に新しい問題やホット問題についての研究』，江西省人民出版社，1998年版，4-5頁。

益を損ねる行為をしてはならないというものである。つまり，市場経済社会において，行為者は，私利私欲のため，他人や社会の公共利益を損害する行為を必ずする。それによって，個人権利と社会利益間に鋭い対立や矛盾が生じる。個人の利益と他の個人利益を結びつけてこそ，国や法律が許す普遍的な社会利益が形成される。ウェーバー（Weber）は，かつて資本主義経済の行動に合わせるいわゆる理性の資本主義精神を論証する際，この資本主義の精神を以下のように要約した。①金銭を追求する活動自体，富裕になる手段であるだけでなく，人生の目的である。②一生懸命に働くのは責任でもあり，道徳上の義務でもある。合理的に厳密な計画と平和的方法で期待する利益を得る。簡単に利益を得る欲望，営利・金銭の追求それ自体は，資本主義とは関係ない。「むしろ，資本主義はこの非理性的（irrational）欲望に対する抑制，あるいは少なくとも理性の緩和である」[36]。理性人として，利潤を追求する場合は必ず社会公平に適合しなければならない。個人の権利行使が他人の利益及び社会公共利益を深刻に損い，さらに統治秩序を脅かす場合，法律は権利者の権利行使に一定の制限を設けなければならない。この制限は，権利濫用を禁止することである。

V　公平原則の倫理的意義及びその影響

公平原則は民法のすべての原則において倫理的特質が最も顕著な原則の一つであり，民事立法に最も大きい影響を与える民法の原則でもある。アリストテレスは『修辞学』において，衡平を成文法以外で役割を果たす公平であると述べた。公平原則は，エクイティ原則の基本価値の追求でもあり，エクイティがコモン・ローの適応の偏差を矯正する主な判断根拠でもある。つまり，法律が考えるのは典型的かつ一般的な事例であり，特殊な状況については説明できない。したがってエクイティが出現するための条件が生じた。即ちエクイティを「法律が原則に固執することで具体的な問題を解決できない場合の，法律に対する一種の補正」とする[37]。これに対して，メリーマン（Merryman）は「『衡平

---

36) ウェーバー（M. Weber）『プロテスタンティズムの倫理と資本主義の精神』，于暁ほか訳，三聯書店，1987年版，7-8頁。
37) ボーデンハイマー（E. Bodenheimer）『法律学――法哲学及び法律方法』，鄧正来ほ／

の概括的な意味は,裁判官は個別事件の具体的状況に基づいて,法律を適用することにより厳し過ぎる処罰を避け,公正に財産を分配し,または合理的に当事者それぞれの責任を定める権利を有するというものである。要するに『衡平』とは,裁判所が紛争を解決する際,一定の公平と正義の原則に従い裁決する権力である。『衡平』の原則によると,裁判所は法律の一般的規定が厳し過ぎる,または不適切なとき,ある具体的な問題が複雑過ぎるため立法機関が発生する可能性のある様々な事実結果を詳細に規定できないときに,公平と正義の原則を応用して処理する必要がある」。さらに,英米法の国におけるエクイティは,コモン・ローの適用に現れる様々な不公平な現象を補うために生み出されたのであり,それ自体公平原則の法律適用の結果である。これに対し,アリストテレスは,衡平法は「法律が原則に固執することで具体的な問題を解決できないとき,法律に対する補正である」と言う。英米法各国のエクイティは主に民事法律の分野に適用される。ここから,公平原則は民法の制度に適用されるとは言えないが,少なくとも民法を主な適用対象とすると言える。それゆえ,公平原則の民法における地位は我々がどのように評価してもし過ぎることはない。

　公平原則の民事の立法への影響も主に道徳の法律化を通じて実現する。これらの影響は「立法を通じて突然に公然と法律に入るか,あるいは司法手続を通じて静かに法律に入る。例えばアメリカの場合,法的効力の最後の基準に,明確に正義の原則や重要な道徳的価値が含まれる。例えばイギリスの場合,最高立法機関の権限には形式上の制限はないが,それの立法は正義や道徳に従っている」。

　　　＼か訳,華夏出版社,1987年版,11頁。
38)　メリーマン（J. H. Merryman）『大陸法系』,顧培東ほか訳,西南政法学院印行,1983年版,54頁。
39)　ボーデンハイマー（E. Bodenheimer）『法律学——法哲学及び法律方法』,鄧正来ほか訳,華夏出版社,1987年版,11頁。
40)　ハート（H. L. A. Hart）『法律の概念』,張文顯ほか訳,中国大百科全書出版社,1996年版,199頁。

第4章

意思自治の原則と民法の倫理

　意思自治は民法の基本原則として，近代民法制度の確立を推進し，社会経済の発展を促進することに非常に重要な役割を果たした。しかし，伝統的に，我々はこの原則を認識する際その発生の経済的理由と経済発展の促進の役割をより強調する一方で，その倫理的な面をそれほど重視していない。

I　意思自治の意味と内容

1　私法自治と意思自治の関係

　いわゆる私法自治とは，私法主体は自己の意思に従って私法行為を実施する権利があり，他人は介入できない；自由表現に基づく真意による私法行為に対してのみ責任を負う；私法主体は法律規定に違反しない前提で，自らの意思に基づく合意が私法に優先して適用される。私法は主に民法を指すため，私法自治は主に意思自治を指す。意思自治原則の内容について，意思自治とは当事者が自己の理性的な判断によって自己生活を設計し，自己の事務を管理することであると示す学者がいれば，意思自治の原則は当事者が自己のために権利義務を創設する自由があるという意味と共に，自己のために権利義務を創設しない自由があるという二重の意味を持つと解釈する学者もいる。また，意思自治は契約自治，つまり契約の当事者の意思自治は，締約自治・契約履行自治・内容自治・形式自治・違約救済自治を含むとする解釈もある。[1] 私権神聖の観念と同じく，私法自治の観念も18～19世紀のブルジョア革命が成功して，個人主義や

---

1) 劉凱湘「民法の性質と理念を論じる」, 済南法学フォーラム, 2000年第1期。

自由主義を極力推進する歴史的背景の下で発生した。それは資産階級の法治原則が確立した成果の一つであり，それ自体も資産階級の法治の重要な内容を構成する。意思自治は私法自治の核心と魂であり，私法の最高理念でもあり，その核心は当事者の選択を尊重することである。そのゆえ，健全な私法の内容は，意思自治原則の選択性や模範的条項を尊重することを主とすべきであり，適用者の自主的選択を許し，できるだけ強制規定を避けることで，自己判断によって行動するよう促すことである。考証によると，正式に意思自治や「当事者の意思自治説」という学説を述べたのは，16世紀のフランスの法学家シャルル・デュムラン（Charles Dumoulin）である。その主旨は当事者の意思決定論である。即ち当事者は，自分の意思によって自由に選択する権利がある。当事者の自己意思はその契約関係を拘束する準則になり，かつ自己意思による選択に責任を負わなければならない。意思自治は，人間の避けられない無知という事実に基づくものであり，認識の不確実性と間違いをおかす可能性が人々に選択の自由とチャンスを与えた。個人の意思を尊重し，選択の自由を尊重するのは契約自由の肝心な点でもあり，社会の進歩を保障する原動力でもある。「人間が意識を持って活動する過程における選択行為こそ自由と称す[2]」。ブキャナン（Buchanan）は，市場経済の中で利益を得る決定的要因は，選択・運・努力・出身の順番に並ぶと言う。その中でも，選択の重要性をまず考えるべきである。契約自由の思想はローマ法から始まる。しかしローマ法は，契約自由の原則を契約法の基本原則と見ていなかった。言い換えれば，ローマ法は意思自治の原則の思想と精神をはらんでいるが，意思自治を私法原則に抽象化しなかった。当時の条件の下で，奴隷制度や身分観念は根深く，法律が保護するのは身分や階級であって，多数の奴隷・女性・家父長制度下の子どもたちは契約の主体となれなかったため，当時の契約自由は普遍的ではなかった。ブルジョア革命の成功後，自由主義と個人主義の思想が十分に尊重され，契約自由の思想はようやく幅広く知られるようになった。市民社会の基本的な構造は，契約関係にネットワークを合わせた後に成り立った社会システムであり，契約の当事者を結ぶ紐帯は意思自治である。意思自治の理念は，市民社会の発展の原動力と

---

2) カント（I. Kant）『法の形而上学原理』，沈叔平訳，商務印書館，1991年版，29頁。

第4章　意思自治の原則と民法の倫理

なり，社会に新鮮な活力を注入した。市民社会の観念において，国は個人の権力の範囲と限界を厳格に制限すべきであると強調された。そして，十分に個人の利益に気を配り，個人の主観的能動性と積極性を最大限に発揮することを通じて，社会利益の最大化と社会公平・正義を実現すると強調する。それゆえ，各国の民法典において私有財産は神聖で侵すべからずと契約自由を強調し，当事者の意思自治と効率公平を強調するのは，いずれも国が個人の権利を侵害することを避けるためである。「私法の範囲において，政府の唯一の役割は私権を認め，並びに，私権の実現を保障することであるため，国の社会生活や経済生活において極力政府の参加を排除する」[3]。私法自治の理念の確立は，封建的な身分関係が個人に対する束縛を徹底的に否定し，独立した人格を強調し，人身の依存を捨て，人格の平等性を顕揚するなど，初めて真なる人間性を解放させ，人身の自由や人格の尊厳の観念を浸透させ，人類文明の進歩を最大に促進した。財産関係において，人々が自由に自分の私有財産を処分し，自主的に経済活動に参加することを定める。ひいては営業取引を奨励し，貿易を促進し，資源配分を最適化し，その上公権力の経済関係への侵入を減少できる。

2　意思自治の主な内容

意思自治の核心は，当事者の自治である。つまり，当事者の自治は個人の自由の尊重と保護である。ボルテール（Voltaire）は，「自由は法律の許可するすべてのことを行う権利である」[4]。と述べる。モンテスキュー（Montesquieu）は，自由は「法律が許可するすべてのことを行う権利」であり；「人は自分が望むことを行うことができ，望まないことは強制されない」[5]という二つの意味を含むと言う。また，意思自治は民事立法の多くの面に反映される。①選択の機会を与え，自由選択の効能を増加させる。つまり共通規則の形式で，予め当事者に選択できる行為モデルを設け，当事者の自由な民事行為を規律する；②当事

---

3) メリーマン（J. H. Merryman）『大陸法系』，顧培東ほか訳，西南政法学院印行，1983年版，106頁。
4) 『十八世紀フランス哲学』，北京大学哲学系外国哲学史研究編訳，商務印書館，1979年版，39頁。
5) モンテスキュー（C. L. de S. Montesquieu）『法の精神（上）』，張雁深訳，商務印書館，1963年版，154頁。

者の自由意志を外在化させるため，人為的な不正の障害を排除し，民事行為が自由に行われることを保障する；③自由を国家の強制力の保護客体に上昇させ，「すべての人に弊害がない活動をする権利」となり，法律が許す範囲で最大の潜在能力を発揮させ，社会経済によりよく奉仕するようにする[6]；④具体的な民事活動において，法律は当事者が自由にパートナー，提携方法，提携内容などを選択できるように保護する[7]。意思自治は，民法分野のいろいろな面で姿を表す。例えば，所有権の分野において，すべての人は，法に基づき自由に自己の財産を処分できる；契約分野において，契約の内容・契約の形式・契約の対象等を十分自由に選べる；親族相続法の分野において，結婚・離婚・遺言を自由にできる；民事責任の分野において，自己責任，つまり自らの行為に責任を負う。個人は自由意思に従い自己の行為を決めるが，意思と行為は自由であるので，自由により生じる責任も自らのものであり，これは意思自由の倫理の結果である等である。しかし，意思自由は契約分野にて最もよく体現され，具体的に契約自由を表す。1804年の「フランス民法典」は契約自由を最初に提唱し，明確にローマ法の私法自治の観念を継受するだけではなく，最初に立法を通じて契約自由の思想を系統的かつ規範的に規定し，発展させた。同法典は，単独で「契約自由」の条項を設けなかったが，人々の具体的契約制度から契約自由という契約法の基本原則を見出せる。同法第1134条は，「法により締結された契約は契約当事者間に法律に相当する効力を有する。前述の契約は，当事者の相互同意あるいは法律規定により廃止できる」と規定した。第1101条では，「契約は一つの合意であり，この合意によって，一人あるいは数人が他の一人あるいは数人に支払い，債務履行を負担する」。第1156条は，「契約解釈の際，契約当事者の共同の意思を求め，辞義にはこだわらない」と規定する。「二つの解釈が可能な文言は，契約の目的により適切に解釈されなければならない」（第1158条）。ここで，「ナポレオン法典」は，契約に関する問題において，契約の成立であれ，契約の効力であれ，契約の解釈であれ，契約の解除であれ，すべて当事者の合意を基準としていたことがわかる。これは，ローマ法

---

[6] 『マルクス・エンゲルス全集』第１巻，人民出版社，1963年版，438頁。
[7] 張文顯『法学の基本範疇についての研究』，中国政法大学出版社，1993年版，262-269頁。

の精神と気脈に通ずると言える。その後，1896年の「ドイツ民法典」第305条は「法律に別段の規定がなければ，当事者間の合意によって権利と義務関係を成立させることができ，債務の内容も変更できる」とより明確に規定した。「スイス債務法」第19条では，「契約内容は，法律の制限内で自由に締結することができる」と規定する。ここから意思自治の原則は，経済発展の要求に応じて生まれ，当初，慣習法との衝突を解決するために設けられた。19世紀までに，すさまじい勢いの成文法運動において発展を続けてきた意思自治の原則は，より深い意味とより荘厳な使命が付与された。契約自由は，大陸法国の基本原則であるばかりでなく，英米法国の民法の基本原則でもある。18～19世紀の個人主義の思想が盛んな時代に，個人の財産権と活動の自由は何よりも重要であるとみなされた。それに合わせて，この時期に英国の裁判所の裁判官はそこに干渉しないという哲学を実行した。契約法の機能は消極的で，主な目的は人々に自分の願望を実現させることであった。法律は当事者の締約の権利を制限すべきではなく，いかなる理由であっても個人間の契約に介入してはならない。「法律の役割は，一方が契約違反をしまたは義務を履行しない場合，他方を助けることである」[8]。「アメリカ契約法」は，契約規則に関してイギリスの影響を深く受け，同じく契約自由原則の尊重を確認している。「個人が自由に契約を締結する権利を守るのは，すでに法律の主な目標になり，当時のアメリカ人の観念において，正義はそれ自体の性質として適法な契約を擁護する」[9]。意思自治と個人本位・権利至上などの思想は，共に自由的資本主義時代に私法制度の理論的基盤になった[10]。

3 意思自治の意義

自由を求めるのは人類固有の天性であり，現代的意義において人として持つべき基本保障でもある。1789年の「フランス人権宣言」は，初めて立法の形で市民の自由権を明確に認めた。同法第2条では，「あらゆる政治的結合の目的は，人間性と強固な権利を守ることにある。これらの権利は自由・財産・安

---

8) 何勤華『イギリス法律の発達史』，法律出版社，1999年版，264頁。
9) 王軍『アメリカ契約法』，中国政法大学出版社，1996年版，8頁。
10) 劉凱湘「民法の性質と理念を論じる」，済南法学フォーラム，2000年第1期。

全・抑圧に対する抵抗である」。それは,人類社会の発展史,同時に自由の発展史と社会の進歩は,人間が絶えず自由になること意味する。しかし,自由は社会における実現過程で常に規則から離れることはできず,自由は規則の範囲内の自由であると言っても過言ではない。法制社会の中で規則は主に法律で表されるため,自由は法律を通じて限定され実現される必要がある。自由は規則の範囲内の自由である。モンテスキューは『法の精神』で次のように述べている。「一つの国において,いわば法律を持つ社会において,自由は人が望むべきことを行い,望まないことを強制的に行わせることではない」[11]。コンスタン(Constant)は,古代人が理解する自由は主に市民の資格であり,即ち公共の事柄を議論し意思決定に参加する権利であるとする。しかし,古代人には個人領域に関する明確な定義はなく,いかなる個人の権利もない。そして現代人にとって,「自由は法律によってのみ制限され,一部の人間の独断の意志によっての逮捕・拘束・処刑・虐待を受けない権利である。それは人々が意見を表し,職業を選択し,それに従事し,財産を支配または使用する権利であり,誰の許可を得る必要もなく,目的や理由を説明せずに移動する権利である」[12]。民事立法にとって,法律の自由への確認と保護にはさらに切実さが必要である。その理由は,民事立法自体が自由の産物であり,自由経済の必然的な要求だからである。自由経済の時代には,「契約は取引の手段のみならず,人類の生き方でもあり,人々の考え方を支配する。それは一種の信念や文化の伝統として,現実生活における実在の力になった。このような意味で,市場は公権力と対抗する機能を有する」[13]。それゆえ,契約の自由を守るのは,近代民法至高の原則であると共に,近代資産階級の国の憲法の基礎である。意思自治原則の直接的な法律価値の一つは,当事者の権利義務の形成を期待できることである。当事者が自己の選択した準拠法によって法律行為の結果を予見して,法律関係の安定を維持する;もう一つは契約紛争を迅速に解決し,取引のコストを節約

---

11) モンテスキュー(C. L. de S. Montesquieu)『法の精神(上)』,張雁深訳,商務印書館,1961年版,154頁。

12) コンスタン(B. Constant)「古代人の自由と現代人の自由の比較」,劉軍寧ほか編『自由とコミュニティ』,三聯書店,1998年版,308頁。

13) 単飛躍『経済法の理念とカテゴリーについての解析』,中国検察出版社,2002年版,26頁。

することにある。

Ⅱ 意思自治原則の成立における社会経済の倫理的基礎

1 意思自治成立における倫理的基礎

　最初の契約自由の観念は，古代ギリシアの都市制度にさかのぼる。アメリカの政治学者サビーネ（Sabine）は「多くの近代の政治観念を例として挙げると，公平な道理・自由・立憲政体・尊重法律など，少なくともこれらの観念の定義は，ギリシア思想家の都市国家制度に対する見方より生まれた」と考える。[14] しかし，現代の契約自由の真の哲学的基礎はヨーロッパを席巻した人文主義の思想である。人文主義は14世紀のイタリアに生まれ，資産階級の啓蒙運動において，カトリック教神学の統治に対して提唱された人生観や世界観である。人文主義は，人に焦点を置く。それは人の自由・人の平等・人の権利を宣揚し，君主の専制と封建制に反対し，人を神への依存から解放して，独立した人格と自由意志を持つ人とした。ミル（Mill）は，完全な個人の自由と十分な個性の発展は，個人の幸せに関わりがあり，そして社会の進歩の主な要素の一つであると言う。自由の感覚は，人間に自己の能力を発揮させ，自己の幸福を促進させる目的のある活動に従事するよう駆り立てる。[15] 意思自治の原則と社会契約の思想は非常に密接に繋がっている。ある学者は，社会契約論は私法自治理論の別の表現であるとし，「もし，人の意思が社会及び法律上の一般義務を創設する十分な力あれば，それは当事者を拘束する特別な法律上の義務，即ち債務を創設することも可能である」と述べる。[16] イギリスにおいて，産業革命の完遂と共に，資本主義経済は急速に発展を遂げてきた。自由な資本主義経済に応じたベンサム（Bentham）の自由放任主義哲学は主導的地位を占め，ビクトリア時代の裁判官に信仰された。彼らは，自由放任主義によって，当事者の意思が特に

---

[14] サビーネ（G. H. Sabine）『政治学説史（上）』，盛葵阳ほか訳，商務印書館，1986年版，22頁。

[15] ボーデンハイマー（E. Bodenheimer）『法律学——法哲学及び法律方法』，鄧正来訳，中国政法大学出版社，1999年版。

[16] 尹田『フランス現代の契約法』，法律出版社，1995年版，18-19頁。

尊重され，人々に対する法律の干渉は少なければ少ないほどよいと考えた。ドイツにおいて，カント（Kant）の自由主義哲学は広範な影響を与えた。カントは，人こそ自由意思を持ち，天賦の自由の権利がある。同時に，人は理性的な動物で，自己の行為準則を選択する能力がある。それゆえ人は必ず自己の選択行為に対し責任を負う。カントは自由について「人には一つの天賦の権利がある，それは生まれながらの自由である。自由は，他人の強制的意志から独立し，普遍的法則によって，すべての人の自由と共存できる，人々の人間性により唯一無二の，天然の，生まれながらの権利である[17]」という鋭い見解を述べた。さらに，カントは人々の自由・平等・自主の社会理想を打ち出し，この理想を実現するために，最大限に国の役割を制限すべきであると考えた。「人は自分が規定した法律あるいは単独に規定した法律，または他の人と共同に規定した法律に従うことに最も適合する[18]」。モンテスキューは，「自由と政治制度の関係において，自由を確立するのは法律，さらには基本的な法律のみである。しかし，自由と国民の関係上，風俗・規則・慣例は共に自由を生み出し得るし，しかもある民事法規も自由を助長する可能性がある[19]」。個人主義と個性の発展は，自由主義と共に生まれた双子である。啓蒙思想家は，自らの利益に深い関心を持ち，最も詳しいのは自分であるため，人が自らの意思や行為を支配する絶対的な自由を持つのは当然のことであるとする。個人の行為は，人類全体の経済と政治活動の出発点である。社会は個人の集合体であるため，個人の充分な発展なくしては社会の発展もない。アダム・スミス（Smith）は，人は生まれつき自分の利害を考える，自分の自由競争を妨害しない限り，個人の獲得した利益が大きいほど社会はより豊かになる。それゆえ，人々に自分の意思によって産業管理と貿易経営を許すべきであると述べる。「人々は絶えず努力し，自分が支配できる資本のために最も有利な用途を探す。勿論，人々が考慮するのは社会利益ではなく，自分の利益であるが，自己利益の研究は自然にあるいは必ず社会を最善の用途に導く」。「この場合，見えざる手の指導の下で，

---

17) カント（I. Kant）『法の形而上学原理』，沈叔平訳，商務印書館，1991年版，50頁。
18) 同上書，26頁。
19) モンテスキュー（C. L. de S. Montesquieu）『法の精神（上）』，張雁深訳，商務印書館，1961年版，187頁。

本意ではない目的に力を尽くす。本意ではないが社会に有害でもない。自分の利益を求めるのがしばしば本意の場合より効果的に社会利益を促進する」[20]。ロールズ（Rawls）は，「法の支配と自由は明らかに結びついている」と言う。その理由は「法律体系は一連の強制的な公共的規則である。これらの規則を定めるのは，理性人の行為を規制し，社会の協力のため何らか枠組みを提供するためである。それらは人々がお互いに信頼し，期待が実現していないときには直接反対する基礎を構成する。もし，これらの要求の基礎が不正確である場合，人間の自由の領域は同様に不確かである」[21]。啓蒙思想家の独立人格・自由・平等・権利についての理念は，私法自治・意思自治・契約自由などの理念と原則に関する哲学基礎を打ち立てた。人も「身分から契約へ」の転換を成し遂げた。独立した意思を持つ契約当事者が，交渉の結果意思表示が合致する限り，いかなる人も国家の公権力もそこに介入も侵犯もできない。その主な理由は，「伝統的理論によると，個人は自己の利益の最良の維持者である。当事者の自由意思の合致によって契約が締結された以上，その内容の妥当性も保障するべきである」[22]からである。

自由原則は，人々の宗教信仰と密接に関わっている。宗教は人々の精神の拠り所であり，理論的説明を提供する源泉でもある。メーン（Maine）は「『自由意思』の問題は，哲学の問題になる前は神学上の問題であった。もしもこの用語が法律学の影響を受けたものであるならば，法律学がもはや神学に染込んでいるからであろう」と言う[23]。現代イギリスの思想家ラッセル（Russell）は「権力に関する最も重要なキリスト教の教義は，我々は人ではなく神に従うべきである」と述べる[24]。現代日本の学者池田大作は，宗教と文化の関係を語る際，「我々が研究するのは東洋の『精神』と西洋の『精神』である。しかし『精神』

---

20) スミス（A. Smith）『国富論（下）』，郭大力ほか訳，商務印書館，1974年版，25-27頁。
21) ロールズ（J. B. Rawls）『正義論』，何懐宏ほか訳，中国社会科学出版社，1988年版，233頁。
22) 王澤鑒『債権法』，中国政法大学出版社，2001年版，69頁。
23) メーン（H. J. S. Maine）『古代法』，沈景一訳，商務印書館，1959年版，200頁。
24) ラッセル（B. A. W. Russell）『幸せに向かう』，王雨ほか編訳，中国社会科学出版社，1997年版，253頁。

の内容やそれが形成される淵源を研究する場合,必ず宗教の存在に及ばなければならない」。「我々はすべての社会文化の現象とある民族の思考方法の根源を探し求めるときに宗教の存在に気がつかなくてはならない」と言った。[25]宗教を自由原則の最初の源とみなす理由は,古代先哲たちによると,宗教において,人々は平等及び自由だからである。古代の哲学者アルキダマス(Alcidamas)の名言によれば「神が創造した人はみな自由である,当然自然も誰をも奴隷にすることはできない」[26]。キケロ(Cicero)も,自然の善良な状態で,人と人とは自由平等であると考える。「すべての公民が自由と平等を享受することがなければ,自由は存在しない」[27]と考える。ヘーゲル(Hegel)も「キリスト教の教義によれば,個人の人格と精神が初めて無限の絶対的価値とみなされる。すべての人が救われるのは神の意志である。キリスト教にはこのような教義がある。神の前ですべての人は自由で,平等であり,イエスキリストは世の人を救い,人々に自由を与える。これらの原則として,自由には出身・地位・文化の程度は関係ない」と指摘した[28]。この意味では,キリスト教は民衆が精神を託す信仰としてだけでなく,制度設計と技術的運営にも必要である。

2 意思自治成立における経済的基礎

　法律上の私法自治の原則は,経済学上の自由経済の思想と密接に関わっている。商品経済の発展,市場経済の発生と発展,そして共に行ったブルジョア革命は,人類社会の農業時代から工業経済時代への初めての社会変革を実現した。この時,生産力が大幅に向上し,社会の富はこれまでになく豊富になった。私有財産は神聖にして侵すべからずを守るために,ブルジョア階級は「私有財産は神聖にして侵すべからず」のスローガンを提唱し,しかも民法上それに対応する所有権制度が整った。法的な基礎が整備されたことにより,商品流通は加速化し,頻繁な取引が促進された。したがって,市場は次第に経済生活

---

25) 池田大作『仏法・西と東』,王健訳,四川人民出版社,1996年版,14-15頁。
26) 『古ギリシアの政治説』,蔡拓訳,商務印書館,1991年版,111頁。
27) 周仲秋『平等観念の過程』,海南出版社,2002年版,61頁。
28) ヘーゲル(G. W. F. Hegel)『哲学史講演録』第1巻,賀麟ほか訳,商務印書館,1981年版,51-52頁。

の中心となり，資源配置の基礎的な部分を構成し，また，主たる方法となった。古典経済学アダム・スミスは，自由経済が社会経済の発展に最大限に促進的な役割を果たし，そして国を経済生活の外に置くことに充分注意している。人々は自分の利益を求める際，見えざる手に導かれ，元々自己の意図ではない目的を推進していく。したがって，最高の経済政策は自由主義経済である。すべての人が平等な地位において自由に競争し合うことは，社会繁栄を促進すると共に，個人利益を満足させることができる。国の任務は，決して自由競争に介入せず，自由競争を保護することである。古典重農学派は，人類社会は自然秩序であると言う。それは物質の世界と同様に人の意思によって移転する客観的法則は存在しないからである。人身の自由と私有財産は，自然秩序に規定された人間の基本的な権利であり，天賦人権の基本的内容である。自然秩序の実質は，個人の利益と公衆の利益の統一にあり，このような統一は自由経済の体制においてこそ実現できる。

契約自由も市場経済と不可分の関係を持つ。契約自由は，市場経済が役割を果たす基本的法律形式である。一方では，市場経済自体の特徴こそが契約自由の思想を育てる。市場は，商品を交換する固定の場所で，それは商品生産の必然的産物と商品価値を実現する必要な条件であり，市場経済の重要な構成部分でもあり，社会的分業と商品交換が共に生まれた結果である。いわゆる市場経済とは，市場メカニズムにおける社会資源の配置と市場行為の調整する経済運行の方法や経済運行のモデルである。市場は，取引の結果であり，個人利益を実現する場所でもある。「人類史上，最初の最も簡単な交換パターンは互恵である。それはある物を他人に贈って，そして同類のものあるいは他の利益の報いを期待する。互恵的取引は経済交換であるが，個体化の交換に属し，関連する人の間に発生し，この絆を強めるのに用いる」[29]。それにあわせて，法律は市場参加者間の平等な地位，当事者の自由意思の表現と自由競争の秩序を保護すべきである。契約が持つ強い平等，自由と世俗，功利的色彩はほとんど商品経済の特性を代表している。契約自由は，市場経済において生存するための最も適切な土壌を見つけると同時に，市場参加者に自己追求，自己責任の精神を

---

29) マーフィー（R.F. Murphy）『文化と社会人類学の序論』，王卓君訳，商務印書館，1991年版，161頁。

持って契約を結び，最大の経済利益を図るために良好な法律上の保障を提供した。アリストテレス（Aristotles）は，次の言葉を残している：「人は，その本質において政治的動物である」。しかし人は同時に経済的動物つまり経済人である。政治人や経済人は違った機能を持つが，政治人であろうと経済人であろうと，いつも既定の制約の条件で最小の代価で最大の利益を求める。この意味から言えば，政治人は政治分野で活動する経済人にほかならない。[30]市場経済の主体も経済人である。ミル（Mill）によると，いわゆる経済人とは，計算的で，創造的で，自己利益の最大化を求める人である。[31]そして，人は理性的な人になることを求めている。理性とは，すべての人はコスト，収益や趨利避害原則（利に向かい害を避ける）を以って，あらゆる機会と目標及び目標を実現する最適の手段を選ぶことである。人々は，多くの行為の中から基本的行為を選ぶ際の特徴として，優れたものを選ぶ傾向と能力を持つ。この優れたものを選び取る価値観によって自己利益の最大化を実現できる。もちろん理性化された社会において，このように個人利益の追求は一定の制限を課されるべきである。ウェーバー（Weber）は，いわゆる理性的資本主義の精神を論証するとき，このような資本主義の精神を以下のように要約した。(1)金銭追求の活動自体，金持ちになる手段のみならず，人生の目的でもある。(2)仕事で努力するのは，責任と道徳的義務とみなされる。厳密な計算や平和的方法で合理的に予測した利益を得る。つまり理性的な人として理性的，計画的，持続的に利益を求めるべきである。[32]

Ⅲ 意思自治の原則の制限とその他の原則との関係

1 意思自治を制限する必要性

歴史を見れば，学説上も実務上においても，意思自治とそれに対する制限は

---

30) 張宇燕『経済発展と制度の選択——制度の経済分析』，中国人民大学出版社，1992年版，65頁。

31) ルパージュ（H. Lepage）『アメリカ新自由主義経済学』，李燕生訳，北京大学出版社，1985年版，24頁。

32) ウェーバー（M. Weber）『プロテスタンティズムの倫理と資本主義の精神』，于暁ほか訳，三聯書店，1987年版，7-8頁。

常に同伴し，並存する。早くも「意思自治」の学説を主張するときに，デュムラン（Dumoulin）は，強制的な習慣は当事者の意思で適用を排除することができないと指摘した[33]。社会学において，社会学者は主体間の相互平等制約の関係を研究し，自由は他の主体の平等と自由の享有を制限すると考える。いかなる自由も一定の制限を含み，制限なくしてはいわゆる自由もない。制限なくしては，「自由」はただのわがままであり，または主観的願望であり，現実には存在しない。さらには理性・正義・進歩に対する否定である。カント（Kant）は「ある程度において，自由を行使すること自体が自由への妨害であるならば，普遍的法則に従いこれは錯誤である；これに反対する強制または強迫が正しい。それは自由の妨害に対する制止であり，普遍的な法則により存在する自由と一致するからである。そこで，矛盾する倫理的原則によれば，すべての権利に資格や権限が伴い，事実上権利侵害の可能性があるすべての人に強制をかける」[34]。ヘーゲルも「自由はやりたい放題であるという見方は，完全に思想的教養が欠けていると思うしかない。それはいわゆる絶対的自由の意志・法・倫理などを全く知らないということだ」と言った[35]。これもルソー（Rousseau）の，「人は生まれながらに自由である。ただしいつも鎖につながれている」という言葉も証明している[36]。法律の観点から言えば，いかなる自由の権利でも必ず明確な制限があり，その範囲内で，権利主体は一切の望むことに従事することができ，他人の干渉は違法となる。もしこの範囲を超えると，自由は権利の性質を失い，その行為も違法となる。範囲を超えた場合必ず他人の適法な権益を損害するからである。自由は権利で，制限は責任である。制限は自由への制約であると同時に自由への保障である。そこで人が自由の権利を行使する際，他人に責任を負い，社会に責任を負うことを求める。法律が自由の権利を認める際，様々な自由の権利の範囲も定め，自由を定めた法律の下で相互に調和することをできるようにした。モンテスキューが言うように，「自由とは，法律が

---

33) 韓徳培編著『国際私法』，武漢大学出版社，1993年版，139頁。
34) カント（I. Kant）『法の形而上学原理』，沈叔平訳，商務印書館，1991年版，50頁。
35) ヘーゲル（G. W. F. Hegel）『法哲学原理』，范揚ほか訳，商務印書館，1961年版，25-26頁。
36) ルソー（J. J. Rousseau）『社会契約論』，荷兆武訳，商務印書館，1982年版，8頁。

許可していることを行う権利である；もし市民が法律で禁じられていることをできるとするなら，彼はもう自由ではない。そうなると他の市民もこのような権利を持つことになるからである」[37]。

　意思自治を制限するもう一つの理由は，いかなる社会主体の行為も国家権力に制限されなければならないというものである。国家権力の存在の目的として，まず個人の自由を保障することを実現するために，時に国家の権力は当事者の行為を適切に制限しなければならない。フランスの「人権宣言」は「自由には，他人の行為を一切妨害しない権利も含む。それゆえ，個人の自然な権利行使は社会の他の構成員と同じ権利を持つことを限度とする」。ロールズ（Rawls）も正義の原則において，「すべての人は，他の人が持っている最も広範な基本自由システムと同等の自由システムに類似する平等の権利を持つべきである」と考える[38]。自由を制限する主な方法は法律規定にある。自由を制限する法律を通じて自由を定着させることができるからである。法律は自身の強制力を利用して一人一人に自由を実現させる。人々が自分のために規定した法律を守るからこそ，自由である。まさにキケロ（Cicero）が言うとおり，「我々は法律の奴隷である。だからこそ，我々は自由である。法律の制限がなければ，すべての人は自分のやりたいようにすることができる。その結果自由は壊滅するしかない」[39]。「人権宣言」も，人々の自然の権利を行使する「範囲は法律が確定する」と考える。もちろん，国家権力による個人の自由への干渉は，法律の明文規定を限度とする。法律自体も「社会を損なう行為のみを禁止する」。そして，法律がこれらの行為を禁止する目的は，多くの人に多くの自由を捧げるためである。即ち「自由は自由そのもののために制限される」。

　民事関係については，自由な民事は同時に正当な民事・適法的民事・秩序的民事を意味すべきである。制限的「意思自治」を実行するには，当事者双方の機会の均等など，互恵互利を保障する必要がある。その理由は，社会関係とし

---

37) モンテスキュー（C. L. de S. Montesquieu）『法の精神（上）』，張雁深訳，商務印書館，1961年版，154頁。
38) ロールズ（J. B. Rawls）『正義論』，何懐宏ほか訳，中国社会科学出版社，1988年版，56頁。
39) スタイン（P. Stein）・シャンド（J. Shand）『西欧社会の法律価値』，王献平訳，中国人民公安大学出版社，1980年版，176頁。

て，契約による各種の取引は両方の当事者の損得に関わるだけでなく，社会の栄枯盛衰と他人の利害にも影響を与えるからである。制限的「意思自治」の実行は，当事者自らの権利を保障する一方で，社会及び他人の利益が損害されないよう保障する。それは，階級社会において，個人利益と他者の個人利益の結びつきを通じてこそ，国や法律が認める普遍的な社会利益が形成されるからである。不正な民事行為の自由の濫用にあたるのは，極端な自由と気ままな自由である。このような民事は，社会経済の健全な発展を促進することもできないし，むしろ正常な社会経済の秩序を破壊する。資本主義経済の自由競争から独占への過渡期に生まれた「ドイツ民法典」は，契約自由を「法律の範囲内での自由」に解釈したのが明らかな証拠である。それは，国が自由な民事活動を規範化の発展の軌道に取り入れなければならない主な理由である。

2　意思自治原則と民法関連原則との関係

意思自治と最も密接に関係するのは主に，信義則と公序良俗の原則である。

(1) 意思自治の原則と信義則

信義則は，現代民法の基本原則の一つであると同時に，民法の「帝王条項」とみなされる。他の原則に比べて，信義則の最大の特徴は，観念法の性質を持つあるいは補充法の機能を持つことである。この観念法の性質や補充法の機能を主に以下の二つで表す。一つは，法律で明文の規定がない場合，信義則によって当事者の行為を処理する。二つ目は，明文の規定があり，もしその法律適用により著しく不公正な結果になる場合，信義則に従い規定を変更あるいは追加する。信義則は，必ず善意の心理状態で行為することを求め，すべて法律的意義がある行為を求める。法律の明文規定がない場合，行為者は社会が公認する方法に基づき活動し，他人の適法的権益を損なわないことを求める。信義則の出現は，主に当事者間の利益を釣り合わせるためであり，契約自由が社会公平に地位を譲る結果となる。「フランス民法典」第1134条3項では，「契約は，善意を似て履行しなければならない」と規定する。ここで言う善意とは「誠実信用」である。19世紀中葉以降，個人の権利の極端化は様々な弊害を招いたため，契約自由が社会福祉に地位を譲り始め，より公平な仕事と生活水準を擁護した。法律は，孤立した個人の権利に基礎を置くものではなく，様々な

利害関係を基礎とする傾向がある。「契約は神のようにすでに死んでいる[40]」のである。そこで，個人本位が社会本位に地位を譲り，契約自由は契約正義に地位を譲る。社会の利益は，個人の利益を上回ることを前提に，各国は道徳規範の調節機能を重視し始めた。典型的なのは「ドイツ民法典」が初めて信義則を一つの強制的規範として規定し，さらに債務関係にまで拡大したことである。その後，「スイス民法典」の第2条1項では「何人も権利を行使し義務を履行する場合，信義誠実に行わなければならない」と規定した。信義則の役割をすべての民商事活動の範囲まで拡大し，民法の基本原則となった。日本の民法典第1条2項に「権利の行使及び義務の履行は，信義に従い誠実に行わなければならない」との規定が新たに追加された。イタリア「民法典」第1176条は，「債務を履行するとき，債務者は家父のような勤勉さで注意しなければならない」と規定する。大陸法系国の法律において「帝王条項」が確定されるにつれて，英米法系の国も次々と法律を調整していった。イギリスの場合，実際のところ早い時期にエクイティで信義則を確立していたので，ただそれを明確化しただけであった。しかし，「アメリカ統一商法典」の総則第1－201条19項で「信義誠実とは，係る行為あるいは取引において真実に忠実であること」と指摘した。中国の「民法通則」の第4条も信義則や権利濫用禁止の原則と公平等価有償の原則を民法の基本原則として確立した。信義則の発生の原因とその役割について，中国の台湾の学者史尚寛は，次のように解釈している。かつて信義則は裁判官の手に握られていた衡平法であった。その理由は，一切の法律関係はその具体的な状況に応じ，正義衡平の原則で調整され，具体的な社会的公正を達成したからである。法律関係の内容及び実現方法は，当事者間の具体的な情況によって異なり，法律・契約当事者は全面的に規定または約束を見通すことが難しい。それゆえ，一方の当事者は利己のためこの抜け穴を利用して，相手を犠牲にして自己利益を図る可能性がある。この場合に，裁判官は道義的衡平の原則から出発し，立法者の視点からこれらの関係を裁決すべきである。これが信義則の要求であると。史尚寛は，信義則を社会の理想と取引の道徳的基礎としては抽象的すぎるため，適用はとても難しいとする。信義則の本質を

---

40) ギルモア（G. Gilmore）「契約法の死」，梁慧星主編『権利のための闘争』，中国法制出版社，金橋文化出版（香港），2000年版，53頁。

第 4 章　意思自治の原則と民法の倫理

当事者の利益の衡平と位置づけるなら，比較的具体的で，適用しやすい[41]。

(2) 意思自治の原則と公序良俗の原則

　公序良俗原則の出現は，当事者の意思自治の否定であり，不合理な行為の結果に対する矯正でもある。もし，信義則の出現が，主に当事者間の利益を釣り合わせるためであるとすれば，公序良俗原則の出現は，主に個人の利益と社会の利益を釣り合わせるためのものであると言える。信義則が生まれた理由は，個人の自由の濫用と他者の適法的利益を脅かす点にある。公序良俗原則の生まれた理由は契約自由自体に先天的な欠陥があるからである。これらの欠陥は，主に契約自由の経済基礎としての経済自由に固有の欠陥から生まれてきた。それは主に①決定の盲目性；②社会の公共利益と消費者の利益から逸脱しやすい；③貧富の差や二極化を招きやすい；④商品フェティシズムや拝金主義が生じやすい；⑤社会資源の浪費をもたらしやすいというものである。これらの欠陥が存在していたため，人々が次第に絶対的な個人主義と自由市場主義の熱狂の中から覚醒し，経済上自由放任は社会全体に最大の利益と発展をもたらさないと認識した。絶対的個人自由・個人利益の追求は，他者の利益と弱者の利益を損ない，社会の環境と資源も破壊する。「共同体主義（コミュニタリアニズム）または個人の自由に反対することではなく，自由を適当な位置に置くと主張する。それは，個人の権利の取消しを主張するのではなく，個人の権利に適切な限界を設定する；それは，自己の個性を否定するのではなく，このような個性の形成と存在のため歴史と社会の基礎を探す[42]」。ボーデンハイマー (Bodenheimer) は「理性の声に従うと，自分の要求を他人の要求に適応させ，公共生活が意義を持つためには，個人の行為を道徳と法律である程度制限する必要がある[43]」と言う。そのため，個人は，社会に従うべきであり，自由も社会公序も犯してはならない。国家は，経済活動に介入し関与しなければならず，社会のコントロール範囲を拡大することになる。そのため，ケインズ

---

41) （台）史尚寛『債法原論』，栄泰印書館，1978年版，319頁。
42) 韓震「後自由主義の一種類の言葉」，劉軍寧ほか編『自由及びコミュニティ』，三聯書店，1998年版，22頁。
43) ボーデンハイマー（E. Bodenheimer）『法律学――法哲学及び法律方法』，鄧正来訳，中国政法大学出版社，1999年版。

(Keynes)の国家の介入学説が,戦後の資本主義国の社会経済生活に支配的地位を占めたのである。それに合わせて,「公共利益」や「公の秩序」などの価値判断は私法の舞台を登り始め,私法自治の自己責任メカニズムについて社会的評価と社会的見直しが行われたが,契約自由が社会の公共利益の固有の防御線に抵触したことで,多くの制限を受け始めた。1930年代から,法律政策は公共利益の代名詞として契約法を含む全私法の分野に入り,契約活動と国家政策がしっかり結びつけられることによって,私法の絶対自治の原則は徹底的に打破された。このように私法が公法化した結果として,公序良俗は信義則と同等の法律効力を有する契約法の一般的な規則として確立された。この原則によって,契約は公序良俗に違反しないとの前提の下で当事者の予想する法律結果を実現できる。もちろん,「公序良俗」は法律の基本原則として現代民法の産物であるだけではない。実は,早くも1804年の「フランス民法典」第6条でこれを明確に規定している。個人は,公共の秩序や善良の風俗に反する約束を締結してはならない。しかし,その絶対的個人主義と自由主義をあがめる自由経済の時代においては,公共の秩序と善良の風俗は,ただ契約自由の原則に対する例外的制限であり,その適用範囲が狭いため,歴史的に重要な地位を占めることはできないが,国の関与の強化に従い,自由主義が批判を受け始め,個人自由は社会正義と社会公益に従うべきであるという法律思想の影響が大きくなり,公序良俗の原則もついに新たに評価された。「したがって,国家と社会の一般利益及び道徳観念の重要な機能を維持することが,現代民法の基本原則となった」[44]。公序良俗は,ついに私法全分野を支配する基本原則になった。契約自由であるだけでなく,例えば権利行使,義務履行,自力救済の禁止,法律行為の説明など,すべては公序良俗原則の支配範囲に属する[45]。

---

44) (台)鄭玉波『民法原論』,三民書局,1979年版,338頁。
45) 梁慧星「市場経済と公序良俗」,梁慧星主編『民商法論叢』第1巻,法律出版社,1994年版,53頁。

第5章

信義誠実の原則と民法の倫理

I 信義誠実の原則の基本概念についての考察

1 信義誠実の原則と信用制度

　信義誠実の原則、略称すれば信義則とは、社会経済活動の当事者が、経営活動に従事する際に、善意で正当に権利を行使し、義務を履行することであり、当事者間や社会利害間の平衡関係を維持することである。信義誠実は、ラテン語で Bona Fide、フランス語で Bonne Foi、英語で Good Faith と表す。直訳は全部「善意」である。ドイツ語で Treu und Glauben（忠誠と信用）、日本で「信義誠実」と表す。近代中国は大陸法系の法の伝統文化を承継したため、日本を通じて、ドイツから大きな影響を受けた。中国語の誠実信義の原則はドイツ語の直訳である。ドイツ語の Treu und Glauben は古代ドイツの誓いから生まれた。古代のドイツで、一般的には In True（誠実にある）、Mit Treu（誠実を以て）、Bei Treu（誠実による）は Unter Treu（誠実の名の下に）で取引の相手に誓いを強要する。その後一層確かにするため、誠実の後に Glauben（信用）を加えて、その上「信義誠実」を誓いとして、契約義務を履行することを確保する。その後、信義誠実の誓いは民法の基本的原則に転用された。[1]この言葉の通常の用法は、一般的に目的の誠実さと欺罔しない心の状態を説明することに用いられ、要するに、自分の義務・責任に忠実であることを意味する。[2]

---

1)　（台）蔡章麟「債権契約と誠実信用の原則」、刁榮華主編『中国法学論集』、漢林出版社、1976年版、415頁。

2)　ブラック（H. C. Black）、*Black's Law Dictionary*, fifth edition, west publish co., 1979, ↗

信義則は，信用の概念に繋がっている。現代中国語で信用は，主に三つの意味がある：一つ目は，誠実に人を任用すること。二つ目は，約束を守って，成約を実践し，他人の信頼を得ること[3]。三つ目は，信用は「承諾を守る責任感」であり，「人が自分の行動に対する行為結果に責任を負う道徳感である[4]」。信用の意味は，広義と狭義に分けることができる。広義の信用は，一般的に倫理学の範疇を表す。主に社会や経済活動に参加する当事者の間に築かれた信義誠実を道徳基礎とする約束どおりにする行為を指す。それは，一種の普遍的な人間関係を処理する道徳準則である。狭義の信用は，主として経済学，法律学の分野の範疇である。それは，商品交換や他の経済活動において，取引双方が実施する契約を基礎として資金貸借・承諾・契約履行の行為を表現する。ここでの信用関係の双方とは，貸借関係の双方即ち与信者（賃貸人）と受信者（貸借人）である。そのため，いわゆる信用とは，商品の交換や他の経済活動において，与信者は受信者がその承諾を実現することを十分信じているとの基礎の上，契約関係を通じて受信者に融資し，並びに自分の貸出金の還流あるいは増殖を保証する価値運動である[5]。

　単純な倫理カテゴリーにおける信用の意味と違って，経済分野での信用制度は，市場経済主体間に長期的な経済交流を通じて成り立った信頼関係と信用評価から生まれた。そして，信頼と信用は，市場取引の行為が一定の段階まで発展した必然的結果である。初期の一次的な市場の取引活動においては，取引双方が今後再び出会う確率が非常に低く，詐欺的手段で利益を得る可能性が非常に大きいため，取引双方の詐欺の可能性も比較的大きい。市場経済が高度に発達した後は，一方で社会主体は他の取引主体への依存度が増し，取引が自己の生活に必要な財源を得る主な方法になった；他方，取引状態と取引方法も大きく変化し，先物取引，オプション取引などの新しい取引方法も取引を長期契約に変化させた。一次的取引と違って，重複あるいは反復的に行われる特徴がある長期契約の関係において，双方が詐欺的戦略を実施する可能性と動機は大幅

＼pp. 160, 623-624.

3)　『辞海』，上海辞書出版社，1979年縮刷版，247頁。
4)　張忠元・向洪『信用資本』，中国時代経済出版社，2002年版，前文。
5)　李新庚「信用の意味とその発生の条件」，新華網，2002年9月23日。

第 5 章　信義誠実の原則と民法の倫理

に低下する。その原因は,「交換取引の双方が相手商品の特徴及び行為を認識する能力が強化され,情報の非対称性の程度が低下した；一方,詐欺は相手の報復を招く。つまり,取引中止である」[6]。それでも,信頼は大きなリスクを持つ。言い換えれば,詐欺コストが収益性を上回る場合,信頼関係は破られる可能性がある。それゆえ,「信頼をリスクとみなしてもよく,一方の受けたリスクの重大性が,他人の行為結果に関わる。このようなリスクを受け入れる意思決定自体信頼を意味する。社会学者は,通常,信用を一方が他方のある行為の完成を推定する主観的な確率と定義する」[7]。この利他性を基準とする信頼関係と違って,信用が強調するのは素晴らしい社会的評価を受けることであり,信用を他人の信頼を得る一つの能力と理解しても良い。市場の取引関係は,市場主体間に良い信用評価で形成された相互の信頼関係で説明することができる。現代の信用は主に四つの異なるレベルの意味を含む。①伝統の経済学上の意味である。即ち,返済を条件としての資金貸借の形態である[8]；②債務者が将来支払うという承諾である；③一種無形の経済希有資源；④すべての経済活動の主体が活動する際に負う責任と義務である。信用の四つの意味は,表面的には道徳の要求のようであるが,実質的には市場主体が負うべき責任と義務を,無形の経済資源として量化し,考量することができる。大まかに言えば,信用は人間の信頼関係を基礎とする提供可能な,価値がある道徳資源である。

　信用は,法律が保護する客体の一つである。「ドイツ民法典」第824条１項では,「真実に反する事実を主張または流布し,他人の信用を損ないまたは他人の生活や将来に不利益を引き起こした者は,それが真実ではないことを知らなくても,これによって生じた損害を賠償しなければならない」と規定した。法律において,信用関係を調整する基本的な理由として,信用自体に深い経済上の道理がこめられているからである。一つ目は,信用は普遍的に取引費用を減らすことができる。二つ目は,信用は取引の量を高めることができる。三つ目は,信用は取引において外部費用（つまり経済学における「近隣効果」）を減らすことができる；四つ目は,信用は取引のリスクを防ぎ,不確実性を減少する

---

6)　張忠元・向洪『信用資本』,中国時代経済出版社,2002年版,36頁。
7)　同上書。
8)　李凌燕『消費信用法律研究』,法律出版社,2000年版,２頁。

ことができる。

　信用制度は，以下のいくつかの特徴を持つ。①信用は一定の財産性がある。信用は信望と名誉であるだけではなく，さらに信用自体が資金になる金融資源や金融商品である。信用の財産化によって信用を「有価資源」として表現した。フランクリン（Benjamin Franklin）は「信用は金銭なり」とし，「約束通り期限を守り支払うと知られた人は，どんな時でも，いかなる場合においても，友だちの遊んでいるお金を集めることができる。この点は常に大いに役に立つ」と言った[9]。過去の信用が主に人格の利益化を表すとすれば，現代の信用の財産化は，一つ目に，人格信用の財産化を表す。二つ目に，信用基礎の財産化を表す。伝統的な信用の基礎は，個人の道徳の質を表しているが，現代社会においては，取引範囲の拡大によって，信用基礎は資金と信用を表す。各国の会社法における会社資本三原則の確認は，信用を基礎とする産業化に対する最高の表現である。三つ目は，信用自体はすでに見えない財産になって，利用できる資源である。信用は，融資・財務を管理することや資源を配置することに用いられ，その所有者に財産利益をもたらす。企業にとって，良好な信用を有していれば，銀行から必要な融資を獲得できるし，また，安定した顧客源・良好な販売業績を意味する。信用は，金銭でその価値を評価でき，有形財産のような経済機能を発揮することもできる。信用とのれんは，しばしば企業の資産の一部として，企業の会計帳簿に反映される。四つ目は，信用は市場主体が市場において運営する通行許可証であり，市場における交換活動を行う前提である。五つ目は，信用が負うべき責任に違反する場合も財産責任として表す。中国の「不正競争防止法」第14条は，「経営者はにせの事実を捏造し，競争相手の商業信用や名誉を損なってはいけない」と規定する。信用のこれらの経済機能に鑑み，アメリカのケネス・ジョセフ・アロー（Kenneth J. Arrow）は「信用は，経済交換の潤滑剤であり，契約を支配する最も効果的なメカニズムでもあり，最も深い意味を持つ契約であり，めったに買えない特殊な商品である」。②信用は実質的に財産権の関係の一つとして，社会の存在と発展を支える基盤である。信用は，社会主体の関係を繋ぐ基本的なきずなである。信用がなけれ

---

9) ウェーバー（M. Weber）『プロテスタンティズムの倫理と資本主義の精神』，彭強・黄暁京訳，陝西師範大学出版社，2002年版，19-20頁。

ば，秩序・交換及び市場もない。同時に信用は，財産権を基礎とする。財産権制度の基本的な役割は，市場主体に長期的利益の安定的見通しやゲーム理論の規則を提供することである。「良い信用関係は，取引当事者が自分の資源に比較的信頼を置き，明確な権利の境界を持つこと，そして取引当事者が相互の権利を尊重することを意味する」[10]。事実上他人に対する詐欺行為は，慣習上の権利の境界を尊重しないあるいは認めないことである。信用制度は，実質的には財産権制度の一部分であり，良い信用制度もこのような相対的安定・明確な財産権関係が十分に法律により確認され，保障されることを意味する。③信用は一定の情報化という特徴を持つ。信用の情報化は信用の「配置可能性」を表す。現代社会は情報社会で，信用も情報化される。信用は情報から構成され，情報の形で社会の経済生活においてますます重要な役割を果たす。信用の情報化において，まず信用は量化できる情報を表す。信用情報は一定の記号で信用の良否の程度，高低水準などの状況を表現できる。信用情報を量化し評価することによって，信用の情報サービスメカニズムと情報監督メカニズムが実現できる。それゆえ，現代社会において，多くの場合に信用制度は情報提供・情報取得，情報評価・情報責任に関する法律制度として表現される。信用は，情報化・高速化・財産化の特徴を持つため，信用情報の転送・公開・評価に関する立法は特別な価値を有する。④信用は，破壊性と不可再生性を持つ。信用は，人類文明の標識で，市場経済に必要な道徳理念と法律意識を体現し，市場経済の条件における道徳準則である。また，信用の形成には，長期的な社会による認可と漸進的な蓄積を経なければならない。市場取引主体の正直な行為を積み重ねた結果，信用は形成される。信用は，市場主体の生命線であり，決して欠かせないものであり，財産や人的資本と同様に，市場主体の特殊な資源に属する。信用の欠如は他の財産と違って，自己の行為によって徐々に得るしかない，貸借やその他の方法により取得できない。また，信用の破壊は容易であり，感染しやすい。制度派経済学は，「自己利益の最大化を求める」市場主体（会社）の機会主義的行為を法律が有効に制限できない場合に，違法行為が収益率を最大に引き上げ，同時に法律の制裁を免れるなら，信用に背く行為が生

---

10) 党国英「エコノミストはどう誠実と信用を理解するか」，南方週末，2002年6月6日14面。

じることは不可欠である。不信行為の結果は深刻であり，一度の不信行為で長期間に渡って累積した信頼関係を徹底的に破壊できる。その上，信用関係は再生できない。つまり一旦信用関係が破壊されたら，修復は非常に難しいのである[11]。

2 信義則の起源

一般的に信義則は，古代ローマ法から生まれたと考えられる。古代ローマ法にいわゆる「一般的悪意抗弁」がある。つまり民事活動の中で，一方の詐欺行為によって他方の当事者が損害を被る場合，誰でもこの行為に対して抗弁を提起することができる。しかし，当時の社会秩序は身分関係を基礎としていたために，個人に独立した地位がなかった。意思自由が実現し難ければ，信義則も自然に実現できない[12]。信義則が確立されたのは，自由資本主義が独占資本主義の段階まで発展した19世紀末から20世紀初頭である。19世紀中葉，個人の権利が極端化したため様々な弊害が起きた。契約自由は社会福祉に地位を譲り，より公平な仕事と生活水準の維持を擁護し始めた。法律は孤立した個人の権利を基礎とするのではなく，様々な利害関係を基礎とすることを重視した。「契約は神のようにすでに死んでいる[13]」。そこで，個人本位は社会本位に地位を譲り，契約自由は契約正義に地位を譲った。社会利益は個人利益より高いことを前提として，各国は道徳規範の調節機能を重視し始めた。典型的には，「ドイツ民法典」は初めて信義則を一つの強制的規範として規定し，すべての債務関係にまで拡大した。「ドイツ民法典」第157条は，「契約は取引上の慣習を考慮し，信義誠実の要求に従って解釈しなければならない」と規定する。第242条は，「債務者は，信義誠実に従いあるいは取引上の慣習を考慮し，履行義務を負わなければならない」と規定する。その後，1907年の「スイス民法典」においてこの原則を普遍的民事活動に適用した。第2条は，「何人も権利を行使し義務

---

11) 趙万一・王煜宇「中国商事信用法律制度の基本問題についての研究」，『中国商法年刊』第2巻，吉林大学出版社，2002年版，135-142頁。

12) 傅静坤『二十世紀の契約法』，法律出版社，1997年版，38頁。

13) ギルモア（G. Gilmore）「契約法の死」，梁慧星主編『権利のための闘争』，中国法制出版社，金橋文化出版（香港），2000年版，54頁。

を履行する場合，信義誠実に行わなければならない」と規定する。信義則の役割の領域をすべての民商事の活動範囲まで拡大し，それを民法の基本原則とした。「日本民法典」は第1条2項に「権利の行使及び義務の履行は，信義に従い誠実に行わなければならない」と追加した。イタリアの「民法典」第1176条は「債務を履行するとき，債務者は家父のような勤勉さで注意しなければならない」と規定する。大陸法系国の法律の「帝王条項」の確定につれて，英米法系の国も次々に法律を調整した。実はイギリスは早い時期にエクイティで信義則を確立しており，後にそれを明確化した。「アメリカ統一商法典」の総則第1－201条19項は「信義誠実とは，係る行為あるいは取引において真実に忠実であること」と指摘する。信義則を代表する一般的な条項が現れたからこそ，古典契約モデルの変革や現代契約法を再構成する基礎が築かれた。したがって，付随義務・締約上の過失・禁反言・契約効力の相対的突破等の理論と実践を導いた。中国の民法通則第4条も，立法の形式でこの原則を明確に規定した。そして，信義誠実の原則・権利濫用禁止の原則と公平・等価有償の原則を民法の基本原則として確立した。

3 信義則の特徴

通説によると，信義則の特徴は主に三つに分けることができる。まず，信義則の立法意図から見れば，信義則は古い自然法の準則を市民法において体現したものであり，その当然的価値は実用価値を大いに超えた。次に，信義誠実の語義は単純な伝統的道徳である。即ち「人々が民事活動を行う際に，事実に基づいて真実を求め，他人に誠実に対応すべきであり，詐欺行為を行ってはならない。民事活動を行う際に，主観的に人に損害を与えて自己利益を計ることを企図してはならない」[14]。しかし，それに対応する適用メカニズムがない。それゆえ，道徳は人々の生活における態度や選択であるため，独立した制度基礎を必要とするが，伝統的民法の「信義誠実」の原則は，このような制度の基礎を提供することができない。最後に，信義誠実の範囲は広すぎて，語彙を見れば，抽象的かつ曖昧で，具体的な量化基準と評価方法がなく，活用性に乏し

---

14) 李建国ほか編『中国民法教程』，法律出版社，1997年版，41頁。

い。中国の台湾の学者蔡章麟は，この原則は抽象的・総合的であり，色もなく，無色透明であると述べる。誠実信用の範囲は一般の条項より広い。要するに，この原則は「未形成の法規」であり，白紙の規定であり，裁判官に与える白紙委任状である。[15]

II　信義則の制度の基礎

1　信義則による経済制度の基礎——多元的相対自由な経済体制

　利益主体の多元化は，市場経済の基礎と発展の力の源である。しかし，主体の多元構造は必然的に利害の衝突を招く。信用秩序の役割は，市場主体間の紛争の解決をコントロールできる枠組みに限定することで，市場取引の安全性を守ることである。

　社会学の観点から理解すると，信用秩序の主な機能は，ほぼ確定できる予測を構築し，維持することで，市場主体の相互交流と行為の便宜を図るものである。そして，エコノミストは，この視点から信用秩序を構築した法律を，予測で正式な制度を保障及び確定できるものとする。比較的明確な予測に基づいて我々は社会交流と社会活動を行うことができる。我々が預金・投資・売買などを行うのは，自分の市場行為に安全な予測があるからである。銀行の預金通帳に基づき元金と利息を引き出し，投資は無断で没収されたり徴収されたりせず，買い手側は金を持って逃げないし，履行拒否をしないことも我々は知っている。市場主体がいつでも取引相手の信用保証（資産・負債状況）と信用記録を知っていれば，取引の自信を強め得る。一般的に信用を守らない市場行為が払う商業機会のコストは，期待した規定外利益よりはるかに大きい。市場の透明性は，司法介入の際，すべての財産の流れが明らかであることを求める。それゆえ，法律は信用秩序を構築する最も有効的な選択となる。

2　信義則による市場の主体基礎——市場主体（経済人）の日和見主義の傾向

　伝統的な市場経済の理論によると，市場主体を構成していた企業（メーカー）

15）（台）蔡章麟「債権契約と誠実信用の原則」，刁荣華編『中国法学論集』，漢林出版社，1976年版，416頁。

は我々が一般的に言う広義上の「商人」であるが，本性において「自己満足を最大化する理性的主体」であり，彼らは自己利益の最大化を求める（maximizing self-interests）。または，より一般的に言えば，彼らは通貨収入の最大化や効用の最大化を求める「経済人」である。市場主体のこのような利益「最大化」を求める行為は，市場主体の「有限理性」を基礎とする。人間の理性は有限であり，人々は仕事を完璧に遂行したいと思うが，人の知力は所詮有限的な希少性資源である。それゆえ，人々がすべてのオプション及びその実施結果を理解するのは実に難しい。したがって，政策過程で人々が探究するのは「最大」・「最良」の基準ではなく，「満足」の基準である。満足の基準に従うすべての市場主体の交渉や契約，制度規範は，完全無欠というわけにはいかない。[16] 市場主体の「理性」は「有限」なので，日和見主義の出現は避けられない。経済学において「日和見主義」とは，「虚偽または空洞の，非真実な行為で威嚇または約束して個人の利益を図る行為」であると定義される。[17] 市場主体の日和見の行為傾向と最大化行為の趨勢を「有限理性」の仮定と結びつけて，我々が市場主体についての「理想のタイプ」を生み出した。つまり有限理性と日和見主義の傾向が同時に存在している，利益最大化を追求する広範な市場の活動者である。さらに，市場主体の理想タイプが自己利益を求める動機は強く，複雑であり，適法的な手段をとることも，法律を回避する脱法手段をとる可能性もあり，違法な手段をとる可能性もある。またいかなる主体がいかなるとき，いかなる手段をとるかは不確定である。そして，このような不確定な問題を克服する最も有効な方法は，「日和見主義」を制約する法律制度を構築することである。法律制度の公開性，確実性と効力の安定性は明らかであり，しかも市場主体の日和見主義の行為（つまり法律上誠実に反する行為）の特徴は，目先の利益を目指し長期的な結果に配慮しない点にある。したがって，市場主体のいかなる詐欺的な不正行為も，一定の対象に一度だけ使い，同じ対象に繰り返し使うことはない。それゆえ，反復して適用できる特徴を持つ法律規則を確立することを

---

16) シモン（H. A. Simon）『現代決定理論の基礎』，楊礫ほか訳，北京経済学院出版社，1989年版，53頁。

17) ベッカー（G. S. Becker）『人間の行為に対する経済分析』，王業宇ほか訳，上海三聯書店，1993年版，98頁。

通じて，日和見主義の一次的及び短期行為を克服あるいは減少することができる。言い換えれば，市場主体の理想的タイプとしての日和見主義の行為は法律制度と対立している。法律制度は市場主体の日和見主義の行為を減少する良い方法である。したがって，倫理的には，法律制度は信用問題を解決する最も効果的な市場供給である。

3　信義則の倫理的基礎──「誠」「信」「良心」と宗教

　信義誠実は，その内容に基づき道徳上の信義誠実と法律上の信義誠実に分けることができる。いわゆる道徳上の信義誠実は，道徳準則としての信義誠実であり，法律上の信義誠実は法律原則としての信義誠実である。道徳上の信義誠実は，約束を守り，虚偽なく，詐欺をしないことを求める。法律上の信義誠実は，民事主体が民事活動において双方利益の釣り合いを維持し，当事者の利益と社会利益の釣り合いを保つ立法者の意志である。その目標としては，三者利益の釣り合いを保つことであり，社会安定と調和がとれた社会発展を実現することである。法律上の誠信とは，信義誠実の原則である。法律上の信義誠実と道徳上の信義誠実は密接に繋がっている。淵源から言えば，法律上の信義誠実は道徳上の信義誠実から生まれ，法律化されたのである。役割から言うと，両者は相互に補完し合い，相互に維持し合うのである。法律上の信義誠実は，相応に道徳の信義誠実を基礎としなければ，根がない木になる。道徳の信義誠実も，相応に法律の信義誠実を保障するからこそ，多くの道徳に反する行為が違法行為になり，そして，行為者は法律責任を負わなければならないことになる。[18]

　法律上の信義則の倫理的基礎は，まず「誠」と「信」である。いわゆる「誠」とは，時にはオントロジーの範疇で利用され，「信」とは，一貫して倫理学の概念である。個人の固有の徳性としての「誠」はつまり誠実であり，この誠実は人と人との交流における倫理的関係において体現される。即ち信任関係において体現される。これは「誠」の限界である。「信」を見ると，信は個人の内在の視点から他人に生じる信頼である。古くから，誠実と信用は人と人との関係で従うべき基本の道徳規範である。二千年前，孔子は「人は誠実で成り

---

18) 王向前「道徳と法律誠実信用を論じる」，光明日報，2002年10月16日。

立つ」を強調し,「信」と「仁・義・礼・智」を儒教道徳の基本的な範疇に並びたつものとした。誠実と信用もよく善悪を区分する分水嶺として,社会を支える道徳の支点である。道徳と法律は,社会行為の規範として異なるようであるが,通常において両者は近似する点も多い,時には道徳規範であると同時に法律規範である,まさに信義則も同様である[19]。中国古代の信用観は,まず宇宙の存在価値に対する肯定であり,人の本性,人間の道徳価値に対する肯定である。人と人との相互関係については,それぞれ自己の社会における身分に忠実であり,自分の尽くすべき社会責任と道徳義務を自覚的に担うことを求める;主体自身の教養については,誠信で善を選び,善を理解し,善を自分の本性とする。

　信義則のもう一つの倫理基礎は,人の良心である。良心の源は,主に二種類の感情を含む。一つは惻隠で,もう一つは仁愛である。惻隠は良心の源であり,仁愛は広くすべての個人の倫理的要求を概括する。良心に内在する二つの重要な性質は,誠実と寛容である。倫理学で理解される良心は義務に対する認識と言えるが,誠実と寛容は良心の主たる内容である。「誠実」あるいは承諾を守ることは,契約を履行することであり,「寛容」は適切に容認することである。この両者は,現代社会おいて構成員が遵守しなければならない二つの基本的義務である。ここで,誠実は社会的に一人前になる道であり,一定の程度の誠実さがないと完全な人とは言えない。これに対し,我々はカント(Kant)の「なぜ人間は嘘をついてはいけないか」という論証から説明することができる。我々が受けた基本的価値観によって,嘘自体が悪で,誠実そのものが善であると言う。ここで,人類の歴史においてほとんどすべての文明,すべての民族は倫理規則を利用してこの点を証明できるし,自己道徳の直感を証拠とすることもできる。そのほか,カントは,嘘はその性質から,自分で自分を否定することになる;嘘は,人を目的とする原則に反することであり,嘘つきたちは他人を手段とするが目的としてない。嘘をつくことは,意思自律の原則に反することであり,それは功利などにより決定される。信義誠実は古くから,詐欺を否定し,誠実を賞賛し,約束を守ることを強調する規範的価値を持つ。

---

19) 龍雲飛「誠実は道徳と法律の支点である」,深圳商報,2002年3月15日。

信義則は民法の基本原則として，宗教思想や宗教観念の影響を受ける。『旧約聖書』のモーセの十戒に「隣人について偽証をしてはならない」というものがある。その後，この戒命は嘘をついてはいけないと変化して，キリスト教の重要な行為準則となった。嘘を禁じることは，その他の宗教においても重要な戒律である。仏教には妄語戒がある。イスラム教の聖典「コーラン」にも偽信者への呪いがいくつか見られる。偽信者が誠実でなければ，アッラーに嘘をつくことになるからである。儒教も気立ての端正さや誠意に気を使う。したがって，民法の信義則は最も基本的な宗教的信念と完全に一致している。

Ⅲ　信義則の地位・内容・役割

1　信義則の民法における地位

　信義則は，現代民法の基本原則のひとつであると同時に，現在は民法の帝王条項として崇められる。ドイツの学者シュタムラー（Stammler）は，信義則は人間社会の最高の理想であり，自然法の代名詞であると考える。シュタムラーの考える自然法は，実定法より高い地位を占める；自然法は法の目的を体現しているが，実定法は自己目的を実現するための手段に過ぎない；もし，実定法が自然法に違反して悪法になるとすれば，自然法が衡平法の代わりになる。信義則は，このような衡平法であり，その本質は自然法の化身として実定法を監督することである。デルンブルク（Dernburg）とエントマン（Endmann）は，信義則の本質は人々が取引において道徳的な保障を得ることと考え，それは取引上の道徳の一つとなる。同時に，マニック（Manik）の道徳理想説とフーバー（Huber）の法律倫理説も信義則の本質を道徳であると主張する。シュナイダー（Schneider）は，信義則の本質は当事者の利益の平衡にあると考える。エッガ（Egger）は公正に両当事者の利益を図って，利益の調和を求めると述べる。[20] 信義則の性質について，中国台湾の学者楊仁寿は，信義則は社会の倫理観を基礎とするが，それは道徳ではなく，道徳を法律技術化したものであると考える。[21] 道徳規範としても法律規範としても，信義誠実は必ず「すべき」「必

---

20)　（台）史尚寛『債法総論』，栄泰印書館，1978年版，319-320頁。
21)　（台）楊仁寿『法学方法論』，三民書局，1987年改訂版，171頁。

ず」などの表現上の「宿命」を含む。「スイス民法典」第2条で「誠実と信用行為」「第1項 何人も権利を行使し義務を履行する場合，信義誠実に行わなければならない。第2項 権利の明白な濫用は，法律で保護されない。」と規定する。また「日本民法典」の第1条「基本規定」の第2項で「権利行使及び義務の履行は，信義に従い誠実に行わなければならない」と規定する。この表現方法の整合性は，偶然のことではなく，道徳分野から生まれた信義誠実自体の固有の性質である。しかし，この道徳の信条が経験した法原則化の過程は，当然に授権的規範になるわけではない。[22]

「ドイツ民法典」において信義則が確立して以来，現代民法に大きく影響を与えた。まず，それは契約関係を倫理化する突破口を見つけた。信義則の法律規定の中に豊富な社会道徳の内容が含まれ，契約関係の倫理化の要求を満たした。第二に，大陸法の国家において裁判で判例制度を導入し始めた。ドイツ法を代表とする大陸法の国家は判例に対し排斥的態度をとっていた。しかし，信義則に基づく特殊な事案において，判決は，森羅万象の民法典の不足を補うことを企み，掛け替えのない，新しい法的地位を持つに到った。第三に，成文民法典が法律規定と法律適用における硬直性を改正する。「ドイツ民法典」は一貫して倫理性が強い法典として世界に知られている。しかし，急速に発展した千変万化の社会では，帰納を基礎とする倫理は硬直性を露呈した。信義則の司法適用は一連の新しい法律概念を開発し，例えば「勢不変条項」，「取引基礎消滅」，「権利濫用」，「事実真相と符合しない」，「失効」などを大いに緩和した。第四に，契約法は社会倫理観の変化に適応する重要な手段の一つである。現代社会の倫理観念は絶えず変化しており，比較的安定した法律は往々にして社会倫理の変遷に適応できない。信義則から派生した「一般取引条件」は，契約当事者が約定した取引条件を排除し制限することができる。「一般的公平取引に参与する利益衡平に叛く」場合，信義則違反として無効裁断をする。第五に，一連の責任に関わる理論任務が発生する。信義則の規定と適用は，理論界が責任を持って様々な判例を整理し，掌握，研究，教習しやすいようにすると同時に，裁判官の判断を公開評価することによって，一般条項の適用とその保護を受け

---

22) 陳礼旺「誠実信用原則の価値に対する再評価」，中国民商法律網，2002年10月17日。

発展する法律の意向にも，法律の安全性を保つようにする。[23] しかし，信義則は立法者により民法典の法律の条文として規定された後，すでに単純な道徳規則ではなく，法律規範になった。それは道徳規則と法的規則を一体化し融合することにより，法律調整と道徳調整の二重機能を持ち，法律にさらに大きな弾力を与え，裁判官も大きな公平裁量権を享有するようになり，当事者の意思自治を排除して，直接に当事者間の権利と義務関係を調整することができる。

2 信義則の主な内容

信義則は，当事者の主観的な心理について主に，すべての社会経済活動の参加者は善意の心理状態にて活動を行い，また公平をあらゆる行為の追求目的とすべきであることを求める。善意は悪意に対応する法学の概念であり，行為者が社会行為を行う際，主観的に他人・社会・国家の利益に損害を与える故意がなく，自己の行為が他人・社会・国家に損害を与えることを放任あるいは望まないことを意味する。善意の心理状態は，行為者が社会経済活動を行う際に，詐欺行為を行わない，信用を守る，取引習慣を尊重する，法律を回避しない，契約条項を歪曲しない，社会公共の利益や他人の利益を尊重するなどのことを求める。①詐欺行為を行わない。詐欺とは，一方の当事者が故意に虚偽の情況を捏造，あるいは歪曲し覆い隠すなどの手段で，他方の当事者を誤った認識に陥れ，自分自身に不利な判断をさせる行為である。詐欺行為は，民事関係において普遍的に存在する事項であり，民事保護に関する立法で調整すべき主な内容である。②信用を守る。信用とは，社会主体が社会交流において相互の業務の要求と相互の理解に基づき形成された特定な信頼関係である。良好な信用関係は，行為者が正常な事業活動を展開するのに必要なものであり，社会経済活動が正常に稼動するのに必然的な要求でもある。特に現代社会において，信用関係の社会経済生活における地位が一層明らかである。信用を厳守することは，行為者の社会経済活動においてすでに形成された信用関係を厳守して，お互いに信用上の便利を与え，「川を渡ってから橋を取り壊す」などをしてはいけないということを意味する。③取引慣習を尊重する。取引の慣習とは，ある

---

23) ツヴァイゲルト（K. Zweigert）・ケッツ（H. Kötz）『比較法総論』，沈漢典ほか訳，貴州省人民出版社，1992年版，275-277頁。

地域，ある業界，あるいは一部の業界において，人々に普遍的に受け入れられた通常のやり方である。このようなやり方が特定の範囲内で一定の拘束力を持つ。それは，長期間の取引過程で相互利益の必要によって生まれた，一定の合理的な要因を持つものである。それゆえ，この取引の慣習が国家の法律に抵触しない限り，慣習の適用範囲内の行為者はそれを遵守しなければならない。故意に取引慣習を破壊し，そして他人の利益，国家の利益，社会の利益を損なう行為はみな信義則に反する行為であり，禁止すべき行為である。④故意的な法律回避は禁止される。いわゆる法律回避は，行為者が法律の抜け穴や不明確なところを故意に利用して，他人・国家・社会の利益を損なう行為をすることである。違法との相違は，違法行為は直接法律規定に抵触し，法律が保護する社会関係を直接侵害する行為である；法を回避する行為は，表面上国家あるいは法律で禁止されず，国や法律の規定と直接に抵触しないが，その行為が国の立法趣旨に反するものである。その結果，他人・国家・社会の公共利益に直接損害を与える。したがって，法律回避の本質は，行為者が故意に法の弱味に付け込み，不正な利益を得るあるいは法律義務を逃れることを望むことである。この行為の主観的悪意は，法律が求める信義則に背いているため，無効の原因となる。⑤故意に契約条項を曲解してはならない。契約条項は，契約当事者の権利と義務の具体的な体現であり，契約当事者が契約を履行する主な根拠である。しかし，契約の条項は一般に，契約の主な内容を定めるだけで，契約に関わるすべての内容を明確に規定することができない。よって，契約当事者は契約を履行する際，善意の主観的な心理で，相互緊密に協力し，共に契約で定められた義務を履行することを求める。いわゆる契約条項の曲解とは，行為者が故意に，不明確または，厳密さを欠く，あるいは，不備の契約の条項を利用し，契約本意に合わない解釈をしたり，または人為的に何らかの障害を設け，契約履行できないようにすることである。⑥社会利益と他人の利益を尊重する。利益を追求するのは，すべての社会経済の主体の経済活動を行う根本的な目的であり，社会進歩を推進する主な原動力の一つでもある。社会利益は，全体及び一定範囲内の社会構成員に共有される利益である。異なった社会主体間の利益のバランスを維持または保護するのは，国の法律，特に民事立法の主な内容の一つである。個人の利益は，お互いに助け合う情況の下でこそ，最大限

度の満足を得られる。これは，民事主体の権利行使の際，他人の利益と社会の利益を両立させ，法律規定の限度内で適切な権利行使を求めることである[24]。

3　信義則の意義と役割

　他の原則に比べ，信義則の意義と役割は主に以下のいくつかの方面で見出せる。まず，信義則は法律条文の抜け穴を補う。社会の経済活動は様々で千差万別であり，各国の民事立法はできる限り民事に有害な多様な行為をその調整範囲に取り入れる。しかし，すべての不正な民事行為，独占行為，その他の不公平な行為を含めることはできない。しかし，裁判所が民事事件に対し法律に明文規定がないことを理由として，審判を拒むことはできないため，その他の原則を利用して補充しなければならない。この場合には，英米法はエクイティで補充し，大陸法系は信義則で補充する[25]。信義則の規定があれば，法律上明確に禁止されてないが，他人や社会利益に損なう不正行為は，依然として無効とし得る。したがって，より有効に社会公共利益とすべての行為者の適法権益を保護できる。信義則は，法が切実に求める公平・正義の価値目標を体現した。そして，この原則は内容と外延も不確定で，柔軟に適用でき，事実上民事立法の指導的規定になり，また法律規定を補う機能を持つ[26]。他の原則に比べて，信義則の最大の特徴は，観念法の性質と補充法の機能を持つことである。この観念法の性質あるいは補充法の機能は，主に以下の二つの面に現れる。一つは，法律に明文規定がない場合，信義則に基づき当事者の行為を処理する；二つ目は，法律の明文規定が，法律の適用により明らかに不公平を招く場合，信義則に従って関係する規定を変更し追加することもできる。

　次に，信義則は，行為者に一般的行為準則を提供することができる。信義則は，当事者の民事法律行為を評価する。信義則に基づき民事行為を解釈すると，当事者が関わる行為を実施する際，内心の真実の意味を発掘し，紛争が生じた後に当事者の「趨利避害」（利点を生かし，弊害を避ける）・悪意弁解することを防ぐことができる。信義則の当事者の民事法律行為における評価機能は，主に

---

24)　梁慧星『民法解釋學』，中国政法大学出版社，1995年版，304-306頁。
25)　（台）何孝元『誠実信用の原則と衡平法』，三民書局，1977年版，4-8頁。
26)　楊葵「審理実践における誠実信用原則の運用」，人民裁判所報，2001年3月26日。

信義則に反する行為が法律により保護されず，一部は法律の制裁をも受ける際に現れる。信義則は，善意の心理状態で行為することを求め，すべて法律的意義があることを求める。行為者は，法律に明文規定がない場合，社会が公認する方法で活動すべきであり，他人の適法的権益を損なってはならないとする。したがって行為者の行為が善意，誠実かつ正当である限り，それが法律に明確に承認されなくても，原則的には国家の法律で禁じられることはない。これは，行為者の行為に手本とする基準と尺度を提供し，そして行為者により有効に法律的意義を持つ行為をし，より効果的に自己の適法的権益を守ることに役立つ。

第三に，信義則は，裁判所が民事紛争を処理する主な基準である。民事紛争の発生には様々な原因があり，民事紛争のタイプも千差万別で，法律はすべての民事紛争をはっきりと具体的に規定してはいない。民事紛争が法律の規定を直接援用できないとき，信義則は裁判所が紛争を解決する主な手段となる。つまり，裁判所は法律に善意の拡大や制限を読み込む解釈を通じて，立法の本意を体現し，法律の要求する公正公平の目的を実現する。イギリスでは，道徳的良心と誠実，信用，衡平を強調する裁判所は，価値を有し，柔軟性も兼ねた原則を認める。即ち，受託と信託の地位を濫用してはならない。この原則は契約法における各種の限界をはるかに超えて，主に受託者の義務を規定する。したがって，受託者は受託人の地位により利益を得てはいけないことは，すでに確立した規則である。

第四に，信義則は，様々な利害関係を調節できる。信義則に基づいて，裁判官が直ちに当事者間の利益関係の不均衡を調整でき，意思表示に瑕疵がある民事行為を改正でき，当事者間の利益のバランスを回復，再建し，そして法に基づき権利行使・義務履行をする当事者が得るべき利益を取得し，公平・正義と経済秩序を守ることを確保する。また，法律が制定されて以来，どの国も厳格主義を採用してきた。信義則は，法律の厳格性を緩和し，調整し，事理の公平を実現する。[27] 中国は社会主義市場経済を実行しているが，いろいろな社会経済主体は異なる利益主体として，事実上様々な利益が生ずる。利害追求を適切に制限しないと，社会の経済制度が浸食され，調和できない利益の矛盾が生じ

---

27) （台）何孝元『誠実信用の原則と衡平法』，三民書局，1977年版，4-8頁。

る。信義則の確立は，行為者がすべての経済活動において必ず善意の視点から，自ら他人の利益と社会利益に配慮を加え，適法的に自己の権利を行使することを促す。そこで，社会利益のバランスを実現でき，新たな社会主義の人間関係を創立し，社会の進歩と繁栄を促進することにも優れている。

第6章

公序良俗の原則と民法の倫理

I 公序良俗の意味と類型

1 公序良俗の意味と発展

　公序良俗の原則とは，現代民法の重要な法律原則であり，すべての民事活動は公の秩序と善良なる風俗に違反してはならず，さもなくばその行為が否定的に評価されるものである。公序良俗は，公の秩序と善良なる風俗の略称である。一般的に「公序」は国家の社会秩序に着目し，「良俗」は，社会道徳に着目する。中国の「民法通則」第7条では，「民事活動は，社会道徳を尊重すべきであり，社会の経済秩序の妨害などをしてはならない……」と規定する。ここで「社会の経済秩序」とは，当事者間の契約関係を調整するために，経済の自由を制限する公序であり，経済の公序とも言える。経済の公序は，その機能によって指導の公序と保護の公序に分けることができる。良俗は，即ち善良な風俗で，学界において社会・国家の存在と発展に必要な一般道徳であり，特定社会で尊重される最も基本的倫理要求であると考えられている。風俗は，通常の礼儀と異なる。「風俗と礼儀は一つの違いがある。つまり，風俗は主に心に関わる動きで，礼儀は主に外見に関わる行為である」[1]。善良風俗は，道徳の要求を中心とする。社会主義国家において，法律は社会の公共利益と社会道徳の体現である。社会の公共利益と社会の道徳を具体的に法律条文に規定する場合には，法律に違反してはならず，また同時に，社会の公共利益と社会道徳に違

---

1) モンテスキュー（C. L. de S. Montesquieu）『法の精神（上）』，張雁深訳，商務印書館，1963年版，312頁。

反してはならない。しかし，社会の公共利益と社会道徳は極めて複雑であり，立法が社会の公共利益と社会道徳に合致しているかの確認は一定の限界がある。したがって，行為者は民事社会生活において法律の具体的な規定に違反しないが，社会公共利益と社会道徳に違反する状況が現れる。それゆえ，民法通則において民事法律行為は社会公共利益と社会道徳に違反してはならず，民事法律行為は法律に違反してはならないという補充的規定によって，民事社会生活における民事行為を調節しやすく，より社会公共利益や社会公徳を保護できるようにした。同時に，民事司法の実践において，裁判官に一定の自由裁量権を与え，法律に明文規定がない場合，明らかに公共利益と社会道徳を害する行為に対して，裁判官は社会正義の一般観念に従い無効と確認し，社会公共利益と社会道徳を維持する。信義則と同様に，公序良俗の原則は法律の抜け穴を埋める効能を持つ。それは，公序良俗原則は裁判官の自由裁量を含むため，大幅な柔軟性を持つ。司法裁判において立法当時は予見できない社会秩序の妨害，社会道徳に反する行為，また相応の禁止的規定が欠如する場合には，直接に公序良俗の原則を適用し，無効と認定することができる。信義則との主な違いは，公序良俗は一般的に取引とは関係のない道徳の範囲内に限定されるが，信義則は主に市場取引の道徳準則として効果を発揮している。公序良俗の概念の確立は，国の法律の有効な実施に著しい影響を与える。これに対して，モンテスキュー（Montesquieu）は「一つの民族が良好な風俗を持つとき，法律は簡単であると言う。プラトン（Plato）はラダマンティス（Radamantis）が治理するのは宗教に熱心な人民である；彼はすべての裁判事件を処理する。論争があれば当事者に宣誓したらいい」[2]と述べた。

　公序良俗は，多くの倫理判断を要するとの特徴があり，その意味もかなり不確実なため，今にいたるまで，各国は公序良俗の概念及び制度の設計がかなり曖昧で，民法における地位も非常に混乱している。最も代表的な公序良俗を内容に従い四つに分ける。①民法条項に明確に定められた公序良俗。これらの内容は，主に法律行為が無効の場合に存在する。この類型の公序良俗も私法自治の原則の下での公序良俗として説明できる。その立論の基礎は，法律は「当事

2）　同上書，317頁。

者の意思を尊重すべきであるが，公の秩序と善良の風俗を害する場合に，その意思は尊重されるべきではない」との点に求められる。この場合の公序良俗が日本民法90条の「公序良俗」である；②すべての法律体系の根本理念及び最高の理念としての公序良俗。この意味での公序良俗は「法律の体系を貫く根本思想」で，「すべての法律関係・法律システム全体を支配する理念」である。③基本原理としての公序良俗。「不法」も公序良俗に反するとすれば，それを法律行為の自由原則の制限的概念の位置に置いてはならず，行為自体に対する適法的な判断に置くべきである」と述べる人もいる。④判断基準としての公序良俗。この公序良俗は，不法行為の「違法性」と不法原因給付の「不法」の判断基準として利用する。この種類の公序良風俗も「判断基準・公序良俗」と呼ばれる。

2　公序良俗の分類

　公序良俗は異なる基準よって分けられる。①法規型の公序良俗と裁判型の公序良俗。これは，公序良俗を実施する法律淵源による分類である。いわゆる法規型の公序良俗とは，法律規定により直接確認できる公序良俗である。裁判型の公序良俗は，具体的な裁判において裁判官が審判行為を通じて確認する公序良俗である。②基本権利を保護する型と政策実現型の公序良俗。これは公序良俗の実施目的による分類である。いわゆる基本権利の保護型の公序良俗とは，公民の権利を保護する基本手段として適用され，その目的は主に基本法律の価値基準を守り，個人利益と社会の利害関係の釣り合いをとる。いわゆる政策実現型の公序良俗とは，主に国家政策を実現するために，個人行為の社会の公共利益に対する侵害防止に着眼点を置く。一般的に「公序」は，主に基本権利保護型に属するが，政策実現型の公序も存在する。しかし「良俗」は，基本的に基本権利保護型に属する。

　3）　牧野英一『現代の文化と法律〔第5版〕』，有斐閣，1924年，36頁。
　4）　末川博「公序良俗の概念──民法第90条について」，『権利侵害と権利濫用』，岩波書店，1970年版，582頁。
　5）　我妻榮『新訂民法総則』，岩波書店，1965年版，270頁。

Ⅱ 公序良俗の各国法律における運用

19世紀に生まれた公序良俗制度は,ドイツ・日本・フランス・イギリスの法律規定で代表的なものとなる。

1 ドイツ法における公序良俗制度

ドイツの公序良俗制度は,主に民法典において規定されている。「ドイツ民法典」第138条の規定は「第1項 善良風俗に反する法律行為は無効とする。第2項 特に他人の窮迫状態・無経験・判断力の欠如あるいは著しい意思薄弱に付け込んで自分または第三者の給付に対し,その給付と著しく不均衡な財産上の利益を約束または提供させる法律行為を無効とする」。ドイツ法の規定は,他国の規定と比べて次のような特徴を持つ。第一に,「ドイツ民法典」には良俗の概念はあるが,公の秩序の概念はない。第二に,暴利に関わる行為を明文で定めた。では一体どうしてドイツ法には公の秩序の概念がないのか？実は「ドイツ民法典」の最初の試案にはこの概念がある。その106条においてかつて公の秩序と善良風俗を同時に定めたが,議論する際,公共秩序の概念は学者から厳しい批判を受けた。そのため,この試案のドイツ普通法には公共秩序の概念がない。草案の概念は「フランス民法典」を参考にしたものである。しかしドイツの学者は,フランス法の公の秩序の概念は不確定であり,ドイツ法が推奨する法律概念の厳密性や確実性に合わないとし,「ドイツ民法典」が可決される際,この概念は採択されなかった。しかし,良俗の概念はローマ法に起源を有し,ドイツの一般的な法学者にとっては,かなり共感する認識である。この概念は「ドイツ民法典」の成立当初から,語感的に道徳を中心とし,同時に営業の自由・人権原則も道徳問題として含んでおり,総括性がかなり広い概念である。[6] ドイツの判例は,良俗違反は一般的に「公平と正義に関する思想家の道義感」を基準に,裁判官が自由裁量を行う。ドイツ民法で公序良俗に反する行為は,次のものである。主に①過度の担保を設定する行為,つまり,債権者

---

6) 林幸司「ドイツ法における良俗論と日本法の公序良俗」,法律時報,第64巻第13号(1992年),244頁。

が債務者に債権をはるかに超える財産の保留を求めること。②他の債権者を侵害する行為。③債務者を束縛する行為。典型的なのは債務者の行為の自由を束縛し、債務者の正当な経営行為を過度に制限することである。④職業の道徳に反する行為。ドイツの司法判例によると、弁護士が一定割合の成功報酬金を約束する場合、職業道徳に反する。その理由は、もし弁護士が訴訟結果における自己の経済利益を考えれば、弁護士の司法機関としての地位を害するからである。[7]⑤法律行為を通じて性交の義務を設ける行為。例えば有料で性行為に従事することを内容とする契約である。典型的なのは売春行為や、性行為を見せることを仕事とする行為などである。⑥契約違反に誘導する行為。行為者が故意に債務者を誘導し、法定義務を不履行にする行為である。⑦暴利行為。主に信用に関わる暴利行為、即ち双方は消費貸借あるいはその他貸付のため高金利を約束すること。販売に関わる暴利行為や賃借暴利行為などが含まれる。[8]⑧その他善良風俗に反する行為。ヘルプエスケープ契約、環境侵害に関わる契約、夫婦間で締結する条件付き扶養契約、障害者の遺言、代理出産の契約、無効の保証行為などを含む。

　他の国と違って、「ドイツ民法典」は暴利行為に特別に一つの条項を設けている。この規定を設ける理由は、主に、当時のドイツの経済情勢に関係がある。1860年代にドイツは経済自由主義に基づき利息制限の立法を廃止し、利息自由化の政策を実行した。そのため、金銭消費貸借は通常高利息で約定された。信用の暴利が深刻な社会問題になり、社会全体に不満を招いた。ドイツでは刑法に暴利行為禁止の関連条項を設けると共に、私法上では利益被害者の救済が必要となった。このような大きな背景の下で、暴利行為禁止を良俗の一つの内容として民法典に書き込んだ。昨今、良俗概念が膨張し続け、この原則に組み込まれた規範は多元化の構造となった。現代良俗の概念は二つの内容を含む。①倫理・道徳における法律規範；②道徳的色彩が比較的薄い法律規範。即ち現行法律秩序内の原則・価値準則などである。したがって、良俗の範囲は、それ自体については主に性道徳や家庭の道徳などの分野である。

---

7) メディクス（D. Medicus）『ドイツ民法総論』，邵建東訳，法律出版社，2000年版，525頁。

8) 同上書，521-545頁。

2　フランス法における公序良俗の制度

　ドイツ法と違って，フランス法は公序良俗の規定について公序を良俗と並べている。「フランス民法典」第6条は，個人の約束は公の秩序と善良の風俗に関する法律に反してはならないと規定する。第1133条は，法律に禁止され，公序・良俗に反する際は不法原因とすると定めた。第1131条の規定により，不法原因に基づいた債務は効力を生じない。フランスの公序良俗理論の最大の特徴は，公序を中心にして公序良俗の制度全体を設計した点にある。言い換えれば，「公序」概念の強化や拡張を通じて，自国の完全な「公序論」システムを形成した。[9] フランスの学者によると，公序は古典的な政治的公序（Order public politique）と現代の経済的公序（Order public éonomique）の二種の存在形態に分けられる。古典政治公序は，個人より社会を優先し，無制限の契約自由による社会の主な組織，国家や家族の利益への侵害を保護する公序である。この公序は具体的に以下のように分かれる。①国家利益についての公序。②家族利益についての公序。③道徳における公序である。そのうちの道徳における公序は，人格尊厳の合意違反を含む。例えば結婚及び再婚を禁止する契約，不法利益を図る合意，例えばギャンブル契約，妓楼の開設を目的とした住宅の売買やリース契約，性道徳に反する合意，例えば不法的同居協議，内縁男女の贈与契約などを含む。第三の道徳における公序に関する規定は，正に良俗の内容である。[10] したがって，フランス法における公序良俗理論は，正に良俗の概念を道徳に関する公序の内容として把握した。現代経済公序は，契約当事者の契約関係を調整するため，経済自由を適切に制限する公序である。その表現形態は，国家が個人間の契約関係に介入するのである。現代経済公序は，国家介入の目的によって「指導的公序」（Order public de derection）と「保護的公序」（Order public de pretection）に分けられる。指導的公序は，統制経済に関わる概念で，国の経済政策の貫徹を目的として，個人の契約を国家のマクロ経済政策に納める。典型的なのは，価格規制の公序である。保護的公序は，労働者・賃借者・消費者・高利貸債務者を保護する公序である。例えば，高利貸に対する規制・商事信用に対する規制・消費者の知る権利に対する規制等であ

---

　9)　フランス法では一般には良俗を道徳に関連する公序と見ている。

　10)　難波譲治「フランス判例の中の公序良俗」，法律時報，第65巻第3号（1993年），93頁。

る。指導的公序が求めるのは，社会全体の利益であり，保護的公序が求めるのは一部の人（弱者）の利益であるため，フランスの学説の多くは，古典政治公序と現代経済公序のうち，指導型の公序違反を絶対無効な行為とみなし，保護的公序違反を相対的無効行為として処理する。これは弱者の十分な保護に有利である。[12]

3　日本法における公序良俗

　日本で民法典を制定する際も「良俗」概念を保留するか否かについて激しい論争を経て，最終的に公の秩序と善良の風俗の概念を同時に用いると決定した。「日本民法典」第90条は，「公の秩序又は善良の風俗に反する事項を目的とする法律行為は，無効とする」と定める。日本の公序良俗理論の最も顕著な貢献は，我妻榮を代表とする学者たちの，公序良俗に反する行為を科学的に類型化し，正確に公序と良俗を区別し，公序と良俗の概念をそれぞれ定義することにより，裁判官が事件を裁判する際，参考にする判断基準を提供したことである。これは法の妥当性・安定性・予測性の実現に重要な役割を果たした。すべての公序良俗についての区分基準において最も代表的なのは，いわゆる「我妻説」——我妻榮が確立した基準である。我妻榮は，公序良俗の公序は国家や社会の一般の利益で，良俗は社会一般の道徳観念であると定義した。この二つの観念は「社会の妥当性」に入れることができる。公序良俗に反する型に関して，我妻榮は以下のようにまとめた。①人倫に反する行為；②正義観念に反する行為；③他人の無思慮及び窮迫に乗じて，不当利益を図る行為；④個人の自由を極度に制限する行為；⑤営業自由の制限行為；⑥生存の基礎たる財産を処分する行為；⑦著しい射幸行為。[13]そのほか，特許法においても，公序良俗と公衆衛生を害する発明に対し特許を授与しない事由とする。

　「我妻説」は，長い間，学界と実務界の典型的な解説として全面的に受け入

---

11)　後藤巻則「フランス法における公序良俗論とわが国への示唆」，椿寿夫・伊藤進編『公序良俗違反の研究——民法における総合的検討』，日本評論社，1995年，156-157頁。

12)　梁慧星「市場経済と公序良俗」，梁慧星主編『民商法論叢』第1巻，法律出版社，1994年版，54頁。

13)　山本敬三『公序良俗論の再構成』，有斐閣，2000年，188頁。

れられ適用されたが,時代の変遷,社会情勢や立法の変化につれ,「人倫」「正義」などの概念の意味や内容も変わった。法学界は,公序良俗説を再検討の上「我妻説」を修正した。その中で,米倉教授の三分割法が注目される。彼は,公序良俗を現代的公序良俗と準現代的公序良俗と古典的公序良俗に分け,それぞれの代表的な事例を挙げた。[14] 人倫型が徐々に減少し,経済取引関連型,労働関係型,行政関係型,詐欺的商法型が徐々に増え,公序良俗に対する判断基準も「人倫」を中心とすることから,取引公正の追求と当事者利害関係の調整へ移行した。特に暴利行為・競争取引妨害行為・不当約款・消費者保護に関連する事例などが公序良俗の分野に導入され注目された。[15]

4　イギリス法における公序良俗の制度

　公序良俗は,単なる大陸法の国家に特有の概念と制度ではなく,英米法国においても同じように広く適用される。イギリスで,公序良俗と同じ概念はPublic policy で,この概念が早くも契約法で現れた。その主な目的は契約の不法性 (Illegality) の議論である。18世紀後半,公序良俗 (または相当の概念) を理由とする契約上の救済を否定する判例が大量に現れた。その基本的な表現は「不法な約束」,「法の一般原則の違反」「善良の道徳に反して」(Contra bonos mores) などであり,以上の契約は法的効力を生じない。[16] これらの判例は,契約自由の原則を維持すべきであるが,契約の内容が社会共同体の利益を損なう場合,その契約は社会に肯定されないとことを明らかにした。この観念はイギリス公序良俗の概念の基礎を構成する。そして,イギリス契約法の大量の公序良俗の判例において,ローマ法の「善良風俗 (Boni mores)」の理論を引用した。これもイギリス法がローマ法の影響を受けた明らかな例である。19世紀以降,イギリス契約法が徐々に体系化されると共に,公序良俗概念の基本的輪郭が益々はっきりした。ポロック (Pollock) は,極めて概括的に契約の不法性の原因を三種類に分けた。(1) 実定法 (Positive law) 違反；(2) 道徳と善良の風

---

14) 米倉明「法律行為」,法学教室,第72号 (1986年),56頁,60頁。
15) 伊藤進「法律行為における公序良俗の展開」,椿寿夫・伊藤進『公序良俗違反の研究』,日本評論社,1995年,381頁。
16) Girardy v. Richardson (1793) 1 *Esp* 13. Lowe v. Peers (1768) 4 *Burr* 2225, at p. 2233.

俗(Moral and good manners)違反；(3)公の秩序(Public policy)違反である。その後の学者は，さらに公序良俗の具体的な内容を類型化し，その中でチェシャー(Cheshire)は9種にまとめており，トレイテル(Treitel)は14種類にまとめた。その共通した特徴は，公序良俗・コモン・ロー上の一般原則・法の一般精神を同等に扱うことである。イギリス法の公序良俗の類型は大陸法の国家とほぼ同じであり，主な違いは，現代イギリス契約法で，暴利行為や他の不当契約条項は公序良俗概念中に規定されず，それを普通法上の「強迫(Duress)」の概念と制定法上の「不当威圧(Undue influence)」及びこれをまとめた「非良心性(Unconscionability)」概念や「取引交渉力の不平等性(Unequality of bargaining power)」概念，あるいはコモン・ローと制定法が共に規律する「不実陳述」や「不実表示(Misrepresentation)」の概念により処理することである。

Ⅲ 中国の公序良俗の制度

1 公序良俗の判断基準について

一般的に，公序良俗が評価するのは当事者の行為ではなく，当事者が従事した法律行為である。「法律と風俗の違いは，法律は主に『公民』の行為を規定し，風俗は主に『人』の行為を規定するのである」。そのため，当事者が従事

---

17) ポロック(F. Pollock), *Principles of the Law of Contract*, 14th ed, Chap. 8, p. 261.
18) この9種類はそれぞれ：①第三者の犯罪行為，不法行為や詐欺行為の契約；②性の不道徳契約；③国家の安全を損なう契約；④司法の公正運行を損なう行為；⑤公務腐敗による契約；⑥脱税を目的とする契約；⑦当事者の司法裁判の受け入れを剥奪する契約；⑧結婚地位を損なう契約；⑨取引や営業を規制する契約。⑨の契約を細分すれば，営業譲渡と雇用，競争を制限する契約，同業組合と雇用者協会，独占契約，土地利用を制限する契約などができる。
19) この14種類の契約はそれぞれ：①重婚契約；②配偶者の締結する将来の別居合意；③離婚を偽装する契約；④親権と矛盾する契約；⑤結婚を制限する契約；⑥結婚仲介に関する契約；⑦助長性の非道徳な契約；⑧偽証約束などの正義の実現に損なう契約；⑨当事者の司法裁判の受け入れを剥奪する契約；⑩国家当局を騙す契約；⑪公務，栄誉，爵位などの売買契約；⑫敵対国と締結する取引契約；⑬友好国に締結するその国の法律行為に違反する契約；⑭個人の自由を制限する契約。
20) 新美育義「イギリス法上の公序良俗論」，法律時報，第65巻第6号(1993年)，154頁。
21) モンテスキュー(C. L. de S. Montesquieu)『法の精神(上)』，張雁深訳，商務印書／

した行為は批判されるが，その従事した法律行為は有効であるという可能性もある。逆に，たとえ当事者は善意であっても，この法律行為の結果が容認できない場合，この法律行為は公序良俗に反する可能性もある。公序良俗の原則と信義則を区別するには，善良風俗の概念を非取引道徳の範囲内に限定し，信義則は市場取引の道徳準則として，各自の職務を果たすことである。信義則と同じく公序良俗の原則は，法律の抜け穴を埋める効果がある。それは，公序良俗原則に裁判官の自由裁量の要素が含まれ，絶大な柔軟性を持つからである。裁判所が裁判手続中に，立法当時は予見できなかったような社会秩序を乱し，社会道徳に反する行為に出会う場合や，それに対応する禁止規定も存在しない場合には，直接公序良俗の原則を適用し，その行為を無効とし得るからである。「ドイツ民法典」第138条，「フランス民法典」第6条，「日本民法典」第90条，中国の台湾地区「民法」第2条，第17条及び第36条，そして中国の「民法通則」第7条は，明確に公序良俗に反する契約または民事法律行為は無効であると規定する。

2　公序良俗違反の判断基準

外国の法律規定や判決，中国の現実によって，中国の公序良俗の制度は二種類で構成すべきである。一つは，法律の原則的規定で，いわば民事基本法つまり，民法の基本原則の形で，公序良俗の法律適用を明確に定義する。この公序良俗の内容は，裁判において判例を通じて類型化しなければならない。即ち公序良俗の法律原則の精神に従い，裁判で具体的に適用しなければならない。この部分の内容は，主に良俗行為に適用される。二つには，民事法規（つまり実体法）の形で，公序良俗に反する行為を明確に定義する。これらは主に広告法，商標法，著作権法，特許法，反不正競争法等である。この部分の内容は，主に公序に反する行為に適用する。公序良俗に反する行為は，相当の道徳評価性と著しい不確実性を持つので，公序良俗は立法形式で細分化できるが，裁判を通じて具体化し類型化することも必要である。梁慧星は，中国の公序良俗違反の種類を10種にまとめた。[22]これは，基本的に中国の公序良俗に反する主要な

＼館，1963年版，312頁。

22)　梁慧星がそれぞれ10種類にまとめた：①国家公序行為を損なうタイプ；②家庭関係↗

形式を含めているが，依然として欠陥がある。一つは，公序良俗に反するすべての類型を含めてない；二つには，必ずしも公序良俗の違反行為に属しない行為を概括して入れるのは議論の余地がある。例えば，消費者の保護と労働保護に反する行為である。中国の具体的情況に基づき，公序良俗に反する行為は，まず公序の違反と良俗の違反の二つに分ける。そこで公序に反する行為は以下の行為を含む。①国家安全違反・国家や社会の公共利益違反・社会の経済秩序に反する行為。例えば，違法行為従事を目標とする契約・不法な売買契約・犯罪者を助ける契約・租税を逸脱する契約など。②経済自由を制限する契約。例えば，連合価格協定・競争禁止の契約など。③不当競争行為。④独占行為。⑤暴利行為。つまり，詐欺・脅迫・人の窮地に付け込むなどを通じて暴利を貪る行為。例えば高利貸・信用暴利・販売暴利など。⑥賭博行為。公序に反したら無効とすることを立法基点とする。良俗に反する行為は主に以下の行為を含む。①人倫と正義に反する行為。例えば夫婦の別居協議，未成年者または生活資金のない相続人に対する相続権の剥奪行為，人のある器官・組織・資源・形象などを売買対象とする行為。このような行為は，人類道徳の羞恥心・罪悪感・自省の徳及びこれによって生じる人間の行為に対する価値判断に背く。②人格の尊厳を損なう行為。例えば，過度に人身の自由を制限する労働契約，債務者の人身を担保とする約款，強制的に債務者を債権者の家で奴隷として働かせて債務弁償をさせる約款，人身や人格を標的とする売買行為等。③非良心的取引行為。例えば，人の窮地に付け込む行為，著しい不公正行為，詐欺行為，虚偽の陳述，不実表示行為など。④家庭関係を侵す行為。例えば，親子別居の協議，将来夫婦別居の協議，親子の縁を切る協議，婚姻関係の違約金の約款など。⑤道徳風俗に反する行為。主に人に不当な想像や人の心に不健康な影響を与える行為，残忍な動物虐殺ゲーム，虐待同類あるいは動物虐待の行為，禁食虐待行為など，色情またはその他不健康な広告行為，あるいはわいせつを連想させる広告行為，性関連広告行為，即ち「境界型広告」など。⑥風俗・教化に

行為を害するタイプ；③性道徳に違反する行為のタイプ；④射幸行為タイプ；⑤人権と人格尊重に違反する行為のタイプ；⑥経済自由に限制する行為のタイプ；⑦公正競争に違反する行為のタイプ；⑧消費者の保護に違反する行為のタイプ；⑨労働者の保護に違反する行為のタイプ；⑩暴利行為のタイプ。

悪影響がある行為。⑦職業道徳に反する行為。

3　公序良俗に反する法律結果

　理論的には，公序良俗は主に倫理の範疇に属するが，倫理判断の一つである「風俗と礼儀は立法者が確立したものではない。彼らは確立できないため，確立したがらない」[23]。一方，公序良俗に反する行為は社会や他人を害し，甚しいものは，通常の社会経済秩序を脅かすため，現代国家の多くはそれを明確に定めた。公序良俗に反する行為の法的結果について，国によって異なる法律規定がある。1804年の「フランス民法典」は全体的に契約自由の原則を受け入れるが，公序良俗の遵守を民事行為に従事するにあたっての基本的要件とした。第6条は，「特別な契約をもって公の秩序と善良風俗の法律に違反してはならない」と規定する。そして，1967年に公布された「民法典における国際私法の規範を補充する法案」において，この原則をさらに渉外領域に拡大した。総則においては，「国際関係で理解される公の秩序と著しく相容れない外国法律はいかなるものであれフランスでは適用できない」と定めた。日本の公序良俗の法律規定は，二重立法体制をとった。公序良俗に反する行為は無効とする。これについて「日本民法典」第90条（公序良俗）は「公の秩序又は善良の風俗に反する事項を目的とする法律行為は，無効とする」と定めた。公序良俗にかなうあるいは公序良俗に違反しない行為は法によりその効力を認める。これについて「日本民法典」第91条（任意規定と異なる意思表示）で以下のように規定する。「法律行為の当事者が法令中の公の秩序に関しない規定と異なる意思を表示したときは，その意思に従う」。第92条（任意規定と異なる習慣）で「法令中に公の秩序に関しない規定と異なる習慣がある場合において，法律行為の当事者がその慣習による意思を有しているものと認められるときは，その慣習に従う」と定めた。ドイツ法において，公序良俗に反し他人に損害を与えた場合，相応する民事責任を負わなければならない。「ドイツ民法典」第826条の規定により，善良風俗に反する方法で故意に他人を害する者は，被害者に損害賠償の義務を負う。中国の台湾地区の現行法の公序良俗の規定はいくつかの意味を含

---

23) モンテスキュー（C. L. de S. Montesquieu）『法の精神（上）』，張雁深訳，商務印書館，1963年版，312頁。

む。一つは公序良俗に符合するか否かについて、民事慣習に適用の根拠と民事行為の有効の是正を判断する基準である。これについて、「台湾民法」第1条は、「民事法律に規定しないものは、慣習に従う；慣習にない場合、法による」と規定する。第2条は、「民事に適用する慣習は、公の秩序または善良風俗に背かないことを限りとする」と規定する。第17条の規定は、放棄である。自由の制限は、公の秩序や善良風俗に背かないものを限りとする」。二つ目は、公序良俗に反する行為を無効とする。これについて、台湾「民法」第72条は、「公の秩序や善良風俗に背く法律行為は無効とする」と規定する。三つ目は、公序良俗に反することによって無効とされた民事行為について、具体的に法的責任を設けた。台湾「民法」の第36条の規定は、「法人の目的あるいはその行為が法律違反、公の秩序あるいは善良の風俗に反した者は、裁判所は主管機関・検察官・利害関係人の請求により、解散を宣告できる」。184条第1項は、「故意または過失で不法に他人の権利を侵害した者は賠償責任を負う。故意に善良の風俗に背く方法で他人を侵害する者も同様とする」。

上の立法は、適宜台湾地区の立法経験に学び、要求と処理の二つの面から定められる。即ち、未来の民法典に明確に、民事法律行為の有効性と民事権利の行使は公序良俗を損なわない限りと規定する。同時に、公序良俗に反する民事行為は無効またはその権利が法律で保護されない。

公序良俗は、立法と司法の二つの面に関わり、そして主に各事案の法律適用に存在するため、このような情況において裁判官の自由裁量権が非常に重要な役割を果たす。そのため、立法強化以外に、裁判官の公序良俗に従うべき法律意識が育ち、裁判活動が社会文明と社会道徳のレベルを向上させる道具になるのである。

第7章

権利濫用禁止の原則と民法の倫理

I 権利と権利の衝突

1 権利の定義

　欧米言語の中で「権利」という言葉は多様な意味を持つ。例えば dikaion（ギリシア語），jus（ラテン語），Recht（ドイツ語），droit（フランス語），diritto（イタリア語），derecho（スペイン語），あるいは right（英語）には，権利のみならず，公平，正義，正当，公理などの意味も含まれる。さらに英語の right は権利以外にも，法制，法，法律，法学などの意味がある。周知のように，ギリシアとヘブライは欧米文化の起源である。ギリシアの dikaion であろうとローマの jus であろうと，さらにはヘブライ宗教と深い関わりを持つ中世紀の jus であろうと，それらはみな権利を社会及び法律の基礎としての公平と正義の観念と結びつけている。中国では，権利の定義に関する多様な理解が存在する。「権利というのは，法律が法律関係の主体に対し一定の行為をするかあるいはしないかを許可しかつ保障し，また，他人に対し対応する行為をするかあるいはしないかを許可し保障することである[1]」と主張する者もいれば，「権利とは，国家が法律の明確な規定，並びに国家の力で公民享有の利益を保障するものである[2]」と主張する者もいる。また，「権利は権利者が自分の利益を満たすための尺度であり，他人の法的義務により保障され許可される行為の尺度である[3]」と考え

---

1) 『中国大百科全書・法学巻』，中国大百科全書出版社，1984年版，458頁。
2) 李歩云・徐炳『権利と義務』，人民出版社，1986年版，1頁。
3) 孫国華『法学基礎理論』，天津人民出版社，1988年版，348-349頁。

る者もいる。また,「権利は,人々が法律規定に基づき,自主的に決定した行為に国家が与える許可あるいは保障である。人々はその行為により間接的あるいは直接的に一定の利益を得られる[4]」との主張もある。「権利は,自由意志の下,何らかの利益を目的とする一定行為をする自由である[5]」という考えもある。また,「権利は,法律規範に規定あるいは黙示されている,法律関係の中で実現される,主体が比較的自由な作為または不作為により利益を得る手段の一つである[6]」と概括している。「権利の定義をよりよく理解するには二つの側面を知ることが重要である。一つ目は権利が主張,要求または合理的期待であること。二つ目は,これらの主観的意向が客観的利益と密接な関連を持つことである[7]」と権利の定義を一層深く解析する者もいる。「権利の本質は,多様な属性から成り立つ。一つの権利が成立するにあたり,これらの属性は基本的に欠かせない要素であり,以下の点にまとめられる。一つ目の要素が利益,二つ目の要素が主張,三つ目の要素が資格,四つ目の要素が権能,五つ目の要素が自由である。……一つの権利の成立にはこの五つの要素が不可欠である。そのうちのどのポイントを原点とし,残りの要素を内容として権利を定義させても,間違いはない[8]」と要約した説もある。

いかなる社会や時代であろうと,権利の定義は道徳観念や倫理観念と深い繋がりを持つ。トクヴィル(Tocqueville)は「一般的道徳観念以外,どのような観念も権利観念に匹敵できるとは考えられない。あるいはこの二つが渾然一体となっていると言ってもよい。権利観念は道徳観念の政界での応用にほかならない[9]」と言う。『ブラック法律辞典』においても「まずは,抽象的な名詞として,権利とは正義あるいは倫理上の正当性を意味する。次に,具体的な名詞と

---

4) 王勇飛・張貴成『中国法理学研究の要約と評価』,中国政法大学出版社,1992年版,296頁。
5) 程燎原・王人博『神聖なことを博する——権利及びその救済する通論』,山東人民出版社,1992年版,31頁。
6) 張文顕『法学基礎範疇研究』,中国政法大学出版社,1993年版,82頁。
7) 梁治平『自然秩序においての調和を追求する——中国伝統法律文化研究』,中国政法大学出版社,1997年版,173頁。
8) 夏勇『人権概念起源』,中国政法大学出版社,1992年版,42-44頁。
9) トクヴィル(A. de Tocqueville)『アメリカの民主論』,董果良訳,商務印書館,1998年版,271-272頁。

して，権利は人に当然与えられている他人に影響を与える権力，特権，制度と要求である。さらに，国の同意や協力の下で，他人をコントロールできる力である。四つ目として，長期間使用した結果として，権利は憲法あるいはその他の法律が保障する権力，特権と免除である。五つ目は，狭義からいうと，権利は財産上の利益と資格（title）及び任意に擁し，使用し，享有しあるいは，譲渡，拒否することのできる正当かつ適法な要求である」[10]。中国古代には，「権利は法律で保護される利益と言うより，むしろ「権利」は一種類の道徳原則であって，人々の社会における行動の自由を決めるものである」[11]と主張する者も存在した。

2　権利衝突

　権利衝突というのは，同一客体から法律の下に発生した二つ以上の相互矛盾するまたは抵触する法律形態である。権利衝突を構成する要件は四つある：①客体の同一性。即ち，二つ以上の権利が同じ客体から発生すること。異なる客体により派生した権利は衝突しない。なぜなら，特定の客体は比較的独立した権利の派生源であり，各自に独立した権利体系を形成するので，重複するが，衝突しない。また，同一客体より派生した複数の権利は必ずしも対立しない。②主体の差異性。即ち，同じ客体から発生した複数の権利は異なる主体に帰属する。もしこのような複数の権利が同一主体に属する場合，衝突は消滅する。③権利の合法性。即ち，同じ客体より派生した異なる主体に属する複数の権利は，みな対応する法律または契約に根拠を持つ。そうでなければ，お互いの関係は権利衝突ではなく，権利侵害行為関係になる。権利の合法性は権利取得と権利所有のみの合法性を要求するだけではなく，権利行使の合法性も要求する。これも権利合法性の要求のうちの一つである。④二つ以上の権利がお互い衝突すること。即ち，一つの権利主体が持つ権利を行使した場合に，他人の権利を制限し損害を引き起こすこと。このような結果が発生しなければ，衝突も存在しない。二つ以上の権利が衝突する根本的原因は，それらの権利がみな同一領域で行使されるからである。そうでなければ，異なる範囲に属する各権利

---

10)　『ブラック法律辞典』，1189-1190頁。
11)　劉軍寧『共和・民主・憲政——自由主義思想研究』，三聯書店，1998年版，17頁。

は衝突しない。

II　権利濫用禁止原則の倫理的基礎

　法律は権利を設定すると同時に，権利行使の境界も予め設定する。即ち，権利は濫用禁止である。権利濫用は濫用権利と言ってもよい。権利者は不適当に権利を行使することで，他人または社会に損害を引き起こし，自分に不当利益をもたらす。「権力を制限する目的は，もちろん権利と自由を実現することにある。権力は権利とその法的限界を必ず守る。同時に，権力のいくつかの特性は，権力に対する適切な制限が権利と自由を守る最高の方法であるという事実を信じさせてきたことである」。権利濫用禁止は，「正当性原則」とも呼ばれ，民事関係の参与者は民事活動において当該権利の設定趣旨に従うべきであり，その権利で他人または社会利益を損なう行為を行ってはならない。権利濫用禁止はローマ法の「権利行使の自由原則」に基づく。権利行使の自由原則 (Ouiiure utitus nemini faritinicuriam) とは，権利を行使する際には加害意識を入れず (Animus Vicno nocendi)，善意・衡平 (Konum acqum) で訴訟手続を行うという法理である。権利濫用禁止は1804年「フランス民法典」において初めて法的義務になり，同法第618条は「用益権者が用益物を破損またはそれを何らかの修復もせず任意に消滅させた場合，用益権の濫用により用益権は消滅する」と規定した。しかし，基本原則としての権利濫用禁止は，1896年の「ドイツ民法典」に起源を持つ。同民法典第226条は，「権利は他人に損害をもたらす目的で行使してはいけない」と規定した。この立場は後に「日本民法典」と「スイス民法典」に導入された。1896年の「日本民法典」第１条第１項と第３項はそれぞれ「私権は，公共の福祉に適合しなければならない」「権利の濫用は，これを許さない」と規定し，1907年「スイス民法典」の第２条第２項でも「すべての者は信義誠実にその権利を行使し，その義務を履行すべきである。顕著な権利濫用は法律により保護されない」と規定する。1922年の「ロシア民法典」

---

12) 程燎原・王人博『神聖なことを博する──権利及びその救済する通論』, 山東人民出版社, 1992年版, 187-191頁。

13) この項は昭和22年（1947年）に民法典を修正するとき追加すること。

第1条にも明確に規定されており,「民事権利の保護は,民事権利の行使にあたり奉仕すべく社会経済目的に違反しないことを限界とする」と規定する。1919年のドイツの「ヴァイマル憲法」は初めて権利濫用の禁止を憲法的義務として規定した。「所有権には義務が伴い,その行使は同時に社会公共の福祉に有益であるべき」と。その後,権利濫用禁止の規定はほとんどの国の憲法と法律の通例になった。この原則は,個人の権利と社会の利益のバランスをとるために生まれた。階級社会において,個人の利益と要求は,他の個体の利益と結びつくことでしか国と法律に認可される普遍的な社会利益としてみなされない。これが権利濫用禁止の論理的基礎である。理性的な人間は,理性的に,計画的に,継続的に予測的利潤を求める。これは経済的原則に一致し,人間の理性的原則にも一致する。権利濫用の禁止は,社会発展に伴う必然的な要求でもある。それは,社会が現在のように発展すると,すでに個人の利益を同化する能力と理由がなくなるからである。個人の権利の配分は予め確定できず,外部からしか限定できない。即ち,権利濫用禁止は,道徳規範を法律に著しく反映したものである。それと反対に,個人の義務は内部から排除でき,即ち,法律は人々のできることしか要求できない。

III 権利濫用禁止原則の作用と内容

1 権利濫用禁止原則の作用

伝統的な権利濫用禁止原則は,法律に基づき権利内容の不当な結果を取り除く具体化の表現である。林誠二の分析によると,少なくとも以下の機能がある。

(1) 権利濫用禁止原則の適用により,権利侵害行為の適用範囲が拡大される。多くの場合,合法的行為のようないくつかの行為が損失を起こした場合,民法の一般規定により不法要素が存在しないため,不法条件として権利侵害行為を処理することは難しい。しかし,他人を損害した場合,公平を保つため,不公平事由として権利人の権利濫用を断定することは容易である。よって不法要素を権利濫用に転換して権利侵害行為を導き,不法の定義を拡大させ,権利濫用まで含ませる。これは所有権の範囲を決定するにあたり法的な実質価値が

ある。

(2) 権利濫用禁止原則の適用により，権利の範囲の明確化に繋がる。即ち，制定法とは抽象的な法規を総括するものであり，制定法に不足な点が存在する場合，権利濫用禁止の法理には，この不足する権利内容と範囲を明確化させる機能がある。典型的な例として挙げられるのが，二人以上の人間の権利の性質と範囲が衝突する場合である，即ち，台湾地区現行の「民法」の第148条1項は，権利の行使は他人を損害することを主な目的としてはいけない，と規定する。

(3) 権利濫用禁止原則の適用は，権利行使の範囲を縮小する機能がある。例えば，台湾地区現行の「民法」第443条によると，「賃借人が違法に第三者に転貸したとき，賃貸人は契約を終了する権利を取得する。ただし，住宅の供給不調や社会情勢の変遷により，生活に困窮する賃借人がやむなく一部を賃貸した場合は，賃貸人が依然として終止権を行使すると，これを権利濫用とみなす」。すなわち，賃借人が違法に転貸する場合，賃貸人が法律または契約により終止権を取得する。ただし，上記のケースでは，権利濫用禁止法理により，その終止権の行使範囲が経済的弱者を守るために縮小された。これは社会公平の共通する要求である。

(4) 権利濫用禁止原則の適用により，当事者間の関係の釣り合いをとり，調和させることができる。権利濫用禁止法理は，強制的にすべての人を仲裁に参加させる。ただし，この機能の適用は，公共利益に限る。権利濫用禁止法理により，公共事業者と土地所有者の間に発生する問題を強制的に仲裁で解決させる。公用徴収という合理的な補償制度があるからこそ，国民の経済や公共の福祉の維持が可能となる。同様に，公共事業はすでに不法装置になり，土地所有権者も任意にその取り除きを主張することができない場合，強制的に調停手続で解決しなければならない。この法理は，時効のように既成事実を重視する。[14]

2　権利濫用禁止原則の適用条件と判別基準

権利者の権利濫用をいかに判断するかにあたり，各国は法律でそれぞれ異な

---

[14]　（台）林誠二「誠実信用原則と権利濫用禁止の機能」，『民法通則論文選集』，中国法制出版社，2004年版，377-390頁。

る規定をしている。「ドイツ民法典」を代表とする権利濫用判別基準の主観主義を採用する国は，権利者が権利を行使する際の主観的心理状態と行為目的のみを判断基準とし，故意による権利濫用の悪意が存在する場合には濫用とみなす。客観的基準を採用する国もある。即ち，権利者が権利を行使する際の目的が善意か悪意かを考慮せず，その権利の行使が法律規定の範囲を超え，かつ権利行使者が不当得利得を得，または社会利益を侵害した場合に権利濫用とみなす。「ポーランド民法典」第5条によると，「作為または不作為により，同法典の社会経済の目的と社会共同の原則に反する利益を得た場合，これらはみな権利濫用とみなされる」。「日本民法典」，「スイス民法典」もこの主張を採用している。主観と客観の両方の基準を採用する国もある。例えば，1959年の「ハンガリー民法典」第5条第2項は「権利行使の目的が社会の主旨に背き，特に国民経済を侵害する場合，公民の不安を招き，公民の権利と合法的利益を侵害する場合，または自己の不法利益に繋がる場合，これを権利濫用とみなす」と規定した。理論上，権利濫用は以下の四つの条件から構成される。第一，権利濫用の前提として，主体の権利が客観的に存在すること。即ち，権利者が行使可能とする権利が存在すること。また，その権利の発生及び権利内容が必ず合法的かつ有効であること。客観的な権利が存在しなければ，行為者の行為は違法となり，権利濫用ではない。第二，権利者が不適当に権利を行使したこと。このような不適当な権利行使は，権利の行使が権利の設立主旨を超えること，権利の行使が権利自体の内容を超えることである。不適当に権利の行使を拡大させ，または不適当に権利の行使を放棄することとなる。第三，行為者が権利濫用する際に主観的な過ちがあること，即ち行為者に善意の主観的心理の欠如があること。このような過ちは一般的に故意として表れ，重大な過失としても表れる。第四，行為者の権利濫用行為により，国家，集団または他人に損失を招き，または行為者自身がそれにより不法利益を取得すること。即ち，権利濫用の結果は三種類の形式として表れる。一つ目は単純に国家，社会または他人に損失を引き起こすこと，二つ目は単純に行為者自身に不当利益または不法利益をもたらすこと，そして三つ目は自分で不法利益を得ながら，他人または社会に損害をもたらすこと。いずれにせよ，これらはみな権利濫用とみなされる。

3　権利濫用禁止原則の適用範囲

　通常，各国は権利濫用禁止に対して一般原則をとるが，法律上，明確な定義をせず，裁判官が裁判をする際に具体的な条件に基づき相応しい判決を下す。権利濫用禁止の原則的義務を具体化にするにあたり，以下六種類を禁止的状況とする。(1)故意に他人と社会利益を損害することを目的として権利行使をする。(2)正当な利益を欠きながら，他人の権利行使を損害する。(3)有害な行為を選び権利行使する。(4)権利行使により生じた損害が利益を上回る。(5)権利存在の目的を無視する。(6)過失の権利を行使する[15]。ドイツにおいて，権利濫用禁止には以下の場合がある。(1)権利者が消極的な権利行使により権利を喪失する。それは，権利者が合理的期間内に自分の権利を積極的に行使せず，相手方に権利の放棄を錯覚させ，相手方がその錯覚を自己の行為の根拠とすることである。ドイツ連邦裁判所にはこのことを上手く説明する判例がある。「債権者が一定の期間内に権利行使をしないことにより，債務者は，客観的に状況を考察し，債権者が権利行使するつもりはないと考えた後，債務者が相応する措置をとった場合，債権者は権利行使の遅延により誠実信用原則に反することになる。その場合，権利喪失となる」[16]。(2)過度な権利行使。即ち，権利者が過度に，動機と相応しくない権利を行使すること。この行為は誠実信用原則に背き，権利濫用に属する。例えば，債務者が大部分の給付義務を履行した後に，債権者がすべてを給付とすることでいかなる履行もしない者とし，約束期間をやや超す場合であっても厳しい法律結果を負わせる。また過度な正当防衛などの約定をする者は，誠実信用違反により権利濫用が構成される。

　(3)礼儀に反する手段で権利を取得する。例えば，権利侵害行為によって得た債権は，被害者の債権廃止請求権の時効がすでに失効していたとしても，当被害者は履行を拒否できる。(4)権利者自身の違約行為。一般的な法理によると，契約範囲内において，通常，権利者自身の違約行為で，その権利行使の合法性が不法になることはない。しかしながら，相手方は権利者の違約事実に基づき，契約を停止または解除をする権利を持つ。また，損害賠償を要求すること

---

15)　範進学「権利衝突と権利濫用」，法制日報，2002年3月17日，第3面。
16)　メディクス（D. Medicus）『ドイツ民法総論』，邵建東訳，法律出版社，2000年版，116-117頁。

も可能となる。具体的な請求権は契約の性質により異なる。もし相手方がこれらの権利を主張しない場合，違約者は，自分自身の権利状態を保持することができる。典型例として挙げられるのは労働契約である。労働契約につき，通常，雇い主は被用者に損害賠償しか要求できず，直接に契約を解除することができない。さもなくば，権利濫用になる。被用者は極めて例外の場合に権利濫用になるに過ぎない。これらの例外には被用者の違約行為が雇い主の経済基盤を損なうこと，被用者がある時間帯に提供した給付が雇い主にとっては価値が存在しないこと，または被用者が要求された勤続年数を超すことなどである[17]。

4　誠実信用と権利濫用原則の関係

　誠実信用と権利濫用原則は非常に密接な関係を持つが，両者の具体的な関係に関して，様々な論争がある。現在までに以下の主張が存在する。(1)基礎結果関係説。この説によると，誠実信用は原則的な存在であり，権利濫用禁止は信義則の違反の効果である。誠実信用の規定は，権利の行使及び義務の履行の原則であり，権利濫用禁止の規定は，誠信原則違反の効果である。即ち，権利濫用の法律基礎は誠信原則の違反にある。(2)普遍と特別関係説。この説によると，誠信原則は，権利行使と履行義務の指導原則に過ぎず，権利濫用禁止の法理は誠信原則に束縛されず，場合により異なる処理方法をとるべきである。(3)区別調整説。この説によると，誠信原則は債権法の原則であり，権利濫用原則は物権法の原則である。(4)特別権利義務関係説。この説によると，誠信原則は契約当事者を支配する特別な権利義務関係であり，権利濫用原則は上記の契約が存在しない当事者間を支配する一般的な権利義務関係である (5)利益差別説。この説によると，誠信原則は人に対しての法理であり，権利濫用原則は社会関係に対しての法理である[18]。以上をまとめると，基礎結果関係説が最も適切であり，各国立法の主要な根拠である。例として挙げられるのはドイツの法律であり，ドイツの法律では，通常誠信原則の違反を権利濫用の成立を判断する基礎と前提としてみなす。

---

17)　同上書，115-117頁。
18)　(台) 林誠二「誠実信用原則と権利濫用禁止の機能」，『民法通則論文選集』，中国法制出版社，2004年版，377-390頁。

5　権利濫用禁止と具体的な民法ルールの関係

　権利濫用禁止原則の出現は伝統的な民法制度と民法理念に重大な影響を与えた。その上，関係する民法規則の設定にも影響を与えている。誠信原則と権利濫用禁止原則の法律適用により以下の基本的な民法規則の推測が可能となる，と主張する学者がいる。(1)自分の行為と矛盾する権利を主張することを禁止することから，禁反言原則（estoppel）が導き出される。(2)権利行使を続けない状態，さらに権利行使してはならないことにより，権利失効原則（Verwirkung）を導き出すことができる。(3)自分が契約違反をした場合に，相手方に義務の履行を請求できない規定から，クリーンハンズ原則（clean hands）が導き出される。(4)契約後，客観的な事情の変化により法律関係が変動することから，様子変更原則が導き出される。(5)信頼関係に背く継続契約と労働契約により，契約が解除され契約終了となることから，背任行為理論が導き出される。(6)私害や公害により生活環境が侵害されること，権利行使の主張ができないことにより，「受忍限度論」，「環境権論」，「日照権論」が導き出される。(7)悪意で取得した権利者に，権利請求の対抗要件が欠如するという規定により，悪意排除理論が導き出される。(8)所有権に基く妨害排除請求権の濫用に関する法律の規定から，隣接関係が導き出される。[19]

---

19)　同上。

第 8 章

民法の基本制度の倫理的分析

I 民事主体制度の倫理的分析

1 自然人制度の倫理的分析

　自然人は，民法の重要な対象であり，民法が調整する主な内容である。現代社会の民法の体系は自然人を基礎として築かれ，発展してきたのである。有名な思想家トマス・アクィナス（Thomas Aquinais）によれば，人間は神が創造した唯一の創造物であり，いわば被創造物である同時に，その他の被創造の王あるいは造物主であると，聖書から確認できる。[1] 自然人は民法のすべての内容の要素に関わっているため，モンテスキュー（Montesquieu）は「慈母のような民法の目には，それぞれの個人が一つの国家である」[2] と評価した。学界の通説によると，自然人には三つの属性がある。①自然の属性。自然人は自然法則により生まれて存在する自然生命形式で，両足で直立している哺乳動物である。②社会の属性。自然人は思考力を持つ高等動物であり，社会関係の総和である。③法律の属性。自然人とは民事主体資格を有し，民事権利能力と民事行為能力を有する人である。民事権利能力や民事行為能力の統一は，自然人の主体資格を構成する。近代及び現代の民法は，例外なく抽象的な人格をすべての生命のある人（胎児も含め）に与え，死亡しない限り人格を剥奪，譲渡，あるいは相

---

1) ハッテンバウアー（H. Hattenbauer）「民法上の人」，孫憲忠訳，世界法律評論，2001年冬季号。
2) モンテスキュー（C. L. de S. Montesquieu）『法の精神（下）』，張雁深訳，商務印書館，1961年版，190頁。

第8章　民法の基本制度の倫理的分析

続することができない。通常，公民の民事権利能力は生まれた時から，死亡する時まで続く，それゆえ，出生は国民が民事権利能力を取得する唯一の法律原因である。出生は自然人が母体を離れて，生命を保有することによって，民事主体となる法律事実であり，自然事件の性質を持つ。出生を判断するにあたっては，社会公認の法律基準と習慣基準を判別基準とすべきである。このような，公認の出生基準には，二つの構成要件がある。一つは，母体から「出る」こと。母体から分離されていない自然人の原形は胎児であり，胎児は母体の中で発育して，母体と一体になる。その時点では，まだ独立して存在する意味を持たない。その人格は母体に吸収されている。二つ目は，必ず生命を保有することが「生」を構成する。生命保有は，母体から離れる時を判断基準とする。母体を離れる時に命を失えば死胎となり，母体を離れる時に生きているなら出生となり，自然人になる。自然人の生まれた時間が，民事権利能力の始まる時であり，法律上重大な意義がある。その判断は，胎児が母体を離脱する時を基準としなければいけない。学理上には一部露出説，全部露出説，臍帯断裂説，初啼説，独立呼吸説などがあるが，現代医学の発展に伴い，胎児が母体を離脱する方式は自然分娩に限らず，帝王切開もすでに臨床で広く応用されている。そのため，具体的な出生時間は医学上公認の出生時間に従う。この出生の時間は一種の事実問題として，証明されるべきであり，この証明は科学性と便利性の両方を考慮するほか，社会慣習にも従うべきである。現在，中国には，出生を証明する三つの方法がある。一つは戸籍であり，二つは病院の証明であり，三つ目はその他の証明証拠である。これは主に病院外部で出生し，その上戸籍登録をしていない状況，あるいは病院で出生しても査証できず，戸籍登録もしていない場合に対応する。上記の状況で，自然人の出生時間を確認するには，自然人の所在地の住民委員会，村民委員会，またはその親戚，隣人によって提供される証明で認定を行う。

　一般的な規定によると，自然人の民事権利能力は，出生時より始まり，出生する前の胎児は民事権利能力を持たず，民事法律関係の主体ではない。しかし，将来，胎児出生後の利益を保護するために，諸外国の民法はみな胎児利益の保護に関する規定を保有している。この規定は，胎児が生きて出生することを条件とする。胎児は，出生前に生命属性を持つ生命体である。生命体は，自

然人が生まれる前に生命特徴を持つ特殊な物体であり，生命体が正常な状況にて自然人として生み出されるため，民法はこれを自然人と同じ法律人格——民事権利能力を保持すると判断した。そのため，ローマ法期の法学者は「胎児を有利にするため，権利能力は生まれた時からではなく，妊娠時から計算する」と主張してきた。[3] これ以降のフランス，ドイツ民法はこれと類似の規定を有する。「日本民法典」はドイツ法の体系を採用し，権利能力の終止を規定せず，また第721条は，「胎児は，損害賠償の請求権については，既に生まれたものとみなす」と規定する。「スイス民法典」第31条は，「権利能力は出生から始まり，死亡する時に終止する」とし，「胎児が出生時に生存する限り，出生前にすでに権利能力の条件を保有する」と規定している。中国「相続法」第28条及びその執行意見にも規定がある。遺産を分割する際，胎児が相続する部分を必ず保留しなければならない。胎児のために保留した部分については，胎児が出生後に死亡した場合には，その相続人が相続し，胎児が出生する時点ですでに死亡していれば，被相続人の相続人がこれを相続する。

　自然人の民事権利能力は死亡まで存続し，死亡が唯一の終止原因である。死亡の方式は二つある。一種は自然死亡で，もう一種は死亡宣告である。自然死亡であろうと死亡宣告であろうと，自然人の民事権利能力は終止する。自然人の民事権利能力の終止によって，婚姻関係の消滅，遺産継承の開始，債務債権の返済など法律結果が発生する。死亡宣告は法律推定とされるため，死亡宣告された人が別の所で生きている限り，その民事権利能力に影響を与えない。死亡宣告の効力は，宣告された人の参加する旧住所を中心とする地域にある民事法律関係に限る。また，法律により取り消すことも可能である。

　死亡時間は自然人の民事権利能力の終止する時間であり，法律上重大な意義を持つ。自然死亡の具体的な基準と時間に関しては，通常医学で公認された死亡基準と時間を根拠とする。中国の自然人死亡の基準と時間については，呼吸停止，心臓停止，病院の臨床診断死亡を根拠とする。しかし，死亡は事実判断でありながら法律判断，倫理判断でもある。死亡の意味とその判断には，異なる民族が異なる時期に異なる態度をとる。数千年来，心臓拍動と呼吸の停止が

3）ボンファンテ（P. Bonfante）『ローマ法教科書』，黄風訳，中国政法大学出版社，1992年版，30頁。

死亡の唯一標記とされてきた。これは人の直観判断に相応しく，従来の倫理観念にも合致する。しかし医学科学の発展によって，呼吸器，そして心臓拍動と血圧を維持する薬が出現したことにより，生命衰弱症状の出現した病人が外力を経由して基本的な呼吸と心臓拍動を維持することができる。現代医学が使用する呼吸器と心臓ペースメーカーなどの設備は，病人が脳死状態になっても，心臓を動かし，肺を呼吸させることができる。このような脳と心肺が分離する現象は，人々に死亡の定義に対する新たな認識を与えた。現在，アメリカを含む十数ヵ国が正式な法律条文で挽回不可能な脳死を死亡根拠としている。これらの国には，脳死者の明確な規定がある。即ち，病人が低温状態または中枢神経システム抑制剤の影響下にある前提を排除し，自力呼吸が停止し，病院の緊急対応と観察後，最低1時間以内に自力呼吸がない場合，痛みに対する自動的な刺激活動がなく，瞳孔が散大して固定し，神経反射活動も一切なく，脳波図に出現する脳波が消失または一直線に変化すること。以上の症状が24時間以内に変化しなければ，心臓拍動があっても，これを死亡とみなす。これらの国は，脳死を死亡基準とすることがさらに科学的であることを主張し，法学，倫理学の死亡に対する認識も一層合理的であると認識する。脳死後，人工呼吸を受けるならば心臓は依然として拍動するし，全身の血液循環は保持される。しかし，脳は蘇らないため，このような心臓拍動は生命意義を持たない。感情的には，このような救命を止めることは倫理に背くのではないかと思われるかもしれないが，社会的に見ると，続行不可と知りながら資源を無駄使いすることは，本来治るはずの別の多くの患者のチャンスを失わせ，あるいは基本的な対応を得られた患者のチャンスを失わせることとなる。そのため，脳死状態の患者の救助処置を一切停止することは，倫理上不道徳ではないと考えられる。

　中国の法律には，死亡に対しての明確な定義がなく，法律が医学の解釈に従っている。「脳死」を法律で認める前は，医者が「脳死者」の救助を放棄した場合には，計画的殺人と不作為犯とみなされていた。理論上，脳死は伝統的な死亡判断基準よりも科学的であるが，死亡基準の確定は一種の技術問題であり，また倫理問題でもある。そのため脳死に関する立法をする際には，中国の医療レベルを考慮して，中国の状況，及び異なる社会階級の人々の倫理感情の標準と脳死を受け入れる程度や人々の生活水準を考慮しなければならない。同

時に科学,文化,経済,倫理道徳的背景などの要素が死亡の概念と確定基準に与える影響も考慮しなければならない。人々の意識では,どうしても呼吸可能な人を死亡と結びつけることができない。特に脳死に関する立法の中では,脳死と臓器移植を結びつけてはならず,人々が感情的に脳死をさらに受け入れられなくなることを防ぐべきである[4]。

2 法人制度の倫理的分析

　法人は自然人と対応するもう一種類の重要な民事主体である。法人は法律に基づき権利能力と行為能力を有し,そして独立して財産と経費を享有する。さらに法律によって,独自に民事義務と民事責任を担う社会組織である。現代の法学理論によれば,法人は法律権利と法律義務を人格化した主体であり,自然人と同じく独立した法人格を有する。法人格は主に以下の意味を含む：第一,法人格とその社員の人格がお互いに独立すること。第二,法人は独立した権利能力を有すること。第三,法人の財産と社員の財産を分離すること。第四,法人責任と社員の有限責任は並行すること。法人社員の有限責任は法人制度の礎石と呼ばれる。この礎石の存在によって,法人と法人社員及び法人社員と法人債権者の間に二つの障壁が出る。一つ目は,社員が出資財産の所有権を譲渡する際,法人財産に対しての直接支配権も譲渡しなければならないこと。法人財産は独立の法人機関によって,有効に管理及び支配されるはずである,よって法人と法人社員間の連帯責任関係を切り離す。これは法人の取引相手方に,取引をしている当事者は法人社員ではなく,法人であることを信じさせる一種の合図になる。二つ目は,法人社員は必ず法人財産に対しての直接支配権を放棄し,その代わりに法人債権者の社員有限責任を容認する。これは,社員を法人債権者の直接督促から免れさせ,最終的に法人とその社員を分離させ,法人を中心とする出資者団体と法人債権者団体の両方利益の平衡を実現することができる。例えば,法人社員が法人と債権者に負うべき義務に反する場合,法人の独立人格が頼る基盤が脅かされる。この場合,依然として法人にその責任を負わせることは,債権者にとって不公平である。そのために法律上法人社員に責

---

4) 鐘錚・田弘「『脳死亡』は医学倫理を挑戦するもの」,人民日報・華東ニュース,2002年11月20日,第4面。

第8章 民法の基本制度の倫理的分析

任を負わせる法人格否認の制度が設けられた。会社の法人格否認とは，すでに独立した資格を持つ法人組織に対して，その社員が不正な目的で法人格を濫用し，それが原因となり，債権者の利益に損害を与えた場合，裁判所は公平正義の価値観と理念に基づき，当該法人の独立した法人格を否定することができる。そして，法人の社員に法人の債務の連帯責任を負わせる制度である。

　法人格否認の制度は，民法の基本原則が，法人制度の中で具体化されたものである。まず，この制度は民法の権利濫用禁止原則の法人制度領域での拡張と具体化である。権利濫用禁止原則は民法の基本原則として，民法の中で相当重要な地位を占める。誠実信用の原則が主観的内省の観点から権利行使を定義する一方で，権利濫用禁止の原則は客観的外観の観点から権利行使を制限している。法人格を否認する場合，法人格を濫用する行為は主観的に誠実信用の心理状態がなく，同時に法律規範の要求にも符合しない。一般的な権利濫用と違って，その権利濫用の主体は法人自身ではなく，法人社員であること。法人社員が利用するのは，ある具体的な権利ではなく，総合性のある法律地位のこと，即ち独立法人格のことである。しかし，原始動機（私利を図る）であろうと，行為効果（他人または公共利益の損害）であろうと，どちらから見ても，一般的な権利濫用と別個のものではない。そのため，法人格否認はあくまでも権利濫用禁止の原則が法人制度の領域で拡張された結果である。次に，法人格否認の法理は，権利義務が一致する原則の具体的表現である。伝統的な法人格の先天的な不足と法人社員の悪意操作の可能性によって，法人制度を設計した者の立法意思である，法人社員と法人債権者の権利と義務とのバランスをとるメカニズムは往々に壊れる。法人社員が有限責任を担うには，ある権利を放棄しなければならない。しかし法人社員は有限責任のメリットを享有しながら，分離原則の制限を受けたがらない。法人格否認はこのような法人社員の法人格濫用行為に対して，法人の独立人格を否認して，法人社員が享有する有限責任の利益を取り消す手段である。そのため，もし，法人格独立制度を肯定する視点から（法人社員がある権利をあきらめることを前提にして，有限責任の利益を享有する），法人社員と法人債権者の間の権利義務衡平メカニズムを構築するのなら，法人格否認は否定的な視点から（法人の社員は徹底的に分離原則に従っていないため，有限責任の利益を享有できない）バランスを失った権利義務の体系をもとに戻す。さ

らに，法人格否認法理は公平原則の必然的要求である。民法の基本価値の追求と，基準としている公平原則の内容は相当な弾性と余裕があるが，法律の意味から，主に一種の正当な権益分担方式と合理的な権利義務分担メカニズムのことを示す。法人法領域に狭めると，必ず法人社員と法人債権者が公平に有限責任制度のマイナス効果を処理することを要求する。もし，法人社員が有限責任制度の上で社会公平を勝手に壊すことを許すなら，結果としては，債権者の利益を損害するだけではなく，法人格制度と有限責任制度にも損失が出る。法人格制度は法的な救済の手続によって，負担を合理的に社員と債権者に分担させて，公平価値目標の真の実現を保障する。

以上の分析に基づき，虚偽の法人格を否認することによって，法人格体系内のすでに傾いた利益のバランスをとるよう体系を正す。同時に，できる限り裁判官に能動的役割を発揮させ，公平を基準として法人の全体的運営に合理的な価値評判を与え，それを基盤として，公平に違反する法人行為を個別的に調整させ，法人制度全体の安定性を維持しながら，公平原則を実現させることができる。

3　家庭と世帯の法的地位の倫理的分析

中国古代には，「家庭「と「家」の定義以外に，「世帯」の定義もあった。世帯（戸）は一般的な家族であり，ある職業に従事する人や家族を指す。世帯には戸籍上の一家の代表である世帯主あるいは世帯の長がおり，世帯を単位とする一切の行為の権利義務と責任を担っている。世帯と家では，意味が異なる。(1)家は婚姻，血縁あるいは養子縁組からなる。世帯はこれ以外に，雇用関係と経済関係も含める。(2)含める範囲が違うこと。家庭の構成員の範囲が固定されているのとは別に，世帯の範囲はさらに広く，家庭の構成員以外の使用人なども含める。(3)成立要求が違うこと。家庭は婚姻，血縁などによって自然に成り立ち，官署による認可を必要としないが，世帯は官署の認可が必要である。管理の必要により，国は世帯をさらに分類する。例えば，元代では種族，宗教，職業などに基づき，世帯を住民世帯，軍人世帯，職人世帯などに分けていた。(4)構成員の数が異なる。普通の家庭は二人以上の家庭構成員が必要で，双方関係の中で当事者が家族の構成員の地位を確定できる。世帯はこのような制限が

なく，一人でも世帯は成立するが，家庭は成立しない。(5)役割が異なる。家庭は共同生活の単位である。世帯は経済単位と管理単位であり，国の税の負担者である。世帯で徴収する税は世帯税と呼ばれ，世帯で派遣する労役は世帯役と呼ばれる。

　現在中国の家庭は，主に非経済主体として存在する一方で，世帯は主に経済実体として存在し，個人事業主と農村請負経営者の二つにより成り立つ。個人事業主とは，公民が法律に許される範囲で，法に従った審査を受けて登録し，商工業経営に従事する個体経済単位である。「民法通則」第26条によると，「公民が法律で許される範囲にて，法に従う審査を受けて登録し，商工業の経営に従事する，これを個体工商戸（個人事業者）とする」と規定される。この規定では，個人事業者は個人経済の法律形式で，法に従い審査を経て登録し成立する。即ち，この世帯は商工行政管理部門の審査を経て登録する，経営単位である。個人事業者は法律上認可される範囲で個人経営をする。法律上の許可は工商業の経営であり，農業経営ではない。農村請負経営者は，農村集団経済組織のメンバーであり，法律上許可される範囲内で，請負契約に基づき商品経営に従事する経済単位である。農村請負経営者は具体的な経営形式で，その主体資格の取得は請負契約に基づき，法律上許可される範囲で，商品経営活動を行う。

　個人事業主と農村請負経営者が経営する際に，どの財産をもって債務を完済するのかは極めて重大かつ複雑な問題である。「民法通則」第29条によると，「個人事業主と農村請負経営者の債務に関しては，個人事業主の場合には個人財産で負担し，家庭経営の場合には家庭財産で負担する」。ただ，実務では，個人事業と家庭経営，そして個人財産と家庭財産を明確に区別することは，時には容易ではない。個人事業主と農村請負経営者の債務に関する紛争を解決するには，以下の処理原則を把握するべきである：公民個人が出資して，独自経営し，自己収益となる個人事業主や農村請負経営者に関して，その債務は公民の個人財産で完済させるべきである。公民個人の名目で申請した個人事業主と農村請負経営者に関しては，家庭共有財産を投資し，または主な収益が家庭構成員に享有される場合，その債務は家庭共有財産で完済させる。夫妻関係の継続期間に，一方が個体商工業または請負経営をする場合，その収入は夫妻共有

の財産となり，その債務も夫妻共有財産で完済させるべきである。家庭全体が共同出資し，共同経営，共同収益する個人事業主と農村請負経営者に関しては，その債務を家庭共有財産で完済させる。個人事業主と農村請負経営者の債務が家庭共有財産でその責任を負担させる場合には，家庭構成員の生活必要品と必要な生産道具を保留すべきである。

II　民事行為制度の倫理的分析

1　行為合法性に対しての倫理的分析

　民法通則の規定によると，合法的，有効的な民法行為には三つの条件が必要である。即ち，行為者の適格性，意思表示の真実，行為内容の合法性である。ここで言う行為者の適格性は，相応の行為能力があることを前提とし，知的能力と精神的な判断に適しない民事行為を行ってはならないことである。行為の合法性は，民事行為が法律や社会公益に反しないことを求めることである。私法自治の原則により，法律に明文の規定がない限り民事行為は自由とされる。法律の強制的あるいは禁止的規定，そして公共利益に違反しない限り，当事者の民事行為は合法であると考えられる。そのため，民事行為の内容が法律に違反しないことは，一般的に強制規定または禁止規定に反しないことを示す。中国の「民法通則」第55条で民事法律行為は，法律違反してはならないと同時に社会公共利益と社会公衆道徳に違反してはならないと規定している。ここでの合法性は以下の意味を有する。(1)法律の強制的な規定に違反しないこと。当事者の行為は法律規定に反してはならない。(2)法律の禁止規定に違反しないこと。当事者に禁止する行為，あるいはしてはならないと命令する行為の法律規定に違反しないこと。(3)社会公共利益と社会道徳に違反しないこと。この社会公共利益と社会道徳とは，国の利益，集団利益及び個人利益，社会公共利益，社会の善良な風俗習慣である。公序良俗と公共秩序に違反する行為が無効であるとの原則を各国は規定する。この原則はローマ法から始まり，大陸法系の国の立法の手本となった。「フランス民法典」第6条は，特別な約束により公共秩序と善良風俗の法律に反してはならない，「ドイツ民法典」第138条は，善良風俗に反する行為は無効とすると定めた。「日本民法典」90条は，「公の秩序又

第8章　民法の基本制度の倫理的分析

は善良の風俗に反する事項を目的とする法律行為は，無効とする」と規定する。国と社会の一般的な利益及び社会道徳観念を維持するには，公共秩序と善良風俗原則に重要な価値を置く必要があり，これらは現代民法の至高の基本原則とも言われる。社会公共利益が社会全員の最高利益を表している。社会公共利益あるいは公序良俗に反する契約は無効であるという原則は，各国立法で確認された内容である。中国は，公共秩序と善良風俗という定義を受け入れてないが，社会公共利益という定義はすでに確立されている。中国では，法律は社会公共利益と社会道徳の表現であると認識されている。だが，社会公共利益と社会道徳は極めて複雑なもので，立法によって社会公共利益と社会道徳を確認するには一定の限界がある。そうすると，行為者は法律の具体的な規定に違反していないが，社会公共利益と社会道徳に違反する状況がしばしば私的生活の中に生じる。そのため，民法通則において，民事法律行為は法律に違反してはならず，社会公共利益と社会道徳に違反してはならないと規定した。裁判官に一定の自由裁量権を与え，社会公共利益と社会道徳を損害する行為に対して，法律には明文規定はないけれど，社会正義によって，無効とする。これは社会公共利益と社会道徳を守るためである。無効行為は違法であるため，このような行為に対して，国は関与する必要がある。関与というのは，裁判所と仲裁機関が当事者の無効行為の請求を待たずに，自発的に行為に無効要素があるか否かを審査することができることを意味する。例えば，無効行為を発見したら，自発的に行為無効と確認すべきである。無効行為は履行してはいけない性質を有する。即ち，当事者は無効行為を締結した後，実際に履行できない場合は，不履行の違約責任を負わない。

2　真実の意思表示における倫理的分析

　真実の意思表示とは，行為者が意思を心の中で自由に形成し，真実に反映することである。即ち行為者の意思は自由に形成した真実の意思で，行為者が表現した民法上の法律効果意思と内心の意思と一致することである。真実の意思表示には意思自由と表示一致の二つの面がある。意思自由とは当事者の内心の意思の形成と表示は自由意思によることとし，詐欺・脅迫など自由形成意思と自由表示意思に干渉し，あるいは妨害する要素は存在しないことである。表示

一致は表示した意思と行為者の内心の意思が一致していることであり，誤解・表示の錯誤・心裡留保など意思表示の一致を妨害する要素が存在しないことである。意思自由と表示自由は真実の意思表示の基礎で，意思表示が正確で，真意に一致していることは真実の意思表示の直接的な実現である。意思形成の瑕疵であろうと，表示の不自由であろうと，または表現上の不正確さであろうと，すべて意思表示の不真実につながる。意思表示の形式には明示形式と黙示形式の二つがある。明示形式は直接明確な言葉で意思表示をすることであり，それには口頭・書面・視聴資料などの形式がある。黙示形式とは，約束または法定形式での作為や不作為を通して間接的に意思表示をする形式であり，推定と沈黙の二つの形式がある。意思表示の推定形式とは表意者が一定の積極的行為を実施し，相手方が法律規定，習慣，契約によって，その意思の表示形式を間接的に推知することである。例えば，賃貸借契約期間終了後，賃借人が賃料を払い続け，賃貸人がそれを受け取る行為は契約を延ばす意思表示と推知できる。意思表示の沈黙形式というのは，約束と法律規定に従って，表意者が消極的に不作為により意思表示形式を確定することである。一般的な社会慣習によると，内部意思の外部表示は積極的な表示行為であるので，沈黙は表示行為ではない。したがって，意思表示ではないので法律行為として成り立たない。法律に特別な規定がある場合，当事者の消極的行為に一定の表示意義が与えられ，法律行為が成立する効果が生じる。

3 詐欺による民事行為における倫理的分析

詐欺は違法行為であり，信義に背く行為である。詐欺は一方の当事者が故意に相手に偽りの状況を知らせて，故意に真実状況を隠すことにより，相手の正しくない意思表示を勧誘したことである。詐欺の構成要件は，詐欺当事者の観点から，二つに分けられる：一つは，詐欺者が詐欺行為を行ったこと。詐欺行為は嘘をついたり，真実を隠したりしても不法行為になる。二つ目は，主観的な詐欺故意があること。故意とは，詐欺者の主観的な心理状態であり，自己の詐欺行為によって，相手を過ちに陥れ，非真実な意思を表示することを知っているにもかかわらず，この結果の発生を望むあるいは放任することである。ローマ法学者は，詐欺を「悪意の詐欺」と理解している。欺罔された者からい

うと，詐欺には二つの要件がある。まず，欺罔される者は詐欺行為によって過ちに陥れられ，過って非真実の意思表示をすること。さらに，欺罔された者は主観的に欺罔されたことを知らないこと。もし欺罔されたことを知りながら意思表示する場合は，詐欺にはならない。

初期のローマ法は，意思より形式を重視することを契約の基本原則とした。「法律が認めるのは，承諾ではなく，荘厳な儀式を伴う承諾である。儀式は承諾と同等の重要性があるだけではなく，承諾より儀式のほうが重要である。成熟した法制度は特定の口頭の同意の与えられる心理条件に着目するのに対して，古代法においては，儀式上の言葉と動作に着目するものもある」[5]。厳密な意味における契約の観念あるいは意思表示の合意は，拘束力のある意思表示があれば，即時交付により保障される必要はなく，時間と空間上後者と分離する時にこそ本当に形成される。ローマ法における契約観念の成熟は契約の承諾の発生から始まり，「承諾契約」は最も自然状態に相応しい合意である[6]。メーン(Maine)はそれを「真の契約」と呼び，ローマ契約史上「巨大な道徳的進歩」と表わした。この時期には一つの非常に生命力のある契約法原理があった。それは，契約は双方の自発的な意思表示の一致のみによって成立し，外部の形式はすべて意思表示の証拠とみなされるというものである。なぜなら，「若い文明ほど，契約形式も簡単である」からである[7]。これに対応して，民事詐欺制度も発展の趨勢を見せ始めた。ローマ法後期になると，契約形式に一定の要件がある場合以外，当事者の内心の意思を契約の効力を発生させる要素とした。当事者の意思表示と内心が一致しないとき，ローマ法は意思主義を主張し，表示意思の効力を否定する。そうすることで，当事者はようやく外部の複雑な礼儀や文書から解放され，詐欺などの意思表示の瑕疵が深く研究され始めた。「法学の段階」では，詐欺により形成された権益には債務の効力はあるが，抗弁によって無効になる。これは後世の民法で取り消しできる行為と非常に似ている[8]。ローマ法の詐欺とは，「詐欺手段は相手方を錯誤に陥れ，あるいは相手方

---

5) メーン (H. J. S. Maine)『古代法』, 沈景一訳, 商務印書館, 1959年版, 177頁。
6) 同上書, 189頁。
7) 同上書, 189頁。
8) 竺琳「民事詐欺制度研究」, 梁彗星主編『民商法論集』第9巻, 法律出版社, 1998↗

の錯誤を利用して不利な法律行為とすることである。例えば，仮象を作ったり，真実を隠したり，事実を捏造したり，事実を変更したりすることである[9]」。詐欺は，善意の詐欺と悪意の詐欺に分けられる。前者は取引の慣習で許されており，法律は誇りや自慢を禁止しない。後者は取引の慣習では許されず，法律で禁止される詐欺である。一般的に言う詐欺とは悪意詐欺を示す[10]。言い換えると，善意詐欺は契約の効力に影響しないが，悪意詐欺は契約を無効にする。1804年の「フランス民法典」は意思自治を核心に，「意思表示解釈」規則を規定し，「意思主義理論」を導き出した。また，詐欺の概念を規定し，法律効果など法律制度を構成した。これは，民事詐欺理論に根拠を与えた。この後の「ドイツ民法典」は詐欺を体系的に規定した。詐欺による意思表示は取り消すべき法律行為として不当利得の規則に入れられた。詐欺の構成要件については，大陸各国の民法はローマ法の影響を受け，詐欺は「詐欺者は故意に相手を欺罔し，過ちに陥れ，意思表示させた行為である」と考えられている[11]。詐欺者は詐欺の故意があり，「詐欺行為は，信義則に背く程度を必要とする。詐欺行為は，社会の一般的な観念上の信義則に背くこと[12]」とされる。被詐欺者が詐欺によって錯誤に陥って，行為した民法上の活動は，詐欺の結果である。

　民法上の詐欺は，一般的に作為を主な表現形式とするが，不行為の形式も排除しない。即ち「告知義務があるが履行しない」というのがそれである。その表現形式は，故意に隠す場合と単純な沈黙の二種類ある。沈黙というのは，当事者は内心，相手がある事実を知らないことを望んで，沈黙によりひどい事実を隠す形である。単純な沈黙は，当事者が事実を知らせないことで消極的な放任態度をとる形態である。沈黙が，詐欺であるかどうかについて，大陸法系は原則上詐欺ではないと規定している。ただし法律・契約・貿易習慣及び誠実信用原則に基づき，告知義務があるが通知しない場合には詐欺になると規定している。英米法においては，事実を沈黙してもよいと規定されている。コモン・

　＼年版，491頁。
　9）　周楠『ローマ法原論（下）』，商務印書館，1994年版，590頁。
　10）　同上書，591頁。
　11）　(台)　鄭玉波『民法総則〔改訂版〕』，三民書局，1993年版，260頁。
　12）　(台)　史尚寛『民法総論』，中国政法大学出版社，2000年版，425頁。

ローの一般規則によると，契約当事者は相手に情報を提供する義務を課されない。相手が重要な事実を知らせることを疎かにしても，理解が間違っていても，誤った印象を直す義務はないが，最大の誠実義務がある契約においては，必ず事実を説明しなければならず，その例として保険契約，担保契約などが該当する。[13] 当事者が事実を説明しないと詐欺責任を負うべき状況を，判例と立法から以下のようにまとめる。(1)当事者間に信頼関係が築かれた場合。(2)信頼関係の無い人の間に，契約に関して重要な事実があり，事実がわかる側の当事者が相手に知らせないと契約の不公平となり，民法基本原則に違反する場合。(3)当事者が民事行為をしたときの意思表示は真実であったが，その後，情勢の変更によって，契約の基礎が変わったり，ある要素で元々真実の意思表示が不真実になる場合。[14]

4 脅迫による民事行為の倫理的分析

脅迫による民事行為とは，行為者が実際に他人に危害行為を脅迫し，あるいは危害を加えるとの脅迫の予告によって恐怖に陥り，不真実な意思表示をさせる民事行為である。被害者は脅迫によって恐怖心が起こり，効果意思と表示意思は自由を失い，真実の意思が形成されない。それゆえ，脅迫された人が脅迫の解除後に当該民事行為を取り消すことが法律で許される。脅迫とは，将来的な加害と現実的な加害で脅迫して，相手に恐怖を感じさせる民事行為である。脅迫は二つの場合がある。一つ目は，将来損害を発生させるとの脅迫である。その内容は，命・身体・名誉・自由・健康・信用などに関しての損害である。損害を与える対象は本人でも，家族，親友でもよい。脅迫行為は，違法性と不正当性があり，脅迫は目的違法，手段違法あるいは目的と手段両方の違法を含める。二つ目は，現実の損害での脅迫である。脅迫者が不法行為を行うことによって，相手当事者または当事者の親しい人に肉体的損害または財産的損害をあたえ，相手に民事行為をするよう脅迫する。その内容は，相手に暴力を振う（殴打，虐待，拘禁など），噂を広める，名誉の毀損，家屋の損壊などである。脅迫と詐欺は同等で，意思表示が不自由な形で行使される行為の効力は同じであ

---

[13] 楊楨『英米契約法論』，北京大学出版社，1997年版，225頁。

[14] 竺琳「民事詐欺制度研究」，『民商法論文集』第9巻，法律出版社，1998年版，491頁。

る（無効または取消し可能）。両者の区別は主に以下の点にある：a）方法や手段での区別。詐欺は平穏及び秘密裏に行われ，脅迫は暴力がよく使われる。b）効力での区別。多くの国は後者により生じた取消権は善意の第三者に対抗できると規定している。第三者が詐欺を行う場合，相手が善意か否かに関係なく意思表示は取り消されるべきである。脅迫は，取り消せない。それは両者の悪性の程度の違いによるものである。

5 著しく不公平な民事行為における倫理的分析

著しく不公平な行為は，双方当事者の権利と義務の非対等，経済利益上の不均衡によって公平合理原則に反する。不公平な行為には以下の法律的特徴がある：(1)行為が成り立つ際には，双方当事者に著しい不公平がある。その行為の結果，当事者相互の給付に利益失衡または利益不均衡をもたらす。(2)一方当事者の得た利益は法律の許す限度を超える。通常，市場の取引において，当事者間に生じる不公平の現象は二種類ある：①主観的な不公平。当事者が主観的に得たものと提供したものが均衡しないと感じること。②客観的な不公平。取引の結果によって，当事者は権利と義務のバランスを失うこと。もちろん，市場経済条件の下，すべての取引で取得と給付を完全対等にするのは不可能である。取引は，必然的にリスクがあり，この制度も当事者のリスクを完全に排除することを目的としていない。ただ，一方の当事者が有利な立場を利用して法律の許す範囲を超えて利益を得ることを禁止または制限する。(3)行為が成立するとき，一方当事者は絶対的な優位をもって，相手の軽率，無経験などを利用して，故意に不公平な行為をする。このような他人の主観状態を利用する行為は，行為者が誠実信用原則に違反することを表している。具体的には，以下の三つがある：第一，優位を利用する。優位を利用するとは，経済上の優位をもって，相手に拒否されることなく，著しく不利な行為条件を成り立たせることである。第二，契約締結途中で尽くすべき告知義務を履行しない。第三，相手の無経験と軽率を利用する。無経験というのは，一般的な生活経験と取引経験である。軽率というのは，契約締結時の軽率さとルーズさである。軽率の場合，被害者自身に，過失がある。ゆえに不公平な行為は利益の損害を被る側に対して，自ら納得できないのである。

第 8 章　民法の基本制度の倫理的分析

6　他人の弱みに付け込む民事行為における倫理的分析

　他人の弱みに付け込む民事行為とは，一方当事者が相手が危機に遭うときあるいは緊迫しているとき，過酷な条件を言い出し，相手に不公平な条件を強制的に納得させ真実の意思表示に背かせることである。他人の弱みに付け込む行為とは，被害者に非常に不利な条件を受け入れさせ不法行為者が正常な状況で得られない重大利益を得て，公平原則に違反するものであり，法律は救済すべきある。他人の弱みに付け込む行為は，双方の利益の不均衡を招くことが多く，不公平と同じ特性がある。ただ，他人の弱みに付け込む行為は完全な不公平とは違う。他人の弱みに付け込む行為は行為者の主観的動機を強調し，不公平は行為の結果を強調する。他人の弱みに付け込む行為は，不公平な結果を招く原因の一つに過ぎず，不公平の範囲はさらに広い。「民法通則」第58条は「他人の弱みに付け込み，相手の真実意思に背く状況で行使させる行為は無効とする。他人の弱みに付け込む行為者が，主観的に悪意があり，客観的に誠実信用原則と公共道徳に違反することによって，この行為は無効な行為となり，行為者に制裁が与えられる」と規定している。他人の弱みに付け込む行為は詐欺，脅迫と同じであり，一方当事者が不法な行為をし，相手に真意に背く行為をさせる意思表示である。しかし，当事者の意思表示が事実であるかどうかは，局外者は判断しにくい。特に，このような契約を無効とする裁判所と仲裁機関は主導的に契約無効を宣告すると，被害者が行為者に対して無効後の責任を負担させられるだけであり，契約に基づいて自分に有利な救済方法を選択できない。だからこそ，「契約法」第54条は民法通則の当該規定を修正して，他人の弱みに付け込む行為を取り消すことのできる契約としている。

7　重大な誤解による民事行為における倫理的分析

　重大な誤解による民事行為は，表意者において行為の性質，当事者，標的物品種，品質，規格，数量などに著しく認識上の欠陥があり，結果として相手方に大きな利益損失をもたらし，その民事行為目的が達成されないものである。誤解は，相手方自身の過失で引き起こされるものであり，他人に騙された不正な影響の下で引き起こされたのではない。伝統的な民法は誤りと誤解を厳格に区別している。誤りは表意者の表示と意思が一致しないことに故意がないこと

である。誤解は相手方が意思表示の内容を間違って認識することである。中国の民法通則によると，重大な誤解は，表意者の無過失な表示と意思が合わない（錯誤）だけではなく，相手方が意思表示の内容を間違った（誤解）ことも必要である。詐欺であっても重大な誤解であっても，それは民事行為の取消しにまでに至る。さらに，表意者は誤った認識で真実意思と合わない意思表示をする。両方の違いは以下のとおりである。a）誤った認識を引き起こす人の違い。前者は詐欺者で，後者は表意者本人である。b）重大な誤解に陥っている表意者の誤解を相手当事者は知らなければならい。即ち，相手方は善意である。詐欺された者の誤った意思表示は相手方に（詐欺者）に知られるだけであり，詐欺者の望んでいる結果である。例えば，重大な誤解の場合，意思表示の相手方が表意者の誤った認識を知っていながら，故意に真実状況を知らせず，その誤解を利用して，自分の利益を求めるのなら，誠実信用原則に反するとして，詐欺になる場合もある。c）要件が異なる。詐欺者には主観的故意が必要であるが，重大誤解者には故意や重過失は必要ない。詐欺は損失をもたらすことを要件としておらず，重大な損失が引き起こされると，詐欺が重大な誤解として考えられる。d）法律効果が異なる。中国の契約法によれば，詐欺的手段で国の利益に損失をもたらすとき，契約は無効となる。当事者間の利益契約なら，取り消すことや変更することができる。重大な誤解による民事行為は取消しや変更ができる。

Ⅲ　民事代理制度の倫理的分析

　民事代理制度は，後見制度に起源を持ち，後見制度はローマ法の後見と保佐制度に起源を持つ。ローマ法において，後見と保佐は人間の財産行為に関しての権利である。ローマ法の説明によると，後見の対象は人間で，保佐の対象は物である。後見を適用するのは，未成年者，婦人，後見人の人身保護を含め，後見人行為の代理も含めるのであり，その特徴は後見人の人格に対しての補充である。保佐は精神病者，浪費者，未成年者に適用される。自営権を奪われた

---

15)　梁彗星『民法総論』，法律出版社，1996年版，189頁。

主体が有する財産の経営や管理，あるいは主体の財産を管理する共通点が特徴とされる。ローマ法が後見と保佐制度を設置する目的は，先ず家庭財産を保護することにある。被後見人と被保佐人に自分の財産を無駄遣いにさせないようにし，他人に財産を侵害され，被後見人と被保佐人の法定継承者の利益を侵害されないようにすることである。しかし，法律の発展に従って，後見と保佐が徐々に混同し，両者の区別がはっきりとしなくなった。現代民法の後見制度には後見と保佐の区別はない。民法行為の代理範囲について，一般的な民事法律行為を，法律の規定あるいは当事者の約束に基づき代理できない者以外，通常代理人が代行できる。ただし，人身属性があるので法律が必ず本人が実施しなければならないと求める民事法律行為や，当事者が必ず本人が実施しなければならないと求める民事行為の代行は認めないとする。さらに，違法行為，事実行為は，通常代理制度を適用しない。代理人が代理する目的は，被代理人の利益を実現するためであり，代理人は代理権を行使するとき，必ず以下の原則に従わなければならない。①代理権の濫用禁止原則。代理権の濫用とは，代理人が代理権を行使する際に，その代理権をもって，被代理人の利益を損害することである。それは代理制度の実質に背く行為であり，法律で禁止されている。具体的には，自己代理禁止，双方代理禁止，悪意結託禁止である。②違法代理禁止原則。違法代理は，違法事項を代理する，代理で違法活動をすることである。「民法通則」第67条によると，代理人が代理される事項が違法であることを知りながら代理する場合，被代理人が代理人の代理違法行為を知りながら反対しない場合，被代理人と代理人が共同で責任を負う。③越権代理禁止原則。代理人は必ず代理権限の範囲内で代理権を行使しなければならない。代理権限を越えることはできない。代理権限を越える代理は無権代理となり，被代理人の事後承諾または黙認がなければ，被代理人に法的効果は生じず，代理人が越権行為の民事責任を負わなければならない。④代理権譲渡禁止の原則。代理人が必ず自分で代理事務を処理しなければならない。被代理人の同意を得る緊急事態以外に，勝手に自分が代理している事務を他人に譲渡をしてはならない。そうでなければ，代理人がその勝手な行為の民事責任を負わなければならない。

　無権代理の中に，特別な代理として表見代理がある。表見代理とは，行為者

に代理権がなくても，表面上，善意の第三者には代理人が本人に対して代理権があると信じ，代理人は法律行為であると信じるに足る事情があり，それによって発生する法律効果は，直接に本人が責任を担う代理である。表見代理は広義の無権代理の一種であり，狭義の無権代理とは異なる。表見代理人と本人の間に，第三者にとって表見代理人は代理権があると信じさせるような事由があれば，法律で有権代理効果が生ずる。狭義の無権代理なら，無権代理人と本人の間にあるこの関係がない。有権代理の法的効果も発生しない。表見代理制度は主に善意の第三者の利益を保護して，取引の安全を保護するものである。表見代理人が他人の名義を使用し，第三者と法律行為を結んで，第三者に表見代理人が本人との間に代理権が存在することを信じさせる。そのため，表見代理人には実際に代理権はないが，法律効果が直接に本人に属する。その主な理由は，このような代理は，客観的に第三者に表見代理人は代理権があると信じさせる外部現象にある。その中に，本人が代理権を授与すると代理人が越権しないことを誤って信じることがある。本人に代理権が授与されることを誤って信じる事由は以下のとおりである。本人が第三者に対して他人に代理権を与えると主張するけれども，実際には授与しておらず，第三者がそれを誤って信じた場合である。本人は他人が自分の名義で代理行為をすることを知りつつも否定しなかった場合。本人の印鑑，会社業務紹介状，契約専門印章は印章がある白紙の契約書を他人に渡して，第三者に他人に代理権のあることを誤って信じさせた場合。代理人の行為が越権に当たらないとされる事由は以下のとおりである。委託権範囲が不明確なため，代理人の行為が代理権を越えて，無権代理であったとしても，第三者に代理人が越権していないと誤って信じさせる場合。表見代理人が本人の名義で，第三者と法律行為を結ぶとき，第三者は表見代理人が実際の代理権がないことを知らず，自分の知らないことに誤りがない場合。例えば，第三者が行為するときすでに表見代理人に代理権のないことがわかっていても，代理行為をするなら，悪意になり表見代理にはならない。それゆえ，表見代理は善意の第三者の利益を保護する。

第 9 章

民法の財産関係における倫理的分析

I 民法の財産関係における倫理的分析の概説

1 財産と財産権定義に対しての倫理的分析

　財産という言葉は，英米法の国と大陸法の国には差があることがはっきりと伺える。イギリス法の財産には通常以下の意味がある。①人が持っているすべての法定権利，一人の「生命と，自由とすべての所有物」を含む。②人権以外のすべての物質内容を含む権利。③債権以外のほかの物質権利。④有形資産のみの権利。大陸法系における財産は三つの意味がある。①有形資産のみ。②有形資産と権利などの無形資産。③資産（積極財産）もあれば，負債（消極財産）もある。[1] 財産は各国の民法や人間の社会生活の中に，重要な地位を持つ。財産に関して，哲学者は基本価値を実現するツールと理解している。[2] 法経済学の見地によると，財産の法律定義は，所有者が自由に行使でき，その行使を他人に邪魔されない資源に関しての権力である。[3] アメリカ憲法の起草者マディソン（Madison）によると，財産のより広く，より適切な定義は，人間が価値があると思って有する，すべての権利あるものである。そして，その全部の収益を自ら支配できることである。[4] この意味では，財産（property）は「個人の土地，

---

1) 曾慶敏主編『法学大辞典』，上海辞書出版社，1998年版，733頁。
2) クーター（R. D. Cooter.）・ユーレン（T. S. Ulen）『法と経済学』，張軍ほか訳，三聯書店，1991年版，160頁。
3) 同上書，125頁。
4) マディソン（J. Madison），"Property", in G. Hunt (ed.), *The Writings of James Madison* Vol. 6: 1790-1802, pp. 101-103. New York: G. P. Putnam's Sons, The Nickerbocker ↗

商品，通貨」だけではなく，「自分の意見を持ち，他人と交流する」権利である。特に，「自分の宗教信念を堅持し，その規定に従って告白し履行する」権利である。[5] ルソー（Rousseau）は財産，自由及び命は人間が生きる三つの基本要素であると考えるだけではなく，[6]「財産権がすべての公民権の中で最も神聖な権利であり，それは特定の側面においては，自由より重要である[7]」と述べる。ノーベル経済学者フリードマン（Friedman）は，「財産権は経済自由の源で，政治自由の根元である[8]」と述べる。社会主体が法律に基づき財産を得るのは，民法の基本的役割の一つであり，諸外国においても民法の基本内容でもある。これに対して，モンテスキュー（Montesquieu）は「政治は人間に自由を与え，民法は人間に財産を与える[9]」と考える。

　財産と財産権観念は単純な法的な認識だけではなく，倫理的判断でもある。19世紀以前の自由経済時代には，財産権が個人の自由意志の表現であると思われ，自由の外在領域であると考えられていた。財産権自体が人間の自由意志を含んでいる。この点から見ると，財産権と人間の意志自由とは密接な関係がある。伝統的な民法の中に，酒を飲む人と浪費者の行為能力に特殊な規定がある。主な理由は，このような人には自由意志がなく，理性的に見通しを立てることができず，社会全体の資源を無駄遣いするからである。したがって，財産権は人格を実現する手段ではなく，ある程度までは，その人の人格と理性的な力であり，人格権である。[10]「功利主義は実際に発生した愉快と満足で品物あるいは行動の価値を評価する。功利主義にとって，財産制度の目的は物質とその

　　Press. [1792] 1906.
5)　同上。
6)　ルソー（J. J. Rousseau）『人間不平等起源論』，商務印書館，1982年版，132頁。
7)　ルソー（J. J. Rousseau）『政治経済学』，商務印書館，1962年版，25頁。
8)　フリードマン（M. Friedman），"Preface: Economic Freedom behind the Scenes", in J. Gwartney and R. Lawson, *Economic Freedom of the World 2002 Annual Report*, Fraser Institute 2002, B. C. Xvii.
9)　モンテスキュー（C. L. de S. Montesquieu）『法の精神（下）』，張雁深訳，商務印書館，1963年版，189頁。
10)　謝鴻飛「財産権神聖と民法には財産権を奪うことに対して」（http://www.civillaw.com.cn/）。

ほかの資源の愉快と満足の量を最大にすることである」[11]。ベンサム（Bentham）は，財産は功利に対する切望であると定義する。「財産はただ渇望の基礎である」。我々が財産と関係を持っているため，財産所有の欲望の総括的効用の最大化の目標は，我々が財産規則を評価する基準を構成することである[12]。ヘーゲル（Hegel）は財産と自由を繋げ，財産を個人の自己表現とする。人間が財産を所有する目的は，財産を通じて人が存在することを表現したこの転換を通じて自然に世界がより美しくなることを強調する[13]。ロック（Locke）は『政府論（下）』の中で「命，自由と財産（estates）」で財産を定義し，国王の神聖な権利を疑う。財産権は政府より以前に存在する人間の基本権利であり，道徳的あるいは自然の権利を指す。誰もが，自分の財産を侵害されない権利を持つ。さらに，自衛の正当な権利以外に，他人を損害しない義務もある。人々は，他人を損害しないという基本原則を守る限り，誰でも自由に幸せを求めることができる。自由は広い意味での財産的道徳的権利に依拠している。正義は，暴力の使用を（個人または集団にもかかわらず）命・自由・財産を保護する範囲内に制限する。正義は結果と関係なく，規則だけに関わっている。正義を実現するため，平等に規則を適用し，介入を拒否する基本的権利に違反してはならないと，言う[14]。

2 私有財産権における倫理的分析

所有権制度の中で，私有財産権は財産権制度の主要内容であり，財産権の基礎である。私有財産権の出現は，社会経済発展の要求であり，倫理的観念が役割を果たした結果でもある。権威に基づく解釈によると，以下の理由で，人間は私有財産権に普遍的な関心を持っている。①人間は自分の主人になろうとし

---

11) クーター（R. D. Cooter）・ユーレン（T. S. Ulen）『法と経済学』，張軍ほか訳，三聯書店，1991年版，160頁。
12) ベンサム（J. Bentham），*Throry of Legislation: Principles of the Civil Code*, Hildreth Edition, 1931, pp. 111-113.
13) クーター（R. D. Cooter）・ユーレン（T. S. Ulen）『法と経済学』，張軍ほか訳，三聯書店，1991年版，163頁。
14) ドーン（J. A. Dorn）「自由憲政秩序における財産権の本——中国の吸収すべき経験」，秋風訳，古典自由主義思想ウェブサイト（http://www.sinoliberal.com）。

て，自分の欲しい普遍的な感情を一所懸命満足させる。アリストテレス（Aristotles）によると，財産権は人間に人生の幸せを感じさせる。「あるものは自分のものとみなされ，感情的には巨大な役割を果たす。誰でも自分を愛している。愛は生来備わっているもので，偶然の衝撃ではない」。②私有財産権は人間に安心感を与える。「人間と社会を結ぶ唯一の架け橋は天然の必然性，需要と個人利益，財産と利己主義の個人に対しての保護である」。③共有財産権が主に政治権力と結びつくことは，人間が公共の安全のために権利を転換することである。共有財産が一旦市場に入ると，同様に私有財産権の貿易規則を適用される。ロックによると，自然状態の下で，人間は普遍的に自然の与えたものを享有でき，それには生命権，自然権，財産権が含まれる。これらの権利は生まれながらに得たもので，誰も犯してはならない。自然状態において，人々の守るべき自然法が支配の役割を果たしている。理性は，即ち，自然法が，理性に従うことを人間に教導する。人間は平等で，独立しており，誰も，他人の生命，健康，自由及び財産を分割してはならない。人間が国を成立させ政府を築く重大な目的は，財産を守ることである。所有権を尊重することは人間の理性と人間自身を尊重することである。④私有財産は個人を満足させる要求である。ヘーゲルは，財産権は生理要求を満足させるだけではなく，理性と能力を確証する要素でもあり，人は所有権においてのみ理性として存在すると，言った。

II　民法物権制度における倫理的分析

1　物権法定原則における倫理的分析

各国の社会制度，法律伝統，法律観念や純粋な立法技術など様々な違いに

---

15) アリストテレス（Aristotelēs）『政治学』，呉寿彭訳，商務印書館，1965年版，55頁。
16) マルクス（K. H. Marx）「ユダヤ人問題によせて」，『マルクス・エンゲルス全集』第1巻，人民出版社，1964年版，439頁。
17) ロック（J. Locke）『政府論（下）』，叶啓芳・瞿菊農訳，商務印書館，1964年版，6頁。
18) 同上書，77頁。
19) クーター（R. D. Cooter）・ユーレン（T. S. Ulen）『法と経済学』，張軍ほか訳，三聯書店，1991年版，163頁。

よって，様々な物権法の基本原則に関する規定がある。通常，物権絶対原則と物権法定原則があると考えられる。物権絶対原則（物権絶対性原則）とは，物権の権利者が絶対的に支配権を行使する原則であり，また権利者は物権支配権を妨害する第三者を絶対的に排斥する原則である。民法の誠実信用原則，権利濫用禁止原則の規定はもちろん物権に適用される。それ以外に，法律上の物権絶対性の制限は主に以下のとおりである。「物権の行使は社会公共利益と他人の合法権利を損害してはいけない」。さらに，法律上の物権が債権より先行する例外の規定について，物権的請求権あるいは物権の追及効力が第三者の善意的な物権取得及び取得時効満了などの原因によって遮断される規定は，物権の絶対性への制限として理解されてもよい。物権法定原則は物権法定主義とも呼ばれ，物権の種類とその内容はすべて法律によって明確に規定され，当事者は新しい物権あるいは物権の法定内容を変更してはいけない原則である。各国の法律において，物権法定主義を採用する理由について注目する点が異なる。例えば，フランスは公序違反を禁止する傾向にあり，近代的物権が侵害されないことに重点を置き，ドイツは取引の安全性保護に焦点を置いている。[20] 中国台湾の民法の理由書には，「物権は，極めて強い効力を有し，すべての人に対抗できるため，契約や慣習によって成立することを許可すれば，公益に損害を与えるため，創設を許可しない」[21] とする。なぜ物権法は物権法定原則を採用するのか。その理由と原因について，学界に様々な意見がある。要約すると，物権は絶対的権利で，誰にでも対抗でき，強い効力があり，他人の利益と社会経済秩序と直接的な関係があるため，強制的に物権の種類，内容，効力及び変更を規範し，物権の存在を明らかにして，物権の変更を公開し，物権を有する者の利益を保障する。当事者が任意に新しい物権の種類を創設し，あるいは権利濫用によって第三者の利益を損害し，社会経済秩序に危害を及ぼすことは認められない。物権法定主義によって，物権の種類をシステム的に整理し，国の基本経済制度を守ることに利益がある。物権の設定にあまり制限をかけず，物の経済

---

20) 段匡「ドイツ，フランス及び日本法における物権法定主義」，梁彗星主編『民商法論文集』第7巻，法律出版社，1997年版，275頁。

21) （台）林紀東・鄭玉波ほか編『新編六法参照法令判解全書』，五南図書出版社，2001年版，335頁。

効用を十分に発揮させる。物権法で物権法定原則を実施するために，まず物権が反映する社会の所有制関係が存在しなければならない。例として，人々に自由に物権を創設させれば，社会の経済基礎に影響を及ぼす可能性が出てくる。次に，物権は絶対的権利であり，対世効を有しており，必ず人々に尊重されなければならない。しかし，一定の方法をもって，人々に様々な物権の基準内容を理解させない限り，この尊重を求めることは不可能である[22]。この方法が物権法定主義を実施する。第三，物的取引の法律上の直接的表現は物権取引であり，物権法定原則を執行する。法律において統一的に規定した物権の種類と内容こそ，物権取引に便利な条件を提供できる[23]。

　物権法定における「法」の範囲について，立法上から言えば「本法あるいはほかの法律」に規定がある場合以外に，物権を創設してはならない。「本法」は民法典を示しており，「ほかの法律」は民法典以外の特別法を示している。即ち，物権法定原則にある「法」は狭義の法律で，「物権に関わる人の権利と義務は大きく，命令で創設するのはまったく適さない」[24]。取引慣習で発生する物権あるいは慣習法の物権にどのように対処するか，学界内では異なる意見がある。それは，①物権法定無視説。完全に物権法定主義を無視し，慣習上の物権の効力を承認すべきであるとする。②慣習法包含説。民法総則の政策と慣習など効力に関しての規定を引用し，慣習法を物権法定の「法」に含める，慣習法の物権の合法性を承認する。③慣習法物権有限承認説。物権法定主義の「法」は，慣習法を含めていないが，社会慣習によって生まれた物権が物権法体系の確立を妨害せず適当な方法で公示できる場合，物権法定主義の拘束を超えて，直接的に慣習法の物権を承認できる。④物権法定緩和説。新生の社会慣習にある物権は，物権法定主義の立法趣旨に違反せず，一定の公示方法があると，物権法定主義の内容を説明できる。これを非新種類の物権と言う。⑤慣習法有限承認説。これは最も広く受け入れられている学説である。これによる

---

22) ホルン（N. Horn）『ドイツ民商法入門書』，楚建訳・謝懐拭校正，中国大百科全書出版社，1996年版，187頁。

23) 梁彗星主編『中国物権法草案建議稿条文，説明，理由と立法参考例』，社会科学文献出版社，2000年版，101頁。

24) （台）鄭玉波『民法物権』，三民書局，1988年版，16頁。

と，物権法定原則は典型的な法律創設であるが，伝統習慣や倫理的観念に強く影響され，強い倫理的基盤もある。

2 所有権制度の発生に関する倫理的分析

大陸法の観念からすると，所有権はすべての物権の中でもより完全で，より重要な権利である。ローマ法において「物に対しての最も一般的な支配である」と言われている。所有権の発生は古く，漸進的に進歩してきた。人類は早い段階で，自発的に集団で人類を脅かす自然力に対抗することで，個人の不足を補完しながら人類の生存を維持しなければならなかったため，血縁関係に基づき最初の共同体を構築した。イギリスの法制史学者メーン（Maine）は，人類史初期の財産に関する研究によって，団体の共同所有権は古代の正常な状態の下での所有権であることを発見した。「何人もその意志に反して共同所有権に結びつけられない」，「もし我々の注意を，個人所有の所有権に限定したら，初期の財産史に対するいかなる手掛かりも得ることができないかもしれない」[25]と言う。モーガン（Morgan）は，先史の各文明段階を考察し，私有財産の増加は血縁を基礎とする社会から地域を基礎とする社会の変遷によるとする論点を提起した。著書『古代社会』の中で，「財産の観念・定義は人の心の中で徐々に形成されてきた。長い年月においてずっと弱い状態にあった。無知蒙昧の段階に芽生え，この段階と次の野蛮段階の一切の経験によって成長し，人の脳に準備させることで，この観念の操作を受けやすくする。財産に対する欲望がほかの一切の欲望を上回ると，文明の始まりを示す」[26]と指摘している。財産に対する欲望は社会進歩の一番の原動力である。「人々は生活資料の蓄積を財産の基本とするので，占有に対する欲望が強くなる。これは未開時代では絶対にないことである。今では文明人を支える主な欲望になっている」[27]。エンゲルス（Engels）はモーガンの研究成果を基礎として，私有財産国家の生成を論じた。

---

25) メーン（H. J. S. Maine）『古代法』，沈景一訳，商務印書館，1959年版，147頁，148頁。
26) モーガン（L. H. Morgan）『古代社会（上）』，楊東蓴ほか訳，商務印書館，1977年版，6頁。
27) 同上書，11頁。

彼は有名な著作『家族・私有財産・国家の起源』で欧州の経験をベースに，アテネ，ローマとドイツ，これら三種類の典型的な国家の誕生形式を分析した。どの方法で生成した国家であれ，さらに生成した国家の所有権であれ，人間の悪い性質の縮図と反映である。ドイツで生まれた国有財産は，人間の極端な悪い性質の表れである。これによると，所有権の生成は人の悪い性質に深い淵源がある。人間の本性は悪であるからこそ，人々は社会で対立する。この対立によって，人間のすべての力が呼び覚まされ，人類の歴史を野蛮状態から文明状態へと発展させていった。ある学者の言うとおり，所有権の生成は人間にとってしかたのない選択であり，性悪説に発する。性悪説を抑制するのもその理由で，生存は人の第一本能であるからである。公衆生存のために，強制的な公共の権利で人の行為を規則許可範囲以内にコントロールしなければならない。財産取得と使用規則は，所有権制度に変化したのである。[28]

　所有権は他の物権が生じる前提であり，「母権」とよく呼ばれる。所有権は所有権者と他人との関係の中で最も高い意思自主性があり，所有権者以外のすべての民事主体は完全な消極的地位にある。これは所有権の性質によって決まる結果である。彼らは所有権の目的物にいかなる積極的な行為をすることもできず，所有権者の権利行使にいかなる干渉をすることもできない。近代民法ではこの現象を「絶対権」と呼んでいる。絶対権の概念は，近代民法の個人主義と自由主義価値観を表している。この価値傾向は私有財産と個人意思に最大限度の尊重を与えて，人々の財産を創造する積極性を増大させ，近代資本主義の急速な発展を促した。しかし，19世紀中葉以降になると，絶対権の定義は批判される。社会利益と社会公平が徐々に重視され，「所有権社会化」という改良運動が出現した。即ち，社会利益のために所有権を制限する必要があると認めたのである。[29] 制限の内容と必要性に対して，ベイルズ（Bayles）がコモン・ローにおける財産権の存在すべき範囲を分析する際に二つの制限を指摘した。それは個人利益と公共利益である。私益制限原則は「私益を目的とする地役及び制限約款は，その目的の必要事項及び合理的な財産使用に必要な場合のみ黙

---

28) 張雲平・劉凱湘「所有権の人性根拠」，中外法学，1999年第2期。
29) 王衛国「財産権についての法律分析」，王保樹主編『商法論文集』第3巻，法律出版社，1999年版。

示や土地相隣を認める」と解釈すべある。公益制限原則とは「別の方法で合理的に取得するのであれば，それを維持，促進または調和のとれた雰囲気を含む公益目的のための合理的な制限は受け入れる」[30]ことである。所有権に対して最も絶対的な規定は1804年の「フランス民法典」である。ドイツ民法典にいたっては，所有権の絶対性を主張するが，所有権の権能の行使ではフランス民法典よりも制限が多い。「ドイツ民法典」第226条では「他人を加害する目的で権利を行使してはならない」と規定し，権利濫用禁止に先鞭をつけた。それだけではなく，ドイツ民法は「所有権の合憲性解釈」と「所有権の社会義務」の二つの原則を確立した。さらに，裁判において，個人特殊犠牲理論，情勢制限性理論を創設し，所有権者の権能の行使を制限する[31]。それ以外にも，民法は制度と理論（善意取得制度や公信力理論）を設けることによって，所有権者の権利を制限する。善意取得制度や公信力理論の設定は，購入者の利益を守り，社会全体の取引安全を維持するためにある。善意取得制度においては善意が非常に重要な要素であり，それは譲受人が財産所有権を取得し，その他の権利を主張するにあたっての法律前提と道徳上の立脚点となる。しかし，所有権に対するいかなる制限も，所有者の利益を損害することを代価としてはならない。これは民事立法の一つの基本原則である。公共利益は個人利益に役務を提供すべきであり，公共利益保護を理由に個人利益を勝手に破壊することは許されない。「公共利益の永遠とは，民法が人々に与える永遠に変わらない財産保有である」[32]。

3　地役権制度における倫理的分析

　地役権や隣地使用権制度は，倫理的色彩が濃い法律制度である。その法律規則の多くは倫理的規則を直接反映する。地役権とは，自己の土地使用の便益のために他人の土地を利用する権利である。土地の需要と供給が同時に存在することは，地役権の発生する前提である。その本質は承役地の使用権範囲を制限

---

30) ベイルズ（M. D. Bayles）『法律の原則———一つの規範的な分析』，張文顕ほか訳，中国大百科全書出版社，1996年版，129-137頁。
31) 張雲平・劉凱湘「所有権の人性根拠」，中外法学，1999年第2期。
32) モンテスキュー（C. L. de S. Montesquieu）『法の精神（下）』，張雁深訳，商務印書館，1963年版，190頁。

し，要役地の利用価値を増加させることである。地役権はローマ時代から始まるローマ法役権の一種である。ローマ法によると，役権には人役権と地役権がある。地役権は，特定土地を便益に供するために他人の土地を利用する権利であり，それには都市地役権と田野地役権がある。前者は採光，橋立，タバコなどであり，後者は通行，取水，排水などのことである。近現代各国，即ち，フランス，ドイツ，日本などの民法において地役権制度が確立された。地役権は要役地の利用価値を増やして，十分に土地を利用して経済効果を上げ，適当に土地の利用状況を調整できた。地役権は当事者の約束によって設定され，要役地権者は当事者間の約束に従い，使用方法，範囲や使用程度を決め，承役地を利用する。地役権の設定目的と地役権者の権利を実現するために，地役権者は必要な付随行為と必要な施設を設置する権利がある。例えば，引水のために水路を掘る権利である。地役権者は地役権範囲内の承役地に対し，直接の支配権利を所有する。それゆえ，地役権者は他人の地役権の妨害行為に対して，排除請求を行うことができ，地役権を妨害する危険行為に対しても，防止請求を行うことができる。地役権者は，積極的に承役地の正常使用の効用を維持すべきであり，設置した必要な施設を積極的にメンテナンスする義務がある。例を挙げれば，通行地役権を行使するために建設した道路を積極的にメンテナンスし，保養すべき義務である。承役地所有者は，地役権者が自分の土地で一定行為をするか否かを許す義務がある。通常，地役権は有償であり，承役地所有者は地役権者に使用費用を要求する権利がある。「ドイツ民法典」第1023条の規定によると，地役権の行使が承役地の一部分に限られるとき，承役地所有者は地役権者が該当部分の土地の利用によって，自己に特殊な不便を与える場合，自分の費用で，地役権者に別の適切な地役権者の利益場所に移動することを要求できる。

4　相隣関係と隣地使用権における倫理的分析

相隣関係とは，隣り合う不動産の所有者あるいは使用者が，財産の十分な有効利用を考慮し，相互に形成する法定の権利義務関係である。純粋に権利の視点から相隣関係を見ると，隣地権は，即ち，相隣関係の一方の当事者が不動産を便利に利用するため，他方の当事者に一定の便益の提供を請求することがで

第9章　民法の財産関係における倫理的分析

き，他方の当事者はその便益を提供する義務を負うことである。相隣関係あるいは隣地使用権はローマ法に源を発しており，二種類の地役権が含まれる。一つは田野地役権であり，土地と密接な関係がある。もう一つは都市地役権であり，建物と深い関わりを持つ。現代工業の発展に従って，生産が徐々に社会化され，地役権の定義にも重大な変化が生じた。「ドイツ民法典」第906条は「臭気・煙・石炭ガス・熱気・音・振動あるいはその他の物の侵入を禁止する」と規定する。相隣関係は以下の特徴を有する。①相隣関係は法定の権利義務関係であり，法律によって直接規定される。当事者の約束や一定の法律行為によっては設定されない。②相隣関係の主体は，相互相隣関係の不動産所有者と使用者である。「相隣関係」という語義を拡大解釈すると，「連なっている」とも「近所」とも理解される。不動産は繋がっている状態であっても，近所の状態であっても，一方の所有権行使によって他方の利益に影響する場合，相隣関係が生ずる。③相隣関係の客体は，相隣関係の不動産本体ではない。相隣関係の各関係者が不動産の所有権あるいは使用権を行使する際，お互いに便益を与えあるいは制限して追求する利益を受け入れることである。④相隣関係の基本内容は，相隣関係にある不動産の一方の所有者や使用者が，権利行使する際に，他方の所有者や使用者に必要な便益を提供させる権利と必要な制限を受ける義務である。この「必要な便益」とは，一方の当事者が相隣関係者からこの便益を獲得しなければ，正常な権利行使が不可能となることを示す。

　相隣関係は，相隣関係当事者の権利衝突を調整するために生ずる。このような権利衝突の根本内容は，不動産に対する利用である。具体的に言えば，それには二つの原因がある。まずは不動産の地理的位置の相隣関係であることで，これは衝突が発生する自然な前提条件である。次は，不動産物権にある固有的な排他性で，これは衝突が発生する法律の前提条件である。したがって，地理的位置の隣り合う特性は不動産所有者あるいは使用者の権利支配範囲を重ねさせる。だが，物権の排他性はこのような重なった状態を排斥する。このような権利衝突を調整するために，一連の法律制度を設定することが必要であり，相隣関係はその中の一つである。相隣関係の本質は，不動産所有権あるいは使用権の拡張及び制限である。隣地使用権から言うと，それは所有権や使用権の適当な拡張であり，相隣関係義務から言うと，それは所有権や使用権に対する適

当な制限である。適当な制限や拡張によって，友好的に権利衝突を調和させるのみではなく，衝突を解決し，不動産の社会経済利益効果を大いに向上させる。確かにそれは「物の効用を最高にした」。さらに，相隣関係は利益と公平，国家関与や個人意思自治の矛盾の折衷である。民法は権利法で，民事主体に多くの権利を設定させ，物権の特殊意義に基づいて，それに排他性の特徴を与えた。もう一方，現代民法の価値判断の一つの重要な傾向は平等を基礎に，利益の地位を強化し，資源の合理的な配置と使用を強調することである。重要な生産と生活の資源として，不動産は各社会主体の生存と発展に欠かせないものである。移動できないという不動産の属性は，地理的位置を変更することで権利行使の欠点を克服することを不可能とする。したがって，物的経済利益を最大限発揮するために，周囲の不動産で不足な部分を補う必要がある。これは物権の排他性と矛盾している。相隣関係の一部分には，一方の権利拡張ともう一方の権利制限があり，制限される一方にとってこれは明らかに不公平である。ただし，不動産や社会経済の発展にとっては利益がある。この視点から言えば，相隣関係は利益と公平のバランスをとった結果である。国は利益と公平を判断した上，一定の道徳要求を参考して，相隣関係を最低限度で調節する法律制度を規定した。

　相隣関係と地役権は一定程度重なり合っているが，両者の相違も大きい。主な相違点は以下とおりである。①法律の性質が異なる。隣地使用権は自物権に属して，本質的には所有権や使用権の拡張である。地役権は他人所有の土地上に権利を設定し，他物権に属する。相隣関係の規定の目的は，所有権の範囲を決めることである。原土地所有権を拡張しまたは制限しても，所有権制度の一部であり，新しい独立の物権にはならない。地役権は用益物権で典型的な物権の種類である。②発生原因が異なる。相隣関係は所有権の内容の拡張や制限で，法律で直接決められる。地役権は不動産所有者と使用者の間で結んだ契約によって生じ，継承によって得ることができる。③法律の要求が異なる。相隣関係における隣地使用権は法律によって直接に規定され，権利者の権利行使によって，隣り合う人に損失をもたらす場合を除き，隣地使用権者の権利行使は無償である。地役権の有償や無償は意思自治に属し，双方は契約の中で自由に約束することが可能となる。さらに，地役権の存続期間内に，当事者の約束に

第9章　民法の財産関係における倫理的分析

よって，永久地役権を設定することも可能である。相隣関係の存続期間は法定されている。④発生の根拠が異なる。相隣関係が法定であるため，登記がなくても当然に成立する。地役権は物権の一つであるため，登記が必要となる。さもなければ，債権効力しか生じない。⑤成立の要求が異なる。相隣関係は必ず相互に相隣関係する権利帰属が異なる二つの土地に発生するが，地役権の発生は相隣関係の異なる所有権帰属土地に限らない。⑥適用範囲が異なる。隣地使用権は土地にも適用され，建物にも適用されるが，地役権は土地のみに適用され，建物には適用されない。⑦権利の客体が異なる。隣地使用権の客体は相隣関係の土地自体ではなく，権利拡張により取得する利益である。地役権の客体は承役地自体である。⑧存続期間が異なる。地役権は有期物権であって，その期限は当事者の約束によって決める。隣地使用権は無期物権であって，不動産の地理的位置を変更しなければ，隣地使用権は消失しない。⑨調節結果が異なる。隣地使用権は法律が相隣関係に対して最低限度の調節を行うのみであり，不動産の所有権や使用権に対する制限と拡張の程度は比較的小さい。地役権は隣地使用権を基に，更なる権利衝突を調整するための不動産物権に対する制限と拡張の程度は大きく，当事者は地役権の内容に相当な程度の私法自治空間を有する。

Ⅲ　民法債権制度における倫理的分析

1　権利侵害行為の責任帰属原則における倫理的分析

債務は，ローマ法学者によって，「負うべき履行義務を結びつける法の鎖である」[33]とされる。メーンによれば，「債務は個人や集団の人々を結合させる『束縛』や『鎖』であり，何らかの自主的行為の結果である[34]」と言う。そして「法の鎖は弁済（solution）の過程でしか解除できない[35]」。債務は法律が契約関係に対して調整した結果である。メーンの観点によれば，「ある行為は，必ずしも道徳上の必要により自身に債務を負担させるのではなく，法律上の権利を根

---

33)　メーン（H. J. S. Maine）『古代法』，沈景一訳，商務印書館，1959年版，182-183頁。
34)　同上書，183頁。
35)　同上。

拠にして，債務を負担させるのである」[36]。債務の発生原因である権利侵害行為は，契約以外で最も重要な形態の一つである。権利侵害行為というのは，加害者が不法に他人の財産権利を侵害することによって負うべき民事責任の行為である。各国の法律規定によると，権利侵害行為の基本的な責任帰属原則は，過失責任原則である。この原則によって，加害者は自分の過失行為で他人に損害を与えた場合，その責任を負う。この原則はローマ法に起源を有し，各国の民法に採用されてきた。その哲学の基礎は近代私法理念である。近代私法理念は理性主義，ラジカリズム，個人主義の哲学思潮をベースにしている。個人権利の絶対的尊重と個人意思の絶対的服従を重視し，私法自治を主張する。私法自治の論理内容の一つは責任を自ら負うことである。責任帰属原則は過失責任に現れる。行為者は自分の過失で他人や社会に不利益をもたらす場合，法的責任を負い，それに違反した場合，私法自治に対する反発となる。この原則の法理基礎は権利と義務の一致で，誰も，自らが義務を負う行為の責任のみを負担し，注意義務以外の責任は法律でも要求できない。「フランス民法典」第1382条は，「いかなる行為でも他人に損害を与えたとき，自らの過失で損害を起こした者は，他人に対し賠償責任を負うべきである」，「ドイツ民法典」第823条は，「故意あるいは過失によって不法に他人の生命・身体・健康・自由・所有権その他の権利を侵害した場合，他人に損害賠償の義務を負う」，中国の「民法通則」第106条第2項は，「公民・法人は過失で国・集団の財産を侵害した場合，他人の財産・人身を侵害した場合，民事責任を負うべきである」と規定した。現在は，一般的に，1804年のフランス民法典における過失責任が，唯一の責めに帰すべき原則であると考える。1900年ドイツ民法典以降，過失責任のほかに，無過失責任がもう一つの原則になり始めた。ただ，各国において過失責任が基本的な責任帰属原則である。現在，過失の通説は大きく四つあり，それは主観的過失説，客観的過失説，主客観混合過失説，主客観統一説である。一つ目の，主観的過失説は，個人意思自由を基礎として，「過失は責められるべきものである」との心理状態である。行為者は心理的に注意すべきであるが，不注意によって，非難されるべき心理状態である。19世紀ドイツ法学者イェー

---

36) 同上。

リング（Jhering）は次のように主張する：人に損害賠償を負わせるのは損害ではない。存在する過失がその原因である。化学上，「ろうそくを燃やすのは光ではなく，酸素である」。その論理は，化学上の原則と同じであり，明らかなことである[37]。二つ目の，客観的過失説。ある行為基準を用いて行為者が誤っているかどうかを判断する。客観説は過失を社会準則に違反する行為意思状態であるとし，フランス，ベルギー，スペインの学者と英米国はこの説を採用する[38]。当学説の主張者によると，過失とは行為者の主観的心理状態が非難されるべきであるかどうかではなく，その行為自体が非難されるべきかどうかである。行為者の行為が行為基準と異なると，過失と判断される。言い換えると，客観的過失説は過失を社会準則に違反する行為意思状態とみなす。三つ目は，主客観混合過失説である。この説によると，過失は主観と客観要素が結び合わされた概念であり，法律と道徳から非難されるべき行為支配者の行為の故意や過失状態である。言い換えると，行為者が法律と道徳に違反する行為によって表される主観状態である[39]。主客観要素を合わせる過失説は過失を主観状態であるとする以上，その本質は主観的過失説である。ただし，過失という主観状態の支配によって，客観的な権利侵害を招く場合，その過失を決める客観的な基準がある[40]。四つ目の，主客観統一説。過失の定義は主客観統一の認識の基礎上にある。そのため「過失は，行為者自身が尽くすべき義務を尽くしておらず，尽くすべき注意義務に違反し，法律で許可されない行為意思状態である[41]」。これによると，過失は社会評価であり，その評価対象は，行為の本質と核心である意思である。意思は行為者の外部活動で表現される。そのため，法律を実施する際，過失の定義の適用は，行為者が行為するときの心理活動の再現性表現ではなく，行為意思状態を十分に明らかにする客観事実の総合判断である。歴史上，ローマ法は主観心理状態基準を採用している。行為者の善良なる管理人としての注意義務を過失の判断基準とする。近代及び現代において，客観的過

---

37) （台）王澤鑒「権利侵害行為法の危機と発展趨勢」，王澤鑒『民法学説と判例研究 (2)』。
38) 王衛国『過失責任原則——第三回勃興』，中国法制出版社，2000年版，250-252頁。
39) 王利明『権利侵害行為法の責任帰属原則研究』，中国政法大学出版社，1992年版，214頁。
40) 喩敏「権利侵害行為法中の過失問題に対する再思考」，現代法学，1998年第4期。
41) 王衛国『過失責任原則——第三回勃興』，中国法制出版，2000年版，253頁。

失理論がもっぱら主張されており，注意義務の違反は過失発生の原因とする。[42]

　過失責任原則は，比較的人々の倫理的観念の要求に適合するが，社会経済の発展や時代の進歩と変遷によって，社会的使命感を持つ法律思想家たちの認識が変わってきた。社会を中心とする論理の起点と原点は個人ではなく，個人の単純な，神聖な権利や意思でもなく，社会である。それによって，法律観念からゲルマン法の集団主義と社会連帯思想を受け入れるようになった。そうすると，法の哲学は個人本位から社会本位に進化する。それをベースに，無過失責任原則を提起した。「無過失責任原則」とは，行為者の過失を要件とせず，その行為が他人に損害を与え，かつ不可抗力や予見可能な事故による侵害でない場合，民事責任を負うべき原則である。このような責任の負担は，行為者の主観的意識状態を考慮せず，損害の結果と法定免責事由だけを考慮するので，客観責任とも言われる。この原則が初めて記録されたのは1838年の「プロイセン鉄道法」である。同法第25条によると，「鉄道会社は鉄道運送途中に発生する一切の損害に対し，運送されるのが人間か物かにかかわらず，厳格責任を負わなければならない」，「人に危害を加える恐れが高い企業は，企業主に何ら過失がなくても，無過失を理由として賠償責任を免除することはできない」と規定した。その後，多くの国の民法において同原則が確立された。現在，各国の民法は過失責任原則を主とし，無過失責任を例外や補助的立法原則としている。無過失責任は，極めて危険な作業など周囲の環境・人の身体・財産に異常なリスクがある作業や活動に適用される。なぜならば，それには以下の理由がある。①危険製造理論。極めて危険な作業やその他の異常に危険な活動をする人は，危険の元を製造しているのであり，これらの行為によって他人の人身，財産に損害を与える可能性が高い。②危険分担理論。行為者の作業や活動が非常に危険で，注意義務を尽くしても，完全に損害の発生を避けられない。例えば，このような行為を過失責任の根拠にすると，被害者の損失を補償できず，社会正義に相応しくない。③危険支配理論。即ち，「誰が危険を減少できるか，できるだけ危険を回避できるかに基づき，その者に賠償責任を負わせる」。被害者と比べて，非常に危険な作業や異常に危険な活動をする人は危険を抑制

---

42)　王乾坤「過失の研究」，中国民商法律網，2002年10月8日。

し，損失を分担し分散能力があるはずである。危険な作業は通常営業者が行う，管理の強化や技術の改善などを通じて，損失の発生を抑え，回避するようにする。一旦損失が発生しても，価格メカニズム，保険メカニズムで損失を分散させることができる。④報償理論。「利益を享有する人はリスクを負担する」原則であり，危険製造者は製造物がもたらした物の利益を享有する以上，それによって起きたリスクを負担するのも当然である。これは公平・正義理念に適合する。それによって，無過失責任の損失配分理念は，損失を危険製造者に負わせる。このような活動は非常に危険であり，行為者は注意を尽くしても完全に回避できない場合にも依然として過失責任原則を主張すれば，不幸な被害者に補償できなくなる。法律は損失を危険製造者に分配し，かつ危険作業により利益を享有する利益者に負担させるのは，公平正義理念に適合すると言う。だからこそ，ある意味から言うと，無過失責任は元来意義上の責任ではなく，損失配分であると主張する者もいる[43]。

　民事責任の第三の責任帰属原則は公平責任である。公平責任は違約責任でもなければ，権利侵害責任でもない。それは権利侵害，違約責任に匹敵する衡平責任である。中国の「民法通則」第132条は，当事者は損害発生に過失なければ，実際の状況に基づき，当事者が民事責任を分担すると定めている。これは公平責任原則の法律基礎である。公平責任原則の行使は，完全に裁判官の事件の状況に基づく自由裁量を行使するのであり，その機能は過失に対する罰ではなく「不幸」の配分であるため，必ず正確に公平責任原則の適用範囲を把握しなければならない。同原則の適用条件は次のとおりである。①加害者の行為と被害者の損害との間に因果関係がある。②加害者と被害者両方に過失がない。③損害行為の無過失責任原則が法律で規定されていない。④加害者が民事責任を負わないことは不公平である。⑤公平責任原則に免責事由がない。⑥公平責任の加害者が負担する責任分割が適当である。

2　事務管理制度における倫理的分析

　事務管理とは法律規定や契約約束の義務がないにもかかわらず，他人の利益

---

43)　(台) 王澤鑒『権利侵害行為法 (1)』，三民書局，1998年版，17-18頁。

損失を避けるために，行為者が自動的に他人に事務管理と役務を提供する行為である。事務管理の性質は事実行為である。事務管理行為は管理者と被管理者の間に生ずる。権利義務関係は事務管理の債務であり，管理者は被管理者（受益者）に対し管理費用を請求する権利がある。被管理者は管理費用を支払う義務がある。事務管理は，古代ローマ法に起源を持つ。古代ローマにおいて，事務管理は法律の調整の対象ではなかった。ただし，他人の事務を管理することによって，個人と社会の損失を減少させ，人助けの伝統美徳を体現した場合，社会の容認と激励を受けるべきである。共和国末期には，事務管理は正式に市民法に採用されることになった。その後各国の民法にそのまま採用されてきた。事務管理の中で，他人の事務を管理する人は管理者と呼ばれ，自分の事務を他人に管理される人は本人と呼ばれる。管理者と本人の関係は委託契約と同じ効果があり，「委託なしの事務管理」とも呼ばれる。例えば，管理者は管理不当で，本人の明示する意思あるいは推知意思に反して管理し，また管理過程において注意義務を満たさず，本人が被らなくて済んだはずの損害を招いた場合，管理者は一定の賠償責任を負わなければならない。これらの行為は以下のとおりである。①自分の事務と勘違いして，他人の事務を管理する。管理者が他人の事務を自分の事務と勘違いして管理することによって支払ったお金について，管理者は不当利得の規定によって，受益者に返還を求める場合。この場合，管理者が他人の事務を自分の事務として管理することは事務管理の構成要件にはなっておらず，事務管理費用の請求権はない。②不法に他人の事務を管理する行為。他人の事務であることを知りながら，自分の利益のために管理し，他人の利益を図る意思と目的が欠けるため，事務管理にならない場合，本人に不当利得の返還を請求してはいけない。これに関して，「ドイツ民法典」第814条，「日本民法典」第705条，中国の台湾地域「民法典」第180条に明確な規定がある。逆に，不法に他人の事務を管理することによって利益を得た場合，本人は権利侵害行為で損害賠償を請求できる。管理者に対する損害賠償請求権及び不当利得に基づく不当利得の返還請求権があり，不法管理者に不法管理によって得た利益の返還を請求できる。③不法な事務管理。不適法事務管理とも呼ばれる。管理者は法律や約束の義務がなくても，他人の事務管理を行うが，ただ，その管理が本人の意思と食い違っている場合。事務管理との本質的

第9章　民法の財産関係における倫理的分析

な区別は，管理者が事務管理するときの管理や行為が本人の明示する意思や本人の推知できる意思と合わない点である。不法事務管理の管理者は本人の意思に反して本人の事務処理の自由意思と権利を侵害するため，性質上，不法行為となる。即ち管理者に本人のために管理をする意思があっても，その行為に違法性が存在する。不法事務管理に対して，本人はそこから生まれた利益を享受することを主張してもよいししなくてもよい。例えば，本人は利益を享受すると主張するとき，管理者に管理することによって支払った必要な費用を返済しなければならない。本人が得た利益を限度として，必要な債務を賠償し，損失したものを賠償する。④管理者が行為能力を欠く場合。民事行為無能力者や制限民事行為能力者が本人の事務管理をした場合，事務管理にはならないが，不当利得になる。事務管理の債務は法律上特定の意味があり，管理者が法に従って義務を負担することを含めて，ある特殊な場合，事務管理制度を適用すれば，管理者の合法利益を救済できず，事務管理制度の適用を排除する必要があり，管理者の不当利得返還請求権が承認される[44]。これに関して，「ドイツ民法典」第682条には以下の規定がある。「管理者が民事行為無能力者または制限民事行為能力者である場合，権利侵害行為の損害賠償または不当利得の返還規定に従って，その責任を負う」。

　事務管理において比較的特殊な問題の一つは，拾得物の民事責任における問題である。学理上の一般解釈によると，誰にも他人の遺失物を拾う法定義務はなく，物が破損しても，発見者はいかなる責任も負わない。ただ，発見者が他人の遺失物を返す目的で拾って保管することは，無法定や無約束の義務であって，他人の利益のために管理することは事務管理になり，事務管理の債務が生ずる[45]。諸外国の民法規定において，遺失物を拾得した後に，落とし主を探す途中で窃盗された場合，拾得者は自分の事務管理と同じく注意義務を尽くしていたならば，賠償責任を負わない[46]。例えば，拾得者が占有する意図がある場合事

---

44) 鄒海林「不当利得請求権とそのほかの請求権の競合」，法商研究（中南政法学院学報），2000年第1期。

45) 参照，（台）史尚寛『物権法論』，栄泰印書館，1979年版，119頁；（台）王澤鑒『民法物権・通則・所有権』，三民書局，1996年版，239頁。

46) 参照，日本民法第698条，ロシア民法第983条第2款，ドイツ民法第680条，台湾民法第175条。

実上事務管理ではなく権利侵害行為になり，落とし主に損失を賠償しなければならない。各国は落し物を返す際，報酬を要求する権利があると規定している。例えば，落とし主が懸賞をかける形で遺失物を回収するなら，拾得者が一旦善良な管理者の注意義務を尽くせば，広告の中で申出されているお金を受領することができる。

　事務管理のもう一つの問題は，義に勇むことの法律問題である。義に勇むことというのは，法律の規定や約束による救助義務を負わない公民が国の利益，社会の公共利益や他人の人身財産利益を不法侵害，自然災害，突発事故から免れさせるために，身の危険を冒して，勇敢に立ち向かい，積極的に救助する適法行為である。[47] 義に勇むことは専門的な法律定義としては，中国において理論上の研究はさほど多くなく，法律上この定義はほぼ存在してない。しかし，義に勇むことは道徳上の行為のみならず，最も法律的な行為でもある。それゆえ，義に勇むことを立法する際，法理上まず道徳の法律化の問題を考えなければならない。[48] 義に勇むことになる一般的な要件は次のものである。①行為主体は，法律の規定や約束による救助義務を負わない公民であること。法定の救助義務を有する公民が行う救助行為は，職務上実行しなければならず，法定の救助義務を履行しない場合失職の可能性がある。法定の救助義務を有しながら，救助される対象と約束義務がある者は，救助行為を行うことは約束の履行であり，義に勇むことではない。②義に勇む者の救助対象は国の利益，社会公共利益や他人の人身，財産利益であって，これらの利益は今現在または近い将来不法侵害，自然災害や突発事故にあうものである。義に勇むことの「義」というのは，正確には正義・公益であると理解すべきである。救助するのは自分の利益ではなく，自分を救うことは義に勇む要件を満たさない。③主観的には，行為者は国の利益，社会公共利益や他人の利益を損害から免れさせるあるいは損害を減少させることを目的とすべきである。④客観的には，義に勇む者が自己の身に危険が及ぶ可能性が高くても，積極的に救助を行うものである。救助は

---

47) 趙肖筠・潘国琴「義に勇むこと保護するための立法に関しての法理思考」，現代法学，2001年第2期。

48) 方向東「義に勇むことの立法評価と思考」，黒竜江省政法管理幹部学院学報，2002年第4期。

積極的な方法で行われるべきであって，消極な不作為は義に勇むこととは言えない。[49] 中国「民法通則」第109条は，義に勇むことによって発生する関係を権利侵害行為によって発生する債務という。侵害者に賠償責任を負わせ，受益者にも適当な補償をすることができる。これは理論上適切ではないが，受益者の補償責任は権利侵害行為の債務ではなく，事務管理により生じる債務だからである。受益者は適当な補償を給付するのではなく，補償を与えるべきである。したがって，法律の性質から言うと，義に勇むことに事務管理の規定を適用し，受益者はその人に一定の補償義務が発生する。

3　不当利得における倫理的分析

不当利得は，法律や契約に十分な根拠がなく，他人に損失をもたらすことによって自分が利益を得ることである。不当利得による債務はローマ法に基づく。18世紀に，自然法学派は自然公平原則から，不当利得による債務制度を給付原因以外にまで広げていた。誰でも自分の利益を求めるために他人の利益を損害してはいけない。これが立法趣旨である。だが，この観念はあまりにも広く，現代民法では制限を加えて，利益の取得に合法な原因がないことを不当利得の構成要件とする。不当利得制度の立法目的は，当事者間の利益衡平を維持し，社会公平を実現することである。即ち，誰でも自分の利益のために不当な方式で他人を損害してはならない。例えば，不当利得が発生したら，過失を別にして，利得者は得た利益を被害者に返還すべきである。不当利得制度は利益衡平の機能があるので，益々現代民法上の普遍的な適用価値のある制度になってきている。民法の具体的な制度の適用途中で，一旦当事者間の利益のバランスが失われたときや公平原則に違反する場合，不当利得による債務を適用して当事者間の利益のバランスをとる。通常，不当利得による債務は以下の構成要件を持つ。まずは一方の者が財産利益を得て，他人に財産損失をもたらすこと。例えば，一方の者が財産利益を得ても，他人に損失をもたらしてない場合，不当利得にはならない。次に一方の被害ともう一方の受益の間に因果関係があること。一方の受益は他人が損害されることの基礎となることである。最

---

49)　参照，日本民法第698条，ロシア民法第983条第2款，ドイツ民法第680条，台湾民法第175条。

後に，一方の受益に法的な根拠がないこと。即ち，利得者にはその利益を保持する法的な根拠がないことである。最初から根拠がない場合と事後に根拠を失う場合を含める。

中国「民法通則」第92条は，「法的な根拠がなく，不当利益を得て，他人に損失をもたらしたとき，取得した利益を被害者に返還しなければならない」と定めている。ここで注意すべきなのは，不当利得返還請求権は，被害者の損失を補うことを目的とするのではなく，利得者に不当利益を返還させることを目的とする点である。したがって，返還の標的は利得者が取得したものに制限される。これは不当利得の債務と権利侵害の債務の根本的な違いである。利得者の返還義務の限度は善意と悪意によって違う。悪意の利得者は得た利益及び利息を一緒に返還すべきである。利益がすでに存在しないとしても返還義務を免除されない。受益者が利息を受け取ることを怠った場合も，これによって損失を受けた被害者に賠償をしなければならない。受益者が受領物を高値で処分した場合について，諸外国の不当利得返還範囲の通説によると，損失が受益より大きい場合，受益を基準にすべきであり，受益が損失より大きい場合，損失を基準にすべきと言う。

IV 民法契約制度における倫理的分析

1 契約定義における倫理思考

契約は市場取引の当事者間で，自らの利益要求に基づいて結んだ合意である。契約の倫理性は以下のとおりである。

(1) 契約は正義性倫理の要求を表す

契約制度は，人間の正義思想の経済領域での表現である。人類史の早い段階において各民族は正義における思想を形成した。古代ギリシアの哲学者は，自然と社会現象に関して鋭い洞察力を持ち，自然・社会・社会制度に対する徹底的な分析を通じて，西洋国家の哲学先師になった[50]。プラトン（Plato）は，西洋国家でシステム的に法律正義理論を論じる第一人者である。彼の正義理論は各

---

50) ボーデンハイマー（E. Bodenheimer）『法理学——法哲学及び法律方法』，鄧正来ほか訳，華夏出版社，1987年版，1頁。

具体的な法律制度に内在する生命である。[51]「プラトンの法律正義論の啓発の下に，ローマ法理学が盛んになり，後世において法理学が絶えず発展，更新する駆動力になった」[52]。彼は，正義理論は常に哲学理論を貫くとし，正義理論が形成する哲学体系を詳しく述べた。法律思想は彼の思想体系の中の表面的なもので，晩年には，実質的修正をした。彼の考えによると，法律は正義を維持する手段であり，「正義は助友害敵である」[53]。プラトン以降，アリストテレスは『ニコマコス倫理学』において，理論的に正義の定義を論述した。彼は正義を配分的正義と交換的正義に分け，具体的な正義は配分的正義または交換的正義のどちらかであると主張した。交換的正義は配分的正義が違反された場合役に立つ。配分的正義は都市国家の栄誉，富やほかの価値あるものの配分において表現される[54]。このような正義の根拠は算術上の平等ではなく，人々が得た配分の割合の平等である。配分的正義は地位の平等な人が平等の利益を分かち合うことや，不平等な人が不平等の利益を分かち合うことを含める。交換的正義は人々が取引を行うときの行為準則である。自らの利益を得るために他人に損害を与えないことが交換的正義の基本原則である。交換的正義が注目する問題は，個々公民の財産を侵害から守ることである。ボーデンハイマー（Bodenheimer）は，交換的正義を説明するために，アリストテレスの利益と損失を自主取引に導入する。取引で，個人の既存の財産が増えた場合利得と言い，逆に既存の財産が減少した場合を損失と言う。売買取引とその他法律が容認する取引において，当事者一方の財産が増加も減少もない場合，つまり双方当事者が現有の金額を維持する場合は，同値取引である。自主取引において，正義は損失と利得の間にある。即ち取引前後で，双方当事者の財産は等値である。よって「我々は契約という個人が支配できる領域を創設したと言える」[55]。アリストテレスの交換的正義の区分は，現代契約制度や権利侵害制度を最初に

---

51) 参照，張乃根『西洋法哲学史綱』，中国政法大学出版社，1996年版，29頁。
52) 河勤華『西洋法学史』，中国政法大学出版社，1996年版，16頁。
53) プラトン（Plato）『理想国』，郭斌和・張竹明訳，商務印書館，1986年版，15頁。
54) アリストテレス（Aristotelēs），*The Nicomachean Ethics*, Penguin Books, Revised edition, 1976, 1130b.
55) クーター（R. D. Cooter）・ユーレン（T. S. Ulen）『法と経済学』，張軍ほか訳，三聯書店，1991年版，314頁。

理論化したものである。等価取引は直接に古代ローマ契約法や現代契約法に影響を与えている。現代契約制度は交換的正義の中の自主的取引理論から変化発展したものであり、現代権利侵害制度は自主取引理論から発展してきたのである。古代ローマ法学者ガイウスの、債務を契約と私犯に分ける考えは明らかにアリストテレスの影響を受けている。それ以降、中世紀の学者の詳細な解釈によって、徐々に正義を核心とする現代契約理論が形成され、交換的正義は現代契約理論の礎石となったとも言える。近代の契約社会はこの段階を経由して慣習法時代に発展し、最後には「法典」時代に実った産物である。

(2) **契約の締結と履行は，必ず一定の倫理の本質を基礎とする**

これらの倫理の本質には、承諾の実践と信用が含まれる。本質から言えば、契約は約束と一連の約束で表す。契約の締結は、取引双方が相手に不利な利益要求を取り除いて、相手に有利な一面を保留するという意味である。この予期が実現できるかどうか、どの程度まで実現できるかは、完全に双方がどの程度まで信用を重んじるかにかかっている。道徳の視点から言うと、承諾があれば、義務が発生し、義務があれば、必ず履行しなければならない。商品経済社会において、商品の取引は人々の間で最も普遍的な社会関係で、契約正義は社会の一般的な正義になっている。人々の商品交換における道徳観念はどうか、契約を重視するか否か、信用を守るか否かによって、社会の文明度が決まる。契約が有効に履行されるかどうかは、誠実信用原則の役割の強弱に関わっている。誠実信用原則自体は、道徳規範が法律領域で果たした役割の結果である。デルンブルク（Dernburg）とエントマン（Endmann）は、誠実信用原則の本質は人々が取引において道徳の保障が得られる点にあると考える。そして、誠実信用原則の本質は道徳の取引である[56]。同時に、誠実信用原則の本質は道徳と主張する別の考えはマニック（Manik）の道徳理想説とフーバー（Huber）の法律倫理的説である[57]。誠実信用原則の本質は、当事者の利益の衡平であるとシュナイダー（Schneider）は考える。誠実信用原則は公正に当事者双方の利益を測り、利益の調和を求めるものであるとエッガ（Egger）は考える[58]。いずれにし

---

56) 参照，史尚寛『債法総論』，栄泰印書館，1978年版，320頁。
57) 参照，同上書，319頁。
58) 参照，同上。

ても，承諾・信頼・義務・誠実は契約活動の基本的特徴であり，契約過程に一貫して存在する。これらの基本的な倫理観念は契約の実現の鍵とされている。

(3) 契約義務を履行する目的は，相手方の信頼利益を実現することである

一旦契約が結ばれたら，義務者は履行義務を負う。この義務は法的強制力の表現であり，契約利益と契約正義を実現する必然的な要求である。「承諾の強制的な履行は人々がお互いを信頼して，それによって彼らの行動を協調させ，個人の目標を達することを促す」。経済的観点からいうと，契約のより具体的でより複雑な目的は，承諾活動の中の純粋で有益な信頼を最大化することである。信頼は，要約（申込み）と契約が法的強制力を持つ重要な根拠である。「契約法は，信頼される約束があるからこそ拘束力が与えられることに基づいている」。さらに，信頼は一定の倫理的要求を基点とするのである。信頼には二重の意味がある。一つは，お互いの承諾の合意活動おいて，価値の最大化を求める予測結果に対する信頼である。二つ目は，相手がこの予測結果を保障するために義務を負担することを望み，義務を負担することができる依頼である。この意味からいうと，信頼は一種の信任である。他方，承諾を守ることと履行することは義務負担で，一方の当事者が合理的にその言行を信頼する相手の当事者のために責任を負うべきである。例えば，一方の当事者はその行為が相手に合理的な期待をさせたとわかると，他方はその期待を実現する責任がある。それだけではなく，取引双方が予測する価値の最大化は，取引活動時や取引終了時に達成されるため，将来，契約の中に必ず価値の最大化に対する信頼と期待が含まれる。この期待を合理的な期待と呼ぶ。もう一方，信頼を合理的な期待と表す以外に，人々は契約活動が価値最大化を実現する有効な形と信じる。この意味では，信頼は「有益信頼」と「不利信頼」とに分けられる。「有益信頼」は承諾が守られると，当事者が利益を得られる信頼である。「不利信頼」は承諾が守られないと，当事者が損失を被る信頼である。信頼利益の損失というの

---

59) クーター（R. D. Cooter）・ユーレン（T. S. Ulen）『法と経済学』，張軍ほか訳，三聯書店，1991年版，313頁。
60) 内田貴「契約の再生」，梁彗星主編『民商法論文集』第4巻，法律出版社，1995年版，175-243頁。
61) 馬新彦「信頼と信頼利益考」，法律科学（西北政法学院学報），2000年第3期。
62) 同上。

は，当事者が契約と承諾を信じて，契約締結の準備，契約締結，契約履行の準備，契約履行行為（作為と不作為を含む）をしたが，相手方が承諾を守らなかったために引き起こされた財産の減少と契約を結ぶ機会の喪失である。善良な心理状態下で作為と不作為が，もたらされた不利な法律効果である。契約法の信頼利益における保護手段は，補償と予防の機能と特徴がある。

(4) 正義を実現するのは，契約制度の重要な役割である

クーター（Cooter）とユーレン（Ulen）の『法と経済学』において，「契約法の基本目標は，人々に個人の目標を実現させることである。自己の目標を実現するにあたって，我々の行為は国家と人民に災いをもたらすこともある。契約法は我々の行為に合法的な効果を付与する」という観点を打ち出した。「社会は，国民が自主的に協定を結び，自己の目的を実現する権利があることである。契約法は，個人に自主的関係を締結する条項制度を提供した[63]」。契約は，主に商品の交換関係を調整する。商品取引市場は，利益を追い求める場所であり，この場所で「経済者」は互いに競争し合い，各自の個人の利益最大化を求めるための詐欺や脅迫，人の弱みに付け込む，信用を守らないなどの不道徳な行為が頻繁に発生する。これらの不道徳な行為は取引相手の利益を損なうだけではなく，公益秩序を傷つけ，社会公共利益を害する。それゆえ，商品交換関係を調整し，公益秩序・安全・公平・正義を守る契約法は，常に取引場所の不道徳な行為を警戒している。不道徳な行為を禁止して，正義を行き渡らせるために，契約法は平等・自主・公平・信用などの原則を堅持して，不道徳な行為を処罰する。例えば，違法者や不道徳者の違法によって利益を得ることを阻止するために，契約法は，法律違反や社会公共利益を損害する契約が無効であると規定している。詐欺・脅迫・重大な錯誤などによって締結した契約と不公平な契約は取り消される。信用なしの契約当事者を制裁するために，契約法は強制的な現実の履行，損害の賠償，違約金支払いなどの違約責任形式を規定した。

---

63) クーター（R. D. Cooter）・ユーレン（T. S. Ulen）『法と経済学』，張軍ほか訳，三聯書店，1991年版，313-314頁。

2 契約役割における倫理的分析

契約は商品交換関係の調整，当事者利益衝突の調和及び当事者と社会公共利益の衝突などの面に重要な役割を持つ。その上，社会公平と正義を力強く支え，社会の進歩と発展を推進する。社会生活における契約の地位と役割は，資本主義と封建主義を区分する主要な基準であるだけではなく，封建制度と原始蛮族制度を区分する主要基準でもある。封建制度は原始的な未開習俗とローマ法の混合物である。[64]「封建制度と原始民族の純粋の習俗との区別は，契約がそこに占める範囲である。封建主は家父長制の多くの特権を有した。しかし，その特権は様々な確立された慣習により限定されていた。この慣習は封土を賜給する際に約束された明確な条件から生まれる」[65]。契約の資本主義の発展における役割について，メーンは，「すべての進歩的な社会の動きは今までのところ，『身分から契約へ』の運動であった」と高く評価した[66]。これに関し，ボーデンハイマーは，「メーンの『身分から契約へ』の学説は，彼の法理学に対する最高の貢献である」[67]と評価した。イギリス法学者アロン（Aaron）は『古代法』の序言で次のように書いた：その説はすべてのイギリス法律文献の中で一番有名な文章となった。この論断は個人の人格状態の根本的な変化を指摘した。即ち，個人は家族に依存する状態から，独立で，自由で，自決な状態になっていく。それゆえ，ある程度，「身分から契約へ」の過程は事実上，人が絶えず自由と独立に向かう過程である[68]。人類史の早い段階では，人々は一貫して家族と身分の強制の中で生活していた。ハイエク（Hayek）は「強制というのはある人の環境や状況が他人にコントロールされ，さらに起きる害を避けるために一貫した計画どおりに行為できず，強制者の目的に駆使されることである」[69]と言った。資本主義社会以降，契約時代に入って，個人は真の自由を得た。自由

---

64) メーン（H. J. S. Maine）『古代法』，沈景一訳，商務印書館，1959年版，205頁。
65) 同上。
66) 同上書，97頁。
67) ボーデンハイマー（E. Bodenheimer）『法理学——法哲学及び法律方法』，鄧正来ほか訳，華夏出版社，1992年版，92頁。
68) メーン（H. J. S. Maine）『古代法』，沈景一訳，商務印書館，1959年版，17頁。
69) ハイエク（F. Hayek）『自由秩序の原理』，鄧正来訳，生活・読書・新知三聯書店，1997年版，17頁。

の定義について,「ある制限（強制）から解放されて,自由にするかしないかを選べる」[70]とロールズ（Rawls）は定義した。人間が家族身分の多種の制限から抜け出すことは,人類が文明に向かう大きな一歩であった。パウンド（Pound）はメーンの論断を次のように絶賛した。「歴史法学者らは,人間経験の中に表現されている自由の観念を見た。そこからこの観念を表す最高峰の法律制度を導き出した。メーンがヘーゲル式の言い回しで,自由を実現するこの抽象的な命題を身分から契約への具体的な命題に定義した」[71]。「契約観念としての法律取引意思説は,政治解釈に基づき構築した基礎であり,すべての法律における普遍的観念ではない」[72]。

3　契約形式における倫理的分析

古代法は民法行為の形式を非常に重視しており,特に契約の形式と儀式を重視した。契約行為の形式主義は,初期ローマ契約法の特徴であるだけではなく,ローマ契約法を貫く基本原則でもある[73]。契約形式を重視し,意思表示を軽視することは,ローマ法の一般原則として,初期ローマ法の中に極めて明らかである。契約の締結には,面倒なお決まりの文句が必要とされ,約束した行為を必ず履行しなければならない。メーンによると,承諾が法律で保護される理由は「当儀式が厳重な儀式に附着しているから」であり,さらに,「儀式は承諾自体と同等な重要性があるだけではなく,承諾よりも重要である。成熟した法制度が細やかな分析で特定の口頭の同意を与える心理状態を重視しているのと異なって,古代法は附属する儀式上の言語と動作を重視する。もし形式を一つでも省略したり間違ったりしたら,誓約は強行できなくなる。ただし,すべての形式を完全に正しく行っていたなら,その承諾が脅迫や詐欺の下で行ったと弁明はできない」[74]。このような規定が存在するのは,ローマ人が伝統を非常

---

70) ロールズ（J. B. Rawls）『正義論』,何懷宏ほか訳,中国社会科学出版社,1988年版,192頁。
71) パウンド（R. Pound）『法律での社会的制御』,沈宗霊訳,商務印書館,1980年版,16頁。
72) パウンド（R. Pound）『法律史解釈』,曹玉堂ほか訳,華夏出版社,1989年版,57頁。
73) 童安生『民事法律行為』,中国人民大学出版社,1994年,3-4頁。
74) メーン（H. J. S. Maine）『古代法』,沈景一訳,商務印書館,1959年版,177頁。

に重視し，初期の形式主義が社会状況に適応できなくても，依然としてそれを法律効果が発生する必要な要件とみなし，このような形式的な儀式が存在する具体的な理由は必要なく，抽象的な行為の意味しか持たないからである。[75]

その上，ローマ市民法理論によると，契約と合意は同じ定義ではなく，当事者の間に合意しかないと，契約にはならない。市民法の契約は「合意」に「債務」を加えることであり，特定の儀式と手続の履行を通じて債務を合意に付加する[76]。例えば，法律が合意に債務を加えないと，合意は「裸体簡約」や「空虚簡約」と呼ばれる。そのため，ローマ市民法では，当事者間の合意は契約成立における一つの重要な要素であるが，唯一の決定的な要素ではない。ギリシア自然法思想に影響されて，ローマ人は法律が二つの部分から成立すると考えていた。「法律や慣習に影響されるいずれの民族も，部分的に特有の法律を適用し，部分的に人間共同の法律を適用する。各民族が自身を管理するために制定する法律は，国の特有の法律であり，市民法とも呼ばれる。即ち当国に特有の法律である。自然理性に基づいて全人類に対し制定される法律であり，すべての民族に尊敬されたため，万民法と呼ばれ，すべての民族に適用される[77]」。「自然の理性に基づいて全人類に対し制定された」この部分法律は，裁判官がローマ法に導入したものである[78]。ローマ法後期に，当事者の内心の真実の意思が徐々に重視されるようになった。心の中の約束は，ゆっくりそして著しく繁文縟礼から分離し始めて，徐々に法学者の興味を向ける唯一の要素になってきた。このような約束は外界行為によって表示され，ローマ人はそれを「条約（Pact）あるいは協定（Convention）と呼ぶ。この協定を契約の核心と見るとき，進歩的な法制度は間もなく契約からその形式と儀式の殻から外す傾向を生じる[79]」。それによって，合意は契約に吸収されてきた。

大陸法系の国とは違って，英米法系の国では，契約は当事者の義務権利を明

---

75) 童安生『民事法律行為』，中国人民大学出版社，1994年版，10頁。
76) 参照，楊振山・シパニ（S. Schipani）主編『ローマ法・中国法と民法法典化』，中国政法大学出版社，1995年版，344頁。
77) ユスティニアヌス（Justinianus）『法学総論』，張企泰訳，商務印書館，1989年版，6-7頁。
78) 鄭雲瑞「西洋契約理論の起源」，比較法研究，1997年第3期。
79) メーン（H. J. S. Maine）『古代法』，沈景一訳，商務印書館，1959年版，177頁。

確化させる合意として，契約履行を便利にするために，内容に確定性を持たせるべきであるとする。古典契約理論には，裁判官が契約に強制力を持たせる根拠が二つある。それは形式と約因である。当事者が一定の契約書式に従うと，約束は履行できる[80]。厳粛に行ったすべての承諾に法的拘束力が存在する[81]。ワックスで封じる文書契約を最も厳重で，厳粛な契約書式とする。当事者がこの方式を採用すれば，約因を欠く贈与契約でも，法律の強制力で保護される。ただし，この伝統規則は契約法の発展過程中，徐々に約因中心理論に飲み込まれていった[82]。約因はすべての要約あるいは承諾が，法的拘束力あるいは強制力を有する主な根拠になる。それゆえ，アメリカの契約理論は，約因中心理論と呼ばれる。

4　契約義務における倫理的分析

通常，契約の義務には二種類ある。基本義務と付随義務である。基本義務は給付義務とも呼ばれ，契約関係に固有の，必須の，契約類型を決める義務である。当事者は法律規定や当事者との約束に従い，義務を厳格に履行すべきである。伝統民法理論上，契約の当事者の義務は，法律の明確な規定や当事者の明確な約束を限界とする。付随義務は誠実信用原則によって，当事者が契約を履行する際，契約の性質・目的・取引慣習に付随して生ずる義務である。言い換えると，付随義務には法律上明文規定はなく，当事者間で明確な約束もないが，当事者の利益を保護するために，社会の取引観念に依拠して，当事者が負担すべき義務である。学者のまとめによると，付随義務には注意義務・告知義務・配慮義務・説明義務・守秘義務・忠実義務などの六種類の義務がある[83]。付随義務の機能を基準として，付随義務は補佐機能の付随義務と保護機能の付随義務に分けられる。前者は給付義務の実現を促進するため，債権者の給付利益を最大限度満足させる義務である。後者は相手の人身と財産利益を保護するた

---

80)　ボストン（R. Boston）「米国契約法の発展傾向」，外国法評訳，1995年第1期。
81)　ギルモア（G. Gilmore）「契約の死亡」，梁彗星主編『民商法論文集』第3巻，法律出版社，1995年版，198-293頁。
82)　内田貴「契約の再生」，梁彗星主編『民商法論文集』第4巻，法律出版社，1995年版，206頁。
83)　王家福主編『中国民法学・民法債権』，法律出版社，1991年版，147-148頁。

めの付随義務である。付随義務の法律地位を基準として，付随義務を独立の付随義務と非独立の付随義務に分ける。独立の付随義務は時に給付義務と呼ばれ，債権者は給付利益の義務を完全に満足させるために独立に債務の履行を訴えることである。例えば，不動産売買の場合に，売主は不動産の財産権証明書類を買主に渡さなければならず，債権譲渡人は債権譲渡の証明書類を譲受人に渡し，債権に関しての一切の重大状況を告げなければならない。非独立の付随義務は単独で訴追できない義務である。この義務は単独で債務者に履行させられない。例えば，注意義務・告知義務・説明義務・協力義務・守秘義務・忠実義務である。付随義務の発生時期によって，前契約義務と後契約義務に分けられる。前契約義務に違反するのは契約締結上の過失責任の直接的な原因である。

　中国の「契約法」第60条2項に，「当事者は誠実信用原則を守り，契約の性質，目的や取引慣習によって，通知・協力・守秘義務を履行しなければならない」と規定している。つまり，契約を履行する際，双方の当事者の主な付随義務は以下のとおりである。①通知義務。契約を履行する際，一方の利益に関する重大な事項が発生したとき，相手に通知義務を負う。例えば，契約関係において，相手の見落とし，専門知識の不足または選別・鑑別能力などの限界によって契約に重大な欠陥が発生したり，明らかに真の意思に違反する場合，一方当事者は，相手方に善良なる告知義務を負い，これらの欠陥を利用して相手方の利益に損害を被らせてはならない。契約履行中に，一方の当事者は不可抗力や突発事故で給付できないとき，遅滞なく相手に通知する義務がある。②協力義務と配慮義務。契約履行において，当事者の一方は相手に適当な協力や便利な条件を与えるべきである。「契約法」第62条4項には，「履行期限が不明確な場合，債務者は何時でも履行していい。債権者は何時でも請求できるが，相手に必要な準備時間を与えなければならない」と規定している。③守秘義務。当事者は契約関係の相手の技術上の秘密，商業上の秘密を了解する可能性がある。いずれにしても，秘密を知った以上，相手の秘密を守る義務を負わなければならない。契約が終了したり解除されたりした場合であっても，この義務は存続する。④説明義務。「契約法」第39条に，「各式条項を採用する一方当事者は公平原則に従わなければならず，権利義務を確定して，合理的な方式で相手に責任条項の免除や制限に注意を促し，相手の要求に応じて該当条項を説明す

る」と規定している。⑤注意義務。契約を履行する際，主客観原因によって，契約が履行されず，あるいは完全に履行されず，一方が損失を被るとき，被害者は条件や能力の範囲内で，必要な措置をとって，損失を防止しなければならない。中国の「契約法」第199条には，次の規定がある。「当事者の一方が違約したとき，相手は適当な措置をとって，損失の拡張を防止しなければならない。適当な措置をとっていない場合，拡大する損失に対する賠償を請求できない」。

5　契約締結の過失責任における倫理的分析

　契約締結の過失責任は，契約締結上の過失責任とも呼ばれ，契約締結の過程において，一方が誠実信用原則の違反したことにより，信頼した相手方の利益に発生した損失に対する民事責任である。契約締結上の過失責任の概念の提唱と制度の設計は，経済合理性の要求と言うよりも，理性が利益観念に勝利した結果であると言うほうが正しい。これについて，我々は分析することによってこの制度が生まれた背景や理論根拠を説明することができる。伝統民法において，民事責任には主に不法行為責任と違約責任があり，契約締結上の過失責任は存在しない。この場合，契約が締結過程において一方の過失で成立不可や無効さらには取り消されるのであれば，善意に基づいて契約を有効であると信頼する当事者に損失をもたらすとしても，法律上の救済を得られない。事実上，当事者は民事行為について交渉する際，まだ契約が成立していなくても，当事者はすでに契約締結のために接触を図り，合意し，お互いに特殊な信頼関係を築く。そのため客観的に当事者は，誠実・善意に締約交渉を行う義務を負うべきある。このような理論と立法上の欠陥により，契約過失責任理論が生まれた。1861年，ドイツ法学者のイェーリングが「契約締結上の過失，契約無効と完全には至っていない損害賠償」と題する論文を発表した。一方の当事者の過失で契約が成立しない，または無効となるとき，過失当事者は契約が成立したと信じる相手方に対して，損害賠償責任を負う。契約を締結する当事者は，契約取引以外の消極的な義務範囲から積極的な義務範囲に入るため，契約締結時に尽くすべき注意義務を負わなければならない。法律が保護するのはすでに存在する契約関係だけではなく，発生途中の契約関係も保護範囲に入る。そうで

第9章　民法の財産関係における倫理的分析

なければ，契約取引は守られず，当事者は相手方の怠慢や不注意によって，犠牲になるかもしれない。契約の締結は履行義務の発生に繋がる。この効力が法律上の障害によって排除されれば，損害賠償義務が発生する。そのため，契約が無効の場合は，履行効力のみが発生する。簡単に言えば，当事者は自分の過失により契約が不成立になった場合，契約の有効な成立を信じる当事者に対し，その信頼により生ずる損害賠償をすべきである。イェーリングの契約締結過失責任理論の提唱は，ドイツ民法典の制定に深遠な影響を及ぼした。ドイツ民法典が起草される際，多数の起草者はイェーリングの理論には完全に納得できず，厳格に限定される特殊な状況にしか適用できないと考えていた。ドイツ民法典は過失による取消し，客観不能や無権代理などの状況にのみ，契約締結過失責任を承認する。最初に契約締結上の過失責任を法律原則としたのはギリシアである。1940年の「ギリシア民法典」第197条の規定によると，「契約を締結するとき，当事者は信義誠実や取引慣習の要求に応じて，一定の行為をする義務を負う」。第198条は「契約を締結するとき，過失で相手に損失をもたらした場合，損害賠償責任を負わなければならず，契約不成立の場合も同様である。この請求権時効の消滅は，不法行為請求権の時効消滅の規定を適用する」。台湾の民法にも，契約締結上の過失に対する特殊な規定がある。民法第247条は，「契約が目的物を給付できないことで無効になる場合に，契約を締結する際，目的物の給付不可を知るあるいは知り得る者は，過失が存在せず，契約を有効だと信じる相手方に損害賠償責任を負う」と規定する。第113条にも「無効な法律行為の当事者は，行為の際無効であることを知るあるいは知り得る場合，原状に戻すかあるいは損害賠償責任を負わなければならない」という類似規定がある。1942年の「イタリア民法典」第1337条（題名は：契約締結過失責任）は，「契約の交渉や契約締結時，双方の当事者は信義誠実原則で行うべきである」と規定した。第1338条は「一方の当事者は，契約無効原因の存在を知るかあるいは知り得べきでありながら，相手方に知らせず，相手方が契約を有効と信じることによって，損害を被った場合，賠償責任を負わなければならない」と規定し，さらに，第1398条・第1440条・第1578条・第1812条・第2043条で，契約締結上の過失の重要な状況について具体的な規定を置いた。1973年の「イスラエル統一契約法」第12条は，「①当事者は誠信や慣習に従い契約を締結し

181

なければならない。②当事者は誠信や慣習に違反して相手に損失を与える場合，相手が交渉や締結契約によって被る損失を賠償する責任を負う。この場合，本法第10条・第13条・第14条（違約責任）が適用される」。現在までに，契約締結上の過失責任は多くの国で認められた，特殊な契約責任形態になっている。各国の立法を見ると，多くの国は誠実信用原則の違反を前契約義務の生じる原因と契約締結上の過失の適用根拠とする。ドイツ民法典第122条の規定によると，「意思表示が無効，あるいは取り消されるとき，表意者は，意思表示が有効と信じて，損失を被る相手方や第三者に対して，賠償責任を負わなければならない」とする。「ギリシア民法典」第197条，第198条には別々の規定がある。「契約を締結するとき，当事者は信義誠実や取引慣例の要求に応じて一定の行為をする義務を負う」。「契約を締結するとき，過失で相手に損失をもたらした場合，賠償責任を負わなければならず，契約不成立の場合も同様である」。

英米法系での契約締結上の過失に類似する制度は，主に約束的禁反言原則として表れる。禁反言原則が初めて表れたのは，アメリカの「第一次契約法リステイトメント」である。具体的に見ると，第90条は，「約束者は，その約束が約束者の一方により作為や不作為を誘発する理由が明確かつ実質的に予期した場合，そして事実上すでに作為や不作為が誘発された場合，強制執行しかこの約束の不正義効果を回避できない場合，その約束は拘束力を有する」と規定する。その後，裁判所はさらに禁反言原則の支配領域を拡大し，不十分な約束でもそれを明確にすることができた。1980年の第二次契約法リステイトメントにおいて，リステイトメント第90条記載の禁反言における原則を排除した。徹底的に約因・約束・契約・責任の契約倫理を廃棄した。法益保護に関しては，完全に大陸法系の契約締結上の過失責任と同等の効果になった。大陸法系の契約締結上の過失と英米法系の約束的禁反言は，契約責任に対する信頼をベースにする（有効な合意や対価ではない）と主張する。さらに，該当する不法行為責任の適用を許し，積極的に不法行為責任法との融合を推進する。

契約締結上の過失の構成要件について，学界には，次のような考えがある。①契約締結上の過失責任は契約を結ぶ際に発生する。②一方当事者が誠実信用原則によって負うべき義務に反する場合である。誠実信用原則と取引慣例によると，契約締結時，当事者の間に一定の付随義務即ち前契約義務がすでに発生

する。例えば，契約締結に関する重要な事務における告知義務；協力義務と保護義務である。即ち契約を締結した当事者は他人の利益を考えて，力を尽くして他人に便利を提供する；忠実義務と守秘義務。当事者は詐欺・脅迫・優越的地位を濫用してはならず，契約を結ぶ際了解した契約相手方の秘密情報を漏らしてはいけない。厳密に言うと，契約締結上の過失責任は故意あるいは過失によりこれらの前契約義務に違反することによって発生する民事責任である。③契約締結上の過失責任は他人の信頼利益の損失を前提とする。信頼利益の損失は，消極的な契約利益の損失とも呼ばれる。一方の当事者は，契約成立あるいは契約の有効を信頼することによって利益を期待するが，この契約が自分以外の責任によって成立せず無効となった場合は期待利益を失う。損失は，他方の契約締結における過失行為によって，信頼者の直接的な財産減少を含む（支払う各種費用など）；信頼者の財産増加による利益を含む。例えば有効に契約が成立していた場合に得たであろう商業機会など信頼利益の評価及び確定に明らかな客観的基準をとるべきであり，当事者が合理的に予見できる範囲に限定すべきである。④先に契約義務に違反した当事者は，主観的に過失がある。⑤一方の当事者の過失と相手が被る利益損失に必然的な因果関係が存在する。これらの構成要件を見ると，契約締結上の過失責任が成り立つ基礎は，一方の当事者が誠実信用原則に反することであり，法律義務に反することではない。したがって，契約締結上の過失により民事責任も道徳義務から法律義務に転換する典型的模範が生じる。

　中国「契約法」第42条，第43条の規定によって，契約締結上の過失責任は主に以下の場合に適用される。①当事者はある民事行為をするとき，それが有効であると装って，悪意をもって合意する。ここの「悪意」には特定の意味がある。講学上では通常，合意や交渉を装い，故意に相手に損害をもたらすことと理解される。この場合，契約締結の一方の当事者は民事行為をする意思はなく，相手との交渉を利用して，相手が他人と取引する機会を喪失させたりあるいは他者と契約を結ぶコストを上げたりする。また，虚偽の契約を結ぶことによって国・集団・第三者の利益を騙し取る。通常，競争関係にある当事者間に発生する。②故意に民事行為に関する重要な事実を隠して，虚偽の情報を提供する。取引において，以下の場合は民事行為に関する「重要な事実」とみなさ

れる。真実の財産状況と契約履行能力を隠すこと；製品の隠された瑕疵を告知しないこと；製品の性能・使用方法などを故意に正確に告知しないこと；目的物が燃えやすい・爆発しやすい・有毒であるなど特別な性質があるか否かについて，必要な説明をしていない。③民事行為をする際に知り得た相手の商業秘密を漏洩・不当に使用することによって，相手に損失をもたらす。④恣意に契約要請を取り消す。⑤故意に契約成立の基礎である特定の形式や行為を履行しない。これは主に法律規定や契約締結の双方の約束によって，契約成立に備えなければならない特定の形式，例えば書面・公証・登録などをとらないことである。契約者はこの規定に従い相応の契約形式をとらなければならない。義務当事者が故意にかかる義務を履行しない場合，契約は実質的に不成立となる。⑥契約が無効と宣告される，または撤回されること。契約は，法律の要件を満たしてない場合無効となるため，無効の原因が存在する場合は別にして，当事者は契約が有効に成立したことを信頼して損失を被る場合，過失ある当事者は賠償責任を負うべきである。取消権者が法律によって契約を変更，あるいは取り消した場合，当事者が契約を有効と信頼することによって損失を被る場合，過失がある当事者は賠償責任を負うべきである。⑦その他の誠実信用原則に違反する行為。これらの行為は，主に契約義務の違反行為を意味する。契約締結の際，通知義務を履行しなかったことにより相手が財産損失を被ること；保護義務を尽くしてないこと；協力義務を尽くしてないこと；配慮保護義務を尽くしてないため，相手に人身・財産損害をもたらすなどの状況を含む。まとめると，契約締結上の過失責任の適用範囲における規定を考えるとき，主には三つの面が考えられる。一つ目は，当事者が契約締結で従うべき誠実信用原則に反して，相手に損失をもたらしたこと。二つ目は，当事者が注意義務に反し，かつ自分の過失で相手に直接に経済損失をもたらしたこと。三つ目は，一方の当事者が契約を締結する際，法律で容認できない悪意ある行為をしたこと。

6 不安の抗弁権と先履行抗弁権における倫理的分析

不安の抗弁権は，大陸法系の契約法の中の重要な制度である。双務契約において，双方の履行期限が一致しないとき，先に履行義務を負う当事者は，相手の履行能力が非常に悪化し，対価を給付できない確実な証拠がある場合，自分

の利益を保護するため先に給付を拒絶する権利がある。同時履行抗弁権と同じく，不安の抗弁権の法理根拠も誠実信用原則である。現代の市場経済は信用経済であり，双務契約において，双方当事者が負担する債務の履行期限は一致しない。例えば，先に履行する義務を負う当事者は相手の履行能力が悪化することを予見し，債権実現に危険をもたらす可能性がある場合においても，先に給付しなければならないとすると，明らかに公平原則に抵触し，当事者の利益のバランスを失う。不安の抗弁権の行使は，先に履行する義務を負う当事者が享有する権利であり，相手の同意を必要としない。しかし，誠実信用原則によって先に履行義務を負う当事者は，不安の抗弁権を行使する際，相手に知らせなければならない。なぜならば，相手がそれによる損失を避けるためである。また，相手がその通知を受けて，直ちに十分な担保を提供し，不安の抗弁権を消滅させる利益を与えるためである。したがって，相手方当事者の履行能力が合理的期間内に回復しない上に，担保が提供できない場合，履行を中止する一方当事者は契約を解除できる。

　先履行抗弁権とは，契約の約束や法律の規定によって，先に履行する義務を負う当事者が義務を履行していない，あるいは義務履行に重大な瑕疵がある場合，後の履行者には履行請求を拒否，あるいは部分的に拒否できる権利である。同時履行の抗弁権と不安の抗弁権以外に，中国の「契約法」第67条に，当事者がお互いに債務を負っている場合，履行の前後順位があれば，先の履行者が履行しない場合，後の履行者は履行請求を拒否できる。履行順番が先の履行者が債務を履行する際，履行内容が約束と適合しない場合，後の履行者はそれを拒否できる。これを，先履行の抗弁権の規定と言う。同時履行の抗弁権や不安の抗弁権とは異なり，先履行の抗弁権の発生基盤は誠実信用原則ではなく，公平原則に基づく。これは公平原則の契約履行上の表現である。本質的には，先履行の抗弁権は，事実上相手の違約に対する抗弁である。この意味からいうと，先履行の抗弁権は違約救済権とも呼ばれる。

7　違約責任制度における倫理的分析

　違約責任は，契約違反の民事責任とも呼ばれ，契約当事者が契約義務を履行しない，あるいは義務履行が約束と一致しないとき，負うべき民事責任であ

る。英米法系では，違約責任はもっぱら違約救済と呼ばれる。大陸法系では債務を履行しない責任に含まれ，債務の効力範囲とみなす。契約は当事者の自由意思の結果で，一旦効力を発したら，当事者の間に法的拘束力が生まれる[84]。当事者の違約行為を放任するのは，双方の当事者の合意に対する不尊重であり，法律の拘束力に対する否定である。そのため，法律に違約責任制度を設定して，一旦債務者が契約上の債務を履行しないと，この債務は性質上強制的に履行責任に転換し，契約で設定する債権を実現させる。制度上，違約責任制度は主に二つの内容になる。一つはどのように違約責任の成立を確定するかの問題である。違約責任の帰属原則・構成要件・免責事由などである。二つ目は，違約責任成立後，負うべき具体的な責任形式であり，契約債務の不履行あるいは履行内容が約束を満たさない場合の法律結果と救済措置である。違約責任の発生は，両当事者間の合法的で，有効な契約関係に基づくものである。違約責任の確定は，絶対的なものではない。法律の強制規定以外に，当事者は法律規定の範囲内で，契約によって決められる。根本的に違約責任の事前約束は，契約自由原則と民事責任の私法性質で決められる。違約責任の補償は，違約責任の趣旨が違約行為によって生じた損害を補償及び補うことにあるからである。違約責任には，補償の性質があり，元々，民法の平等原則・公平原則などの基本原則の体現であり，商品取引関係における法律上の内在要求でもある。平等・公平などの原則によって，一方当事者の違約で，契約関係が破壊され，当事者の利益のバランスを失う際，法律は違約責任に基づき，違約者に被害者が被った損失を十分補償するよう求めることによって，双方の利益状況のバランスをとる。違約者に民事責任を担わせるもう一つの理由は，当事者の違約行為が相手方の信頼利益を侵害することにある。信頼は要約あるいは契約に法的強制力を与える重要な根拠である。「契約法は信頼される約束があるからこそ，拘束力が与えられるとの根本原則に基づいている」[85]。信頼利益には，財産損失と機会損失がある。そこで，財産損失には，契約締結準備や契約締結に支払う費

---

84) これについて，「フランス民法典」第1134条は「適法に形成された合意は，それを行った当事者に対して，法に相当する効力がある」と明確に定める。

85) 内田貴「契約の再生」，梁彗星主編『民商法論文集』第4巻，法律出版社，1995年版，175-243頁。

用,契約履行の準備や契約履行による損失などがある。機会損失は,当事者が要約や契約を信じることで失った他人との契約チャンスを請求できる利益損失である。

　違約行為は法律を軽視する行為であり,相手方を尊重しない行為でもある。そのため,違約に対する評価は,法律評価であると共に,道徳評価でもある。通常,違約行為は違法なだけではなく,道徳違反でもある。もちろん,法律の形式と実質的な道徳価値とは相対的に分離しているので,法律関係に違反することは道徳上の「悪」とは関係ない。法律自体は道徳用語ではなく,技術文句である。法律が調整する社会関係は道徳の真空ではなく,法律の実践の中に道徳の要素も浸透しているが,形式技術としての法律は結局は道徳とは異なる。伝統契約法の理論は,違約は間違いなく道徳上の「悪」であると言う。しかしホームズ(Holmes)は違約と道徳は異なると主張する。アメリカの経済分析法学者は,資源の有効配分の視点から,効率原則を満たせば,違約を奨励すべきであり,道徳性を考えなくてもよいと考える。[86] アメリカの分析法学者ココレック(Kocourek)は,違約は義務違反であり,同時に法律権力でもあるとする。違約者は,契約義務の違反によって新しい法律関係を創設する。つまり,このような法律関係は,違約者と契約相手方の間に生じる違約損害賠償の法律関係である。したがって,違約者は実質上選択権を有する。契約の履行を選択することも,違約損害賠償を選択することも可能であり,この選択自体道徳とはまったく関係ない問題であると考える。この観点は効益原則に符合するが,民法が基礎とする公平原則・誠実信用原則との違いが大きいため,普通の民事関係の領域において確認するのは適切ではない。

　違約の救済措置に関しては,古代のローマ法までさかのぼることができる。初期のローマ法には,債務の目的物は債務者の身体でもよいとしていた。債務者が債務を履行しないとき,債権者は債務者を監禁したり,鎖をつけたり,こん棒で殴ったり,脅迫したりして自身のために働かせた。または奴隷として売却して売価を得るか,死刑にした。[87] 西暦紀元前326年「ポエテリウス法」(Lex

---

86) 王利明『違約責任論』,中国政法大学出版社,1996年版,63頁。

87) ボンファンテ(P. Bonfante)『ローマ法教科書』,黄風訳,中国政法大学出版社,1992年版,353頁。

Poetelia）は，すべての債務奴隷を解放した。その後，債務者の身体で責任を負う方法は財産責任を負う方法に取って代わった[88]。さらに，ローマ法の契約責任は人身・財産の混合責任であったことから，単純な財産責任への歴史的な転換を実現した。ローマ法での契約責任の負担方法は，原告が享有する訴権の違いによって異なる。例えば，原告は，被告が典型契約の債務を履行しないことを理由に訴訟を提起する場合，金銭賠償原則を実施する以外に，被告に債務履行を強要したり，返還・補修等の方法で契約責任を負わせたりできるが，契約を解除してはならないとされる。しかし，非典型契約に対する責任分担には二つの方法がある。契約解除・履行継続・損害賠償である[89]。「フランス民法典」第1142条から第1153条および第1184条に，違約救済措置が三種類規定されている。現実の履行・契約解除・損害賠償である。「ドイツ民法典」規定の違約救済措置の種類は，ほぼフランスと同じである。英米法系においては，契約法規則は国の立法機関で編纂されるのではなく，裁判官によって定められる。イギリスの歴史には，早い時期からいわゆる「令状訴訟」が存在した。この訴訟の特徴は異なる訴訟請求によって，異なる訴訟形式を設ける点にある。したがって，異なる訴訟形式にも救済手段を提供することができる。コモン・ローの厳格な規則はそれほど公平でなく，損害賠償の方法だけで被害者を救済するのは不十分であるため，比較的完璧で独立したエクイティ規則が出現した。エクイティの救済方法は強制履行と差止命令である。これによって，英米法系の違約救済措置はコモン・ローの救済措置とエクイティの救済措置に分けられる。コモン・ローの救済措置は主に損害賠償で，エクイティの救済措置は強制履行である[90]。英米法系の国において，現実の履行はエクイティの救済措置として，損害賠償が十分な救済措置にはならないときのみ適用される。そのため，現実の履行は損害賠償に対して，第二位の救済措置である。例えば，イギリスの契約法は，被害者が，損害賠償では十分な救済にならないと立証し，さらに，公正や公平という伝統的なエクイティ原則を満たした場合に，具体的な事件におい

---

88) グロソ（G. Grosso）『ローマ法史』，黄風訳，中国政法大学出版社，1994年版，115頁。
89) 張礼洪「ローマ法中の契約責任及び現代中国での発展」，梁彗星主編『民商法論文集』第5巻，法律出版社，1996年，681-683頁。
90) 同上。

て，強制履行の救済措置をとる。英米法系国や他の大陸法系国と明らかに異なる点は，中国の民法の違約救済措置は，強制的な現実の履行と損害賠償に分けることである。現実の履行は継続履行・強制履行とも称される。当事者の一方が契約を履行しないとき，裁判所は相手の請求に従って強制的に契約の規定どおり契約義務を継続履行させる救済措置である。現実の履行の適用には制限がある。金銭債務は，代替物であるので，客観的には履行不能の問題は生じない。各国の立法には，強制履行を請求できると規定するが，金銭債務以外について，各国の法律には制限が主に三種類ある。まずは，法律上あるいは事実上は履行できない場合。法律上履行できない例として，契約履行の期間に，国が新しい法律を公布して，契約の目的物が売買禁止になった場合が考えられる。事実上履行できない例として，ある一定の事実の発生によって，特定の目的物が毀損，または滅失などして契約の目的物の給付が不可能になる場合である。事実上履行できない二つ目の例として，債務の目的物を履行する際，強制履行あるいは履行費用が高すぎる場合である。例えば，人身信頼関係に基づく契約と，履行費用が高すぎる契約がある。履行費用が高すぎると，必然的に両方の当事者の利益バランスを破壊することになる。その履行費用が民事行為の主旨に違反する場合，損害賠償で債権者の損失を補うことができる。最後に，債権者が合理的期間内に履行を要求してない場合である。債権者は，債務者の現実の履行を，必ず合理的期間内に求めるべきであり，期間を超える場合自ずから権利履行の請求権を放棄するとみなし，ほかの救済方法を採用するしかない。

　契約違反をした当事者が違約行為で相手の当事者に財産損失をもたらした場合，全部の損失を賠償すべきである。これは損害賠償責任の一般要求である。即ち全部賠償原則である。その基本的な要求は損害賠償を通じて，被害者を契約履行済みの状態にすることである。その制限は，主に以下のとおりである。①予見可能規則。違約損害賠償の範囲は，違約者側が民事行為を行う際に予見した，あるいは予見すべき損失を限度にする。契約締結の際，違約者側が契約違反によって損失が発生する結果を予見できる理由がない場合，被害者は損害賠償金を得られない。予見可能規則は，完全賠償原則に対する制限であり，意思自治原則を表している。取引リスクを下げることによって，公平原則の要求を体現する。②損失減少規則。一方の当事者の違約によって損失が発生すると

き，被害者側は遅滞なく合理的な措置をとって，損失拡大を防止すべきである。中国「契約法」第119条において，被害者が損失拡大を防止する義務は，性質上は一種の法定義務であるとされる。その根拠は，損失の公平配分制度及びリスクの有効的な制御制度である。損失が発生する際，被害者が損失を抑制するに最も適切な人であり，同時に担う責任コストも一番低い。当該リスクの拡大を抑制しない場合，その拡大した部分は被害者に配分すべきである。③損益相殺規則。損益相殺規則は，賠償権利者が損失発生の同一違約行為から得た利益を，損失部分から差し引き，損害賠償の範囲を確定する規則である。賠償責任制度の目的は，被害者に対して違約によって発生した損失部分を補うことであり，これにより被害者が不当な利得益を得てはならず，被害者が損害賠償で損害発生前よりも優越的な地位に置かれてはいけない。これは損益相殺の法理根拠である。

8　予期違約制度における倫理的分析

予期違約（期前破約・事前契約違反とも称す）は，期限前の違約や先期違約とも称す。契約が有効に成立した後，履行期の到来の前に，当事者の一方が正当な理由なしに，履行期が到来しても履行する意思のないことを表す，あるいは契約を履行不可能であると明示することである。これは英米契約法が，判例に従って発展してきた特有の制度であり，現代契約法や国際契約条約にも受け入れられるようになった。中国「契約法」第108条は，「当事者の一方は契約義務の履行意思がないことを明確に表すか，または自己の行為で契約義務の不履行を表明する場合，相手は履行期前に違約責任を負わせることができる」と規定した。予期違約制度は，債権者の利益保護に有利である。例えば，債務者がすでに契約義務を履行しないと明確に示したにもかかわらず，法律が予期違約を承認しないと，債権者は窮まる状況に陥る。第一，実際違約の発生を待つか，あるいは同時に消極的な措置をとって，なるべく発生する可能性のある損失を減らさなければならない。第二，違約が実際に発生する直前に，積極的措置をとって，発生する可能性のある損失を防止及び避ける必要がある。前者は，債務者が契約義務を履行し続けない限り，必ず損失が出ることを意味する。後者は，一旦債務者が直ちに契約義務を履行しないと，債権者に不利な状況をもた

らす。したがって，予期違約は必要である。予期違約の制度設計の理論は，民法上の公平責任原則を基礎とする。

　予期違約は二つの形態がある。即ち明示の予期違約と黙示の予期違約である。明示の予期違約とは，当事者に正当理由はないが，履行期限になっても履行しないことを明確に表明することである。黙示の予期違約とは，推定の予期違約である。履行期前に，自ら履行期限が到来しても主な債務履行をしない態度を明確に表すことをいう。黙示の予期違約の場合に，債務者は履行期前に契約を履行しないことを明示せず，債務者の契約履行の準備過程における行為・経済状況・商業信用などに基づき，履行しないあるいは履行できないことを合理的に予見させる。予見は主観的な推定であるため，黙示の予期違約制度には，必ず合理性がある予見を必要とする。予見が合理的か否かを判断するには，予期違約制度の国の判例あるいは立法及び国際条約から，大まかに二つの基準が見出せる。一つは，「アメリカ統一商法典」第2-609条は，「相手が正常に履行できない合理的な理由」を定めた。判例法によると，この「合理的な理由」は以下の三つに分けられる。①債務者の経済状況が不振で履行できない場合。②商業信用の不良が懸念される場合。③債務者の契約履行のための準備行為や実際の状況から違約のリスクが判断できる場合である[91]。二つ目は，「国際物品売買契約に関する国際連合条約」第71条に規定される基準である。即ち当事者の一方の義務履行の能力に欠陥がある場合，債務者の信用に深刻な欠陥がある場合，債務者が契約履行準備や履行中の行為において，履行しないあるいは履行不能を表明する場合である[92]。救済方法において，予期違約は大きな選択の余地がある。一方当事者が予期違約をする際，もう一方の当事者は履行期前に給付を中止するか，あるいは契約の解除を求めることができる。また，予期違約を放置し，履行期後，違約違反者に違約責任を負わせることも可能である。

---

[91]　楊永清「予期違約規則研究」，梁慧星主編『民商法論文集』第3巻，法律出版社，1995年版，355頁。

[92]　王利明『違約責任論』，中国政法大学出版社，1996年版，146頁。

V　民法相続権制度における倫理的分析

1　相続本質における倫理的分析

　人身関係に関わる民法制度と同じく，相続制度にも強烈な時代性と倫理性がある。メーンは，ローマ「自然法」と「市民法」の主な違いは「個人」に対する重視であり，人間文明に対する最大の貢献は，個人を古代社会の権威から解放したことであると考える。「古代法律」は「個人」をほとんどまったく知らない。古代法律が気に掛けるのは「個人」ではなく「家族」であり，単独の人ではなく集団である。「国家」の法律が元々は越えられなかった親族の範囲を超えることに成功しても，個人に対する見方は法律学が成熟した段階の見方と著しく異なる。すべての市民の命は，生まれてから死亡するまでに限られるのではなく，人の生命は祖先の生存の続きであり，そのまま後裔の生命に伝わる。[93] どの国のいかなる相続制度においても，相続を決める要素は二つある。一つは所有者（被相続人）の選択で，もう一つは家族関係である。しかし，この二つの要素は国と時代によって与える影響は異なる。一般的には，古代各国の相続において主に家族関係と身分相続を重視しており，財産相続は身分相続に属する。「1066年（ノルマンディー征服）から1925年まで，イギリスのほとんどの地域は長男相続制が通常の原則であり，長男が死者の所有する土地を相続する。この旧相続制度は，所有者の選択を元にしたものではなく，当事者の地位，特に血縁関係を基礎とした」[94]のである。このように規定する主な理由は，古代の相続は家族継続の道具とみなされたからである。現代国家は人の平等と自由を重視し，人の独立性を強調する。そのため，相続の確定において，相続人の意志をより強調する。伝統習慣・社会制度・宗教信仰などの違いによって，相続人の範囲・相続順位は異なってくる。例えば，アメリカにおいて「コモン・ローと州法条項において，通常，無遺言死亡者の不動産及び動産の処理規定には異なる規則を定めている。死者の不動産を相続する人は『相続人』と

---

93)　メーン（H. J. S. Maine）『古代法』，沈景一訳，商務印書館，1959年版，104頁。

94)　クーター（R. D. Cooter）・ユーレン（T. S. Ulen）『法と経済学』，張軍ほか訳，三聯書店，1991年版，221-222頁。

呼ばれ，死者の動産を相続する人を『近親者』と呼ぶ[95]。各国の通例によると，相続権を取得する条件は，相続人と被相続人の間に婚姻・血縁及び婚姻法で規定する扶養関係が存することである。現代相続と古代相続の主な変化は以下のとおりである。①身分相続中心から財産相続中心への変化であり，最終的には単純に財産相続に変遷したこと。②強制的な相続から自発的な相続に変遷してきたこと。③法定相続人の範囲が一族中心から血縁中心に転移したこと。法定相続は元々家族の利益を守るために設けられており，法定相続人の範囲は家族成員であるため，娘は結婚後ほかの家族に入籍した後，父や祖父の財産の相続権を失う。社会の家族観念が薄くなるに従い，自然に血縁関係が法定相続人の範囲と順位の決定にあたり主要な根拠となる。現代相続法において，法定相続人の範囲は血族と配偶者に限られている。個別の国においては（中国や東ヨーロッパなど），共同生活関係や扶養関係も法定相続範囲を定める特別な根拠となっている。

2 相続方式における倫理的分析

中国の「相続法」で定める相続制度は，自発相続と直接相続である。自発相続とは相続人が承継を引き受けるか放棄するかを自由に選択できるものである。現代において，世界各国の相続制度は自発相続を原則としている。自発相続原則を貫くために，各国の相続法は承継の引受けと放棄制度を設けている。相続人に選択権を与え，相続人は法律規定に基づき，法律規定の手続を守る前提で，相続権の引受けと放棄を選択できる。中国の「相続法」にも相続の引受けと放棄の制度が設けられている。外国の相続人は相続するか否かについて，明確に意思表示をすべきであるが，中国は民族習慣に基づき，承継放棄のみにおいて明確な意思表示が必要となる。相続放棄の意思表示がない場合，相続引受けとみなす。さらに，中国の「相続法」は直接相続制度を実施する。直接相続とは，相続開始後，相続人が遺産管理者やほかの機関の許可なしで被相続人の遺産を直接に相続できる相続制度である。これは中国の民族習慣と伝統的なやり方を十分に考えた上での規定である。英米諸国は中国と違って完全な遺言

---

95) 同上書，222頁。

執行者制度があり,また,強い遺言意思を持つため,間接相続制度を実施する。つまり,相続開始後,遺産は相続人に帰属せず,遺産管理者や他の法定機関において決済完備後,遺産相続人に配分される相続制度である。間接相続制度において,相続人は決済後の純粋な財産を相続し,被相続人は債務の完済義務を負わない。相続内容における相続は概括相続と有限相続に分けられる。現代の概括相続は,相続人が法律に基づき被相続人の生前有するすべての財産関係を承継する。メーンは,概括相続は,総合的な権利の相続であるとする。一人の人が別の人の法律身分を受け入れる場合,すべての義務を負うと同時に,すべての権利を享有することにより,概括相続が発生する。真の概括相続であるためには,すべての権利と義務が同時に一回で譲り渡され,引受人も同じ法律身分を受け取らなければならない。[96] 概括相続は,強制相続と自由相続に分かれる。強制的概括相続において,概括相続の法律効果は法律によって発生し,相続人はそれを選択できない。自由概括相続とは,相続人が自由な方法で概括相続の取得または放棄を選択することである。言い換えれば,相続人の財産状況が良好で,債務超過に陥ってない場合,相続人は概括相続を選択する。相続人は明示的に概括相続を選ぶことが可能である。しかし多くの場合,法律の推定により,即ち相続人が法定期限内に相続放棄あるいは限定承継の方法を示さない場合,概括相続をするとみなす。もし被相続人の遺産がその債務よりも多いと相続人が判断する場合,相続人は相続放棄により被相続人の債務履行を免除される。中国は限定相続と自発相続の組み合わせの相続方法を実行する。「相続法」第33条は,「遺産を相続する場合,被相続人は法律で納めるべき税金や債務を完済すべきである。納める税金と債務は遺産の実際価値を限りとする。実際価値を超える部分について,相続人は自分の意志で返済することができる。相続人が相続を放棄すれば,被相続人の税金や債務を完済しなくても良い」と規定する。この相続制度は,相続人の合法権益の保護に有利だが,債権者にとっては保護不足であり,中国の伝統的な道徳観念に差し支える。第一,外国の限定相続と自発相続制度は間接相続制度の上で形成されるので,遺産は中立的な遺産執行者によって配分される。中国は直接相続制度を実行してい

---

96) メーン(H. J. S. Maine)『古代法』,沈景一訳,商務印書館,1959年版,102-103頁。

る。遺産は直接に法定相続人に配分され，債務者は遺産の状況をあまり知らず，処理権もない。第二，外国における家族の構成員（相続人と被相続人）は財産関係において非常に明確な限界があるが，中国においては家族の構成員のその限界はあまり明確化されていない。第三，伝統慣習では，債権者と被相続人の間に貸借関係が発生するのは，「父債子返」という固有観念に基づくからであり，あるいは被相続人の家庭全体に対する信頼に基づくからである。また，多くの場合では，家庭が負担すべき部分と被相続人が負担すべき部分を判定し難い。この場合，債権者に被相続人の完済不能のリスクを負担させるのは非常に不公平である。第四，外国法上，被相続人の遺産で債務を完済できない場合，債権者は遺産に破産完済制度を主張できる。破産制度には非常に厳しい手続と制度の保障がある。しかし，中国において遺産は破産返済制度で実行できない。第五，相続人が限定相続を選択できる他の国において，相続人が債権者に不利な不当行為を行う場合に，強制的な概括相続が許可されず，選択権を失う規定がある。以下の場合に，不利な不当行為にあたるとされる。(1)隠蔽遺産。遺産の目的物の隠蔽，被相続人の債務を隠す，債権文書を偽造するなど。(2)故意に遺産リストに不実記載をする。例えば，存在しない債務を記載したり，または重要な財産をリストに記載しなかったりすること。(3)債権者の利益を詐害する意図で遺産を処分すること。(4)密かに遺産を消費すること。以上の規定は中国相続法を修正する場合に参考価値がある。

3 相続範囲における倫理的分析

相続には，法定相続と遺言相続が含まれる。法定相続の適用状況は，被相続人が生前に遺言をしなかった場合，あるいは遺言が無効である場合である。法定相続人は，相続人と被相続人の間の血縁関係（父母，子女）と婚姻関係に基づく。ただ，相続範囲の確定は各国の倫理的思想に大きく影響されている。相続順位の確定は法律問題だけではなく，倫理性を有する習慣確認の問題である。メーンの考証によると，古代ローマ時代の相続の順位は以下のとおりである。「市民が死亡したとき，遺言がないかあるいは有効な遺言がない場合，市民の『解放されていない息子』はその相続人になる。解放された息子は相続権を有しない。もし彼が死亡したとき，直系親族がいなければ，最近親の男系親

が相続する。ただし，女性子孫によって死者と結びつく親族（どれほど親密であろうとも）はその相続権を享有できない。家族中のほかの直系親族は相続権から排除され，相続権は同族者，つまり死者と同じ姓のローマ市民に属する。そのため，もし有効な『遺言』がない場合，その時期のローマ人は解放息子を何らかの権利も得られないまま放り出す。もう一方，仮に彼が死亡したときに，子がいなければ，彼の親族は完全に財産権を失い，財産が他人の元に移行される緊迫した危険性に直面する。これらの他人は同族であると想定した全成員を共同で祖先から伝承したと想定する宗教的擬制によって結びついているに過ぎない」[97]。各国の通例によると，相続人と被相続人の間に，婚姻・血縁及び婚姻法に規定する扶養関係の存在が相続権を取得する条件となる。子女が相続人となることにはそれほど異議がなく，主な争いは以下のとおりである。①配偶者を相続人とするか否か。多くの国は，配偶者は被相続人と婚姻関係と共同生活の関係があるため，子女と同じく適法的相続人とし，さらにその相続の順位は上位になっている。ただ，「コモン・ローでは配偶者は相続人ではないが，相続条項において一部分の割り当てを得られる。これは州の法令によって異なる」[98]。②非嫡出子の相続地位に関する問題。社会の進歩と文明の発展に従って，非嫡出子の相続地位は大きく向上したが，非嫡出子の相続権を制限したり差別したりする国はまだ存在する。③被相続人である子女に同等な相続権を与えるか否かの問題。歴史の早い段階の相続制度は，封建家族の財産の喪失を防止するために，長子に特待を与え，しかも排他的相続権を与える。非長子についてはごく少ない遺産が配分される。娘が結婚すると，一般的に両親に対する扶養義務がなくなる。中国の古代観念において，結婚した娘は家庭員の身分を失う。したがって中国古代の法律規定には，結婚した娘は相続権を有しない。今の農村地域においても，実際にはこの現象が続いている。これは重視すべき問題点である。

---

97) 同上書，126頁。
98) クーター（R. D. Cooter）・ユーレン（T. S. Ulen）『法と経済学』，張軍ほか訳，三聯書店，1991年版，222-223頁。

第9章　民法の財産関係における倫理的分析

4　遺言相続における倫理的分析

　遺言相続とは，相続が始まると，被相続人の有効な遺言に従って遺産を相続する制度である。遺言相続は，意思自治原則の相続制度における表れである。遺言制度の設立には，複雑な社会経済原因が存在する。「いわゆる『遺言』『遺命』とは，概念それ自体で考察されるものではなく，一連の概念の中の概念であり，しかも第一の概念ではない。それ自体から見れば，『遺言』はただ遺言者が意思を宣告する道具に過ぎない」，遺言相続は，簡単な財産の移転方法ではなく，慣習や倫理に密接に関わっている。だからこそ，メーンは，「遺言」を権力の授与とみなし，財産を家族から移す，あるいは財産を遺言者の考えや見解に従ってたくさんの不公平な比率の分配を行うものと主張した。この見方は封建制度が完全に固まった中世の後半期に発生した。「所有者に相続人の選択を許す利点は，いかなる制限であってもこのような選択の法則は，法律回避の動機を引き起こす」。各国の法律規定によると，遺言が有効になる条件は遺留分（Special Portion）に関する規定を侵害しないことである。「遺留分」とは，特定の法定相続人が相続すべき遺言で取り消すことのできない遺産額のことを示す。被相続人が権利を濫用して相続人の適法な権益を奪うことを防止するために，多くの国は遺言で特定の相続人の相続権を奪えないと規定する。これらの相続人は主に，独自に生活できない人のことである。この規定の目的は，被相続人の遺言自由権と相続人の適法相続権の矛盾を調和させることであり，すべての相続人を公平に守ることでもある。現代諸国の相続法には「遺留分」問題に関する規定が存在する。「イタリア民法典」第536条は「遺留分相続人とは法律規定によって，一部分の遺産やほかの権利を自分自身に保留する人である。彼らは，嫡出子・非嫡出子あるいは直系尊親族である」と規定し，第537条で「父母の間に一人しか子供が生まれない場合，嫡出子・非嫡出子であっても，この子供は半分以上の遺産を得られる」と規定する。本法第542条規定の状況を除外する。数名の子供がいる場合，彼らは遺産の三分の二を得られ，同

---

99)　メーン（H. J. S. Maine）『古代法』沈景一訳，商務印書館，1959年版，101頁。
100)　同上書，128頁。
101)　クーター（R. D. Cooter）・ユーレン（T. S. Ulen）『法と経済学』，張軍ほか訳，三聯書店，1991年版，225頁。

じ割り合いで均等に嫡出子と非嫡出子に配分する」と規定している。大陸法系のドイツ・フランス・日本などの国にも類似する規定がある。「遺留分」の形で遺言自由に制限を加えることはすでに多くの国の民事立法の通例になっている。そして，多くの大陸法系諸国の民法典では，「遺留分」制度を定めている。例えば，「日本民法典」第1030条は「贈与は，相続開始前の一年間にしたものに限り，前条の規定によりその価額を算入する。当事者双方が遺留分権利者に損害を加えることを知って贈与をしたときは，一年前の日より前にしたものについても，同様とする」と規定している。「スイス民法典」第475条は「死者の生前の贈与を引いて，遺産金額に加える」と規定している。「遺留分」は家族愛と家庭の現実社会における役割を肯定し，法律の形で無限の遺贈処分権に制限を与え，社会現実に適応することで，社会安定の基盤である家庭を守ることを目的とする。

Ⅵ　知的財産権制度における倫理的分析

1　知的財産権制度の本質における倫理的分析

　知的財産権について，学界に多様な意見がある。一般的に「知的財産権は，民事主体が享有する知的創造性成果・商標及びほかの商業価値情報を支配し，他人による干渉を排斥する権利である」[102]。知的財産権が保護する対象は，主に科学技術である。新しい技術に対する有効な保護は，知的財産権法の主要任務でもあるし，社会進歩を促進する有益な要素でもある。これについて，ラッセル（Russell）は，科学が初めて成立したとき，科学領域以外の物事に重大な影響を与えた。この影響は経済にもあるし，倫理的にもあると主張した。科学技術が経済発展に果たす巨大な促進的役割について誰も疑わないが，科学技術と倫理の関係について理論と実践には異なる意見が存在する。現在学界の異なる意見は以下のとおりである。①科学技術と倫理を分離すべきであると主張する観点。科学者の研究目的は，現実世界にある客観的真理を追求することである。その対象は，科学知識と倫理的基準を判断する真と偽であり，道徳上の善

---

[102]　張玉敏「知的財産権の概念と法律特徴」，現代法学，2001年第23巻第5期。

と悪ではない。工学技術者の工学技術も，自然界の客観法則であり，技術発明と応用の判断基準は先進あるいは落伍で判断するのであり，道徳上の善と悪ではない。そのため，科学技術領域自体の価値は中立的であり，倫理道徳の研究対象ではない。科学技術に価値の嗜好はなく，中性価値に属するので，科学技術自体に倫理的には干渉しない。科学発展の本質は，道徳の進歩と統一である。倫理的問題が出る理由は，人間が不適当に科学技術成果を使用したからである。②科学技術と倫理は統一であると主張する観点。この観点によれば，科学技術は知識・方法・活動・製品など異なる側面と環境により構成される。知識形態の科学技術は価値中立的とみなされるが，科学技術方法・科学活動・科学技術製品とその応用は，明らかに社会・文化・倫理的要素が浸透しており，著しい価値指向がある。例えば，原子力知識は中性であるが，原子爆弾を製造できるし，原子力発電もできる。原子爆弾を作る科学技術方法と目標には，例えば原子爆弾の機能と効果は何で，なぜ原子力発電所ではなく，原子爆弾を作るのか等，人間の価値要素が入っている。それゆえ，ハイテクノロジーの製造物である原子爆弾でも背負うべき価値がある。人間がそれを利用するかどうかにかかわらず，誰に利用されるかにもかかわらず，原子爆弾の属性は変えられない。武器庫にある武器は殺人用の武器ではないからといって，道徳的には無実であると言えない。科学技術とその運用効果は絶対に分離できるものではなく，科学技術を道具あるいは奴隷とみなすことは人間責任の放棄と逃避である。ここから，科学技術自体は価値を帯びており，科学技術の社会規範と科学者の倫理的責任は一致していると考える。当代科学技術の主体は科学技術，倫理的実践には自発性と創造性を発揮すべきであり，客観公正性と公衆利益優先性の基本倫理の原則に従って，科学技術と社会倫理的価値システムの間に有効な緩衝メカニズムを築く。③科学と倫理のジレンマは調和できないと主張する観点。この考え方によると，科学技術活動の主体は科学者であり，科学技術と科学技術成果の応用の倫理問題は常に科学者と緊密に関連している。科学技術自体に価値と倫理的特徴がある以上，科学者は道徳規範の外に遊離すべきではなく，一定の規範で制約されるべきであり，必然的に科学技術者の社会倫理的な責任問題が導き出される。しかし，科学技術が社会活動になる場合，科学技術の研究・製品の開発いずれも政府・集団・企業により投資・支配されると

き，科学者はある程度の独立性と自主性を失って他人に雇われる道具になる。政府，集団，企業の一部の，目の前にある利益や直接的利益，臨時の利益と人間の根本的で長期的な社会と自然全体の利益とが衝突する際，ある部門や企業で奉仕する科学者個人は，これによって発生する価値と倫理を調和できない窮地に陥る。科学者により調和すべき科学技術と倫理の矛盾は，科学者の能力と範囲を大きく超えている。④科学技術の倫理的効果は，客観的に予測不可能であると主張する観点。この考えによると，基礎研究に従事する科学者に，彼の選択する課題がもたらすすべての道徳的影響を予測させるように期待をしても，事実上不可能であり，どのように努力しても，不可能である。最も優れている科学者でさえ，基礎理論の発現がもたらすすべての影響を予測することは不可能である。だからこそ，科学者にこのような倫理的かつ道徳的な制限を加えるのが早すぎると，すべての科学活動の放棄という結果となる。どのような倫理的効果が出るかにかかわらず，科学技術の研究活動は進めるべきであるとする。ダーウィン（Darwin）が「進化論」を提示したときに，これほど社会を震撼させる効果があるとは想像できなかった。科学技術理論が重大な社会倫理的ショックを与えるとき，科学技術の倫理的問題は徐々に明らかになる。[103]進化論がもたらしたのは科学倫理的問題のみならず，倫理的革命である。進化論が大量の科学事実によって人間は神の執事ではなく，サルの親族であると証明したとき，これはまた，新たな倫理関係と科学認識の導入を意味するものでないかということ。実際，応用効果から言うと，それを封建盲信や宗教と闘う道具として使う人もいれば，人間が実質上不平等であることを証明するために使う人もいる。また，政府の何らかの反人類行為（ユダヤ人と障碍者の殺戮）に対する直接的で最も有力な倫理的根拠にもなる。

　今，中国の科学者は科学技術と倫理との密接な関係に十分注意を払っている。2002年7月20日，中国科学技術協会国際科学連合（ICSU）中国委員会は北京で「科学技術の倫理的問題と社会に対しての影響」と題するシンポジウムを開いた。会議で科学技術倫理と社会の関係を広い範囲で検討し，以下の合意に達した。①科学技術を発展させる目的は世界を認識し，人間に幸福をもたらす

103）雷毅「科学でも倫理的問題を注目しなければならない」，科学技術日報，2000年12月15日。

ことであり，この旨を正しく理解させるべきである。社会全体の道徳規範と価値観に関わることであり，社会全体の発展過程と前途に関わることである。そのため，科学技術に従事する人は誠実で，理性的で，社会的責任感が必要であり，自然と睦まじく付き合うべきである。②科学技術に従事する人は，生命・資源・環境・情報・ネットワーク・空間等重要な科学技術に関する領域の中で生じた科学技術の発展と応用に関する倫理的問題を重視すべきであり，複雑なシステムのリスク評価と警報に注意を払い，この面の専門研究を強化すべきである。③科学技術の発展戦略と政策措置を決める際，関係部署と機関は社会と環境に対する影響を十分に調査し論証すべきである。科学技術の倫理と道徳の問題における内容を公示して，公衆の知る権利と監督役割を強調する。④科学技術とかかる倫理道徳と社会責任問題は複雑な社会・文化問題である。異なる領域の提携を提唱すべきである。理性的かつ客観的に認識上の相違に対処して，異なる観点・異なる文化・異なる利益集団間のコミュニケーションと対話を提唱すべきである。[104]

2 特許権制度における倫理的分析

特許権は特許の管理機関が法律に従って，発明者・設計者・その他適法申請者に授与される，創造によって享有する専有権である。物質ではない財産を保護対象とする特殊な物権である。中国の特許法の規定によると，特許付与には発明・実用新型と外観設計を含める。そこで，発明は特許制度の核心であり，特許制度が社会経済発展を促進する主な原動力である。特許法によって，特許権を与える発明には，斬新性，創造性と実用性を備えていなければならない。中国「特許法」の規定において，特許権授与の発明には新規性・創造性及び実用性を備えなければならないとされる。その三つの要件の中でも創造性は特許制度の核心である。新規性は発明の形式基準と直観基準を強調するのに比べ，創造性は発明にあるべき実質的基準である。倫理学の視点から，発明を保護することは社会発展の促進に繋がり，また人間の本能要求にも合う。「創造は，人間の特殊な本能である。創造的方法で世界情勢を注目し参加することは，人

---

104) 王光栄「倫理的規範を重視し，科学技術正面利益を発揮する——専門家は科学技術の倫理を検討する」，光明日報，2002年7月22日。

間の内心にある深い欲望と原動力である」。「発明活動自体が発明者にとっての褒美であり，強い原動力を生み出す。知的挑戦を受け，理想主義に憧れ，科学の美しさを体験することは，発明者にとって至高の精神享受である。このような神聖な感覚は常に発明家に義無反顧，一往直前にさせる[105]」。特許の授与には経済性を考えると同時に，倫理性を考えるべきである。例えば，中国の「特許法」第25条は「以下の項目については特許権を授与しない。①科学の発見，②知的活動の規則と方法，③疾病の診断と治療方法，④動物と植物品種，⑤原子核の方法変換で得た物質。前記の④に挙げる製品の生産方法は，本法に従って特許権を授与できる」と規定している。以上の分析によると，法律上特許授与が排除されるのは，主に人間と自然の調和共存，そして生態倫理的と社会倫理的の科学に対する影響を考慮してである。人間が，神話で世界を解釈することから理性的に世界を見ることまでに進化を遂げたように，もし単純な功利主義的観点で科学研究に従事すれば，著しい倫理的問題が発生するに違いない。人々は自然の懲罰の苦しみを十分味わった後，科学探索が従うべき四つの基本原則をまとめた。「①善行，人間に幸福をもたらすこと。②自主，人間の尊厳及び価値を尊重すること。③傷害を与えない。試験者や他人を傷つけない。④公正。資源の配分・利益の分かち合い・リスク分担の三種類の公正がある[106]」。もちろん，ここで強調するのは人類を中心とする科学倫理的原則である。まだ人間と自然，人間と動物の平和共存問題は考慮していない。事実上，科学探索に対する倫理的制限はこれだけではない。多くの科学の立ち入り禁止区域はパンドラの箱やソロモンの宝瓶のような存在であり，一旦開けると，逃げ出すのは人間が支配できない妖怪である。DDTの発明は地球の生態環境を全滅させるほど破壊した。また，原子爆弾の発明は致命的な災害悲運である。アインシュタイン（Einstein）は原子爆弾の積極的な提唱者であったが，亡くなる前に友人に宛てた手紙の中で科学者は原子爆弾のような超規模の殺傷性武器に責任を負わなければならないと卒直に認めた。科学者は，研究をする前に研究成果がもたらすものが幸せか災難かを必ず考慮すべきである。国も科学に対する特許の審査と授与については同様な態度をとるべきである。そうでなければ，

---

105) 張開遜「発明の哲学思考」，百科知識，2003年第5期，35頁。
106) 田地「人類探索の有良と無良」，百科知識，2003年第6期，1頁。

特許は邪悪を生む温床となり，人類自身を壊滅させる魔力の源になるかもしれない。

　特許法について各国で最も議論されているのは，恐らく遺伝子と遺伝子製品に特許を授与するか否かである。遺伝子は，人間など生物性状をコントロールする遺伝物質の機能単位と構成単位であり，遺伝効果がある DNA の断片である。各 DNA 分子には多くの遺伝子があり，一つ一つの遺伝子は一種あるいは何種類かの蛋白質と化合物でできている。特定の蛋白質と化合物が，身体の特定の細胞と器官の形成と作動を決める。人間の遺伝子図鑑を掌握し，遺伝子・蛋白質及び相互役割のメカニズムを理解し，生命科学研究の多くの問題が全面的に解決され，人類の様々な難病の治療方法を発見して寿命を延ばすことが可能になる。現在，遺伝子は各国のメディアに出る最も頻度の高い言葉になった。近年得た成果は，アポロの月面着陸以来，歴史上の最も重要な科学研究プロジェクトとみなされる。現在のところ，遺伝子研究はおよそ三種類に分けられる。まず，生物の遺伝子研究であり，主な任務は，人体の暗号を解読し，最終的に癌・過敏症・心血管・循環器系の病など発病率が高く現代では治療できない「大衆の病気」を治療することである。アメリカの科学者連合会は相応な基準がなく，厳格な監督下に置かれていない場合，次世代の健康に影響を与える可能性のある遺伝子治療は安全ではなく，このような場合臨床には応用できないと発表した。人間の遺伝子を変える研究レポートにおいて，科学者は，遺伝子を変えるという治療法をもって，遺伝病を治療できるが，このような治療をした場合ほかの遺伝子の病気を招き，子孫に災いを残す可能性があると指摘した。例えば，細胞の遺伝子を変える治療法は，ある病を治すが，変化された遺伝子は遺伝性を失う。さらに遺伝できる遺伝子に病気をもたらすため，この治療法は功を奏しない。その上，医学の問題だけではなく，遺伝子を変える治療法は道徳や宗教などの問題を引き起こすかもしれない。人間自体や人間の生殖及び親子関係などの問題に対する人々の態度は，それにより変わる。[107] 次に，グリーン遺伝子技術である。これは植物の遺伝子を変えることによって遺伝子組み替え食品を育成する。狂牛病の出現は，人間に新たに食品と食品生産基盤

---

107)「米国科学団体は遺伝子を変える療法が反対する」，新華網，2000年9月18日．

の条件を考えさせた。グリーン遺伝子組み換え技術は、人間の新しい食品に関する未来を開いている。さらに、再生遺伝子技術である。「クローン」技術とも称される。一匹のクローン羊の出生以降、クローン技術のプラス及びマイナス影響に関する議論は続いている[108]。2000年6月、科学者が人間の遺伝子のフレーム図を公表すると同時に、遺伝学は病気を治す一方、法律・倫理・社会などの面に多くの厳しい問題を招くと警告した。遺伝子の研究と応用は基本的な倫理要求と規則に従うべきであり、さもなければ、それをもくろむ人に濫用されるというのが科学者の一致した意見である。1996年2月、イギリスのチャリティー組織の援助の下、遺伝子研究に従事する責任者がバシューダに集まり、遺伝子研究に影響深い二つの規則（バシューダルール）を制定した。第一、1000個以上のDNA配列を所得した場合、速やかに他者と共に分かち合うこと。第二、24時間以内に、新しくできた結果をインターネットで公共データベースGen Bankに伝送すること。それにより、開発とDNA序列情報に特権者が出ることを防止できる。これはすべての人に属するものであるという信念を持っているからである[109]。この規則の影響は、多方面に渡り、直接にインターネットの生命情報公共データベースの発展を促進し、新しい科学精神を発展してきた。

　遺伝子利用について、生命科学研究は後ゲノム時代に入り、ゲノムプロセス技術を臨床に応用することは、必然的に一連の倫理的、道徳的問題を引き起こす。人体は自然存在物であり、ある程度の自然秩序に支配されることは必然である。人体遺伝子の編集と再編成によって、欠陥遺伝子を取り除き、人体のある特質を強化することは必ず元の遺伝子の自然秩序を乱し、自然秩序のテンプレートに人の意志の痕跡を残す。さらに、社会秩序に大きな影響を与え、人間ゲノム学の発展に必ず遺伝子特許・遺伝子プライバシー・遺伝子差別・遺伝子技術濫用・遺伝子技術経済などの社会問題をもたらし、研究室で創造する生命は人類の繁殖方式に衝撃を与える。それゆえ、遺伝子技術は単なる技術問題ではなく、倫理的思考と評価が必要である。倫理的評価の鍵は、遺伝子技術の具体的運用が医学の発展と社会の進歩にどのような価値と意味があるのかであ

---

108)　方詳生「遺伝研究と『倫理委員会』」、光明日報、2001年2月26日。
109)　李苓「ネットワーク時代のDNA精神」、百科知識、2003年第6期、21頁。

る。評価の基礎は，生命倫理的観点からして，人の生命・生存権利と生命価値を前提にする生活の質・生命の健康・生存環境・人生価値である。人間の遺伝子プロセス技術を医学に応用するのに必要な倫理的評価と人間のゲノム研究自体とは矛盾しない。遺伝子倫理的評価とゲノム技術の応用の目的は，人間自体に役務を提供することであり，ゲノム技術で人間に幸福をもたらすだけではなく，なるべくそれによって生ずる社会における損害を避けることである。[110]

　遺伝子研究は，基礎科学であり，応用性の強い産業である。前者は，莫大な研究費用がかかり，それと比べて後者は産業化のプロセスに大量に投入する以外に，一定期間の報告周期がある。OECD の統計によると，世界では多くの遺伝子研究と開発会社が，平均45パーセントの年間利益を科学研究に付ぎ込んでいる。したがって，遺伝子研究の技術成果の知的財産権保護の最高ルート，最大化効果を発生させることは，多くの人が一貫して努力する方向である。ある学者はかつて「生物技術作品」の著作権保護理論を提唱したことがあった。特に，「文字作品とソフトプログラムの類推」(analogy of literary works and computer programs) と遺伝子配列アセンブリ説 (DNA as a compilation) が最も注目されている。しかし，著作権は作品の表現形式を守るだけで，その内容の利用は避けられない。そのため，遺伝子技術に対する著作権保護は実際にはほぼ意味がない。遺伝子技術に商業の秘密における保護措置をとるか否かについては，技術を持っている人が判断している。最後に，多くの人が，特許権を与えることは遺伝子技術を保護する最も有効的な形式であると主張する。[111]遺伝子特許は，「遺伝子をベースに関連する予防・診断・治療と設備の独占的保護である」。遺伝子特許の権利者は特許提携や譲渡で利益を得られるだけではなく，当遺伝子に基づく特許遺伝子薬品及びその他派生する製品を販売することで一定割合の収入が得られる。現在，遺伝子特許は（人体の遺伝子）主に遺伝子序列特許・遺伝子方法特許・遺伝子製品特許と遺伝子製品の用途特許の四種類がある。遺伝子断片シリアルの発見については，人類の特定の遺伝子や遺伝子断片シリアルの発見及び相応する機能に対する指摘は唯一である。真の発見は必

---

110)　冷明詳「遺伝倫理的が無視できない」，科学時報，2002年11月15日。
111)　孫皓琛「遺伝研究中の重要な法律問題についての検討」，院生法学（中国政法大学大学院），2002年第1期。

然的に客観的事実と一致するからである。それは，縦に発展する遺伝子研究の基礎であり，人類が生命現象と本質を構築するためだけのプラットフォームでもある。例えば，特許授与の審査基準の尺度を緩和し，遺伝子序列特許を大量に許可すると，これらの研究成果を独占されることはない。例えば，研究成果が独占された場合，必ず基礎研究に関する広い分野の科学技術の発展に影響する。この場合，特許権者が独占するのは単純な技術ではなく，この基礎知識に関わる一切のほかの遺伝子研究と後のゲノム技術の開発と利用である。これは，公共利益と逆の方向に向かうことになる。1998年7月6日に，欧州連合は生物技術発明立法保護の98/44指示を公布した。この指示は，一定の条件の下に遺伝子及び生物物質の特許取得の可否について規定したものである。革新的・独創的・実用的な発明であれば，倫理と道徳を脅すものであっても特許を授与するとしている。

3　商標登録における倫理的分析

　商標登録は，申請者が商標権を取得するために，法律規定の条件と手続に従って，商標局に登録申請を出し，商標局が法律に基づき審査の上登録を許可し，商標権をとる手続の総称である。登録許可を経た商標所有者の商標権は，法律で保護される。未登録の商標は商標権はなく，ただ一定程度の法律で保護されるに過ぎない。したがって，商標登録は商標のより高い保護を前提とする。

　登録は重要な意味を持つが，国はすべての商標を登録するよう求めていない。中国の商標登録は任意を原則として，強制登録は例外である。強制登録を要する商品は，主に以下のものである。人用薬品では，漢方薬（薬酒），化学原料及びその材料，抗生物質，生物化学薬品，放射性薬品，血清ワクチン，血液製品と診断薬品である。タバコ製品は，紙巻きタバコ，葉巻のパッケージタバコがある。これらの商品を登録しなければならない理由は，主に人の命に直接関係があるため，法律は特別な注意を払わなければならないというものである。民法理論からいうと，人間は最も大切な存在であるため，どのような製品を生産し販売する場合であっても，いかなる法律を制定する場合であっても，十分に人の命と健康を守り，人の自由と発展を条件にしなければならず，人の

命の犠牲を代価にすべきではない。これは基本的な倫理的要求である。

それだけではなく，各国はその倫理要求と倫理判断によって，商標の登録申請条件も規定する。具体的に言うと，以下の条件がある。(1)文字，図，ローマ字，数字，3D標識と色の組み合わせ及びそれらの組み合わせるもの。(2)著しい特徴を持つものである。中国の商標法には，商標にしてはいけない標識として，国の名称・国旗・国章・軍旗・勲章と同じあるいは近似するもの，中央機関所在地の特定の場所や標識の建物の名称・図と同じもの，外国の国の名称・国旗・国章・軍旗と同じあるいは近似するもの（該当政府が認める以外）。政府間の国際組織の名称・旗・印と同じあるいは近似するもの（この組織が認める場合や公衆に迷惑をかけない場合を除く）。政府側の標識・検査標記と同じ，あるいは近似するもの（授与されるものを除く）。民族差別的なもの。社会主義の道徳風俗に影響するもの。県クラス以上の行政区の地名や公衆が知る外国の地名（地名は別の意味がある場合や集団標識，証明標識の部分であることを除く）を商標としてはならない。しかし，地名にその他の意味がある場合あるいは集団商標・証明商標を組み合わせた部分を除く。すでに登録した地名の商標は有効性を持続する。さらに，「商標法」に基づき，下記の標識は登録できないかあるいは使用禁止である。(A)他人が先に取得した適法権利と衝突するもの。(B)申請する商標登録がすでに外国に存在するもので，それをコピーしたり訳したりして中国で登録されていない馳名商標，それと混同されるもの。(C)授権されていない代理人や代表者が，自己の名義で被代理人や被代表者の商標を登録し，被代理人や被代表者が異議を唱える場合。(D)商標の中に商品の地理標識はあるが，地理標識の場所が当該商品の原産地ではない場合（善意に取得する登録は有効性を持続する）。(E)登録した商標を取り消した場合，あるいは満期で更新してない場合，その取消しあるいは消却から一年間は，商標局は該当商標と同じあるいは近似する商標の登録申請を許可しない。(F)商標登録者の同意なしに，すでに商標登録されているものと同じ商品や類似する商品の商標を申請してはならない。以上の内容をまとめると，登録禁止の規定は三つの面がある。①公序良俗に違反する標識。例えば，差別的標識，社会道徳風俗やそのほか有害な影響がある標識，国や国際組織名称の標識と同じ，あるいは近似する標識など。②誠実信用原則に反する標識。例えば，他人の取消しあるいは満期で更新してない

標識，代理人や代表者が自分の名義で被代理人や被代表者によって登録した商標，コピー・模倣あるいは中国語に翻訳された形式で中国で登録してない馳名商標（Well-known Trademark），他人が先にとった適法権利と衝突する標識。③申請者が，悪意ある行為や悪意で相手方に損失をもたらす場合。例えば，誇大宣伝や詐欺的標識，記載された地域が原産地ではない場合や，実施制御を表明した商品，政府が保証する標識，検査標記と同じあるいは近似する標識など。これらの行為は，社会全体の利益を満たしておらず，社会一般の倫理的道徳要求にも矛盾するため，法律で否定されるべきである。

　商標登録に関わるもう一つの問題は，悪意で商標登録を争う行為である。つまり，他人が長期間使用している未登録の商標を悪意で先に登録する行為である。商標法改正前，法律にはこの行為に関しての規定がなかったため，多くの組織と個人は悪意で他人の商標を登録していた。その後，高額で譲渡し不当利益を得る手段となっていた。弁護士界を代表とする多くの人はこの行為を適法的利益行為であるとし，商標法の立法諏旨を満たすと主張した。理論及び法律から言うと，事実上この行為は他人の労働に対する軽視であり，社会道徳の基本に違反するため，法律で否定されるべきである。したがって，商標法の改正において，第31条を「商標登録の申請は，他人の現有の権利を損なってはならない。さらに，不当手段で他人がすでに使用しかつ一定の影響がある商標を登録してはいけない」と定めた。

第10章

民法の身分関係についての倫理的分析

I 公民人格権制度についての倫理的分析

1 公民人格権制度の倫理的分析概要

　法律中の人格という言葉はラテン語 Persona に源を発する。元の意味はマスクで，さらに劇中の役者を意味する。ローマ法によると，広義の Persona はすべて「血肉之躯（生身の体）」を有する人を指し，狭義では，自由の人，即ち少なくとも自由権を有する人を指す。人格を本格的に権利の視点から解釈したのは資本主義時代である。封建社会において人間性を抑圧することに対抗する目的で，ブルジョワジー（資産階級）は，人間性の解放，人に対する尊重の回復，人の価値を資産階級革命の主要内容とした。自由・平等・天賦人権など重要な思想と観念を提示した。その中の大きな節目となる1789年フランスの「人権宣言」は，法律の形で初めて人があるべきすべての権利について，確認した。「人」の権利には人権と公民権を含む。前者は私権で，主に公民の民事権利を示し，財産権や人身権などを含む。後者は公権であり，公民が享有すべき各項目の政治権利のことである。1804年の「フランス民法典」は人権宣言の影響を受け，「人」をこの法典第一巻の題名としており，人の民事法律関係における主体資格を確立し，意思表示自由と契約自由などの基本原則を確立した。その時代の制限を受け，当該法典は財産権利についての詳しい規定はあるが，人格権の内容の詳しい説明がない。人格権に対する初めての系統だった規定は，1896年の「ドイツ民法典」である。当該法典は総則第12条に公民氏名権に対する保護を規定した。債務関係法には，他人の生命・身体・健康・自由・

信用・婦人の貞操権を脅かす行為に対して，それぞれ権利侵害の法律責任を規定した。これは後世の立法に重大な影響を与えた。「ドイツ民法典」を原本にした「日本民法典」は人格権の保護に更なる詳しい説明をした。1907年制定の「スイス民法典」は，初めて人格権を明文化した。個別の人格権のみならず一般の人格権をも規定した。同時に，第28条の規定によって，「人格が不法侵害されるとき，誰でも訴訟によって侵害を排除できる」，「損害賠償と満足性措置についての金銭給付訴訟は法律の規定からすれば，許される」。「スイス債務法」49条は「過失で他人の人格を侵害した場合，賠償責任を負わなければならない。人格権が侵害されたとき，侵害の経緯や加害者に重大な過失がある場合に限り，慰謝料を請求できる」と規定した。そこで，民法発展史上真の人格権制度を確立した。[1] 英米法系では，イギリスのコモン・ローは早い段階から家庭のプライバシー漏えい，名誉妨害に対する救済が規定されていた。それは主に財産権侵害，信託違反，黙示契約の規定で保護されている。人格権を客体とする人格利益は法律においても多段階性を示している。第一段階は，生物形態の人格利益である。権利主体の人身を核心として，主に人の生命・健康や身体部分機能の安全利益を含める。第二段階は，社会形態の人格利益である。それは公民や他人あるいは社会と繋がる要求で，具体的には，標識要求（氏名・名称・肖像）・評価要求（名誉・栄誉）・感情要求（仲がいい，愛し合う）と発展条件要求（機会平等）がある。第三段階は，心理形態の人格利益である。人の精神活動を核心として，気分の安定，思惟の規律性，意思決定と表示自由などがある。[2] その中の生命権・健康権・身体権は，理論上しばしば「物質的人格権」と呼ばれる。通常，氏名権・肖像権・名誉権・栄誉権は「精神的人格権」と呼ばれる。その中の「物質的人格権」は「精神的人格権」が存在する前提と物質的基礎であり，その侵害は，精神的損害を伴う。

2 一般人格権に対しての倫理的分析

一般人格権は，具体的な人格権の対象であり，その内容は主に人格尊厳権，

---

1) 馬俊駒・劉卉「法律人格内包の変遷及び人格権の発展――民法の人の視点から」，法学評論，2002年第2期。
2) 申政武「論人格権と人格損害の賠償」，中国社会科学，1990年第2期。

人格自由権，人格平等（人格独立）権の三つである。
(1) 人格尊厳権についての倫理的分析
　人格尊厳権とは，公民が享有する尊厳を他人に軽視されない権利である。人格尊厳は，公民が所在する社会環境，社会関係及びその他の客観条件の違いによる，自分の社会価値に対する感知と評価である。社会環境は，社会政治制度，風俗慣習，労働環境，家庭環境などを含める。心理環境は，公民の宗教信仰・道徳品性・文化素養を含める。内在価値は，社会的価値である名誉・栄誉だけではなく，知能・貞操などの非社会的価値も含める。人が必ず人格尊厳を享有する理由は，人間が人間であるということである。それは人間の倫理性の表現でもある。人間には尊厳がある。なぜなら，人間は道徳的で，理性的かつシステム的に道徳法則に従うからである。[3] 通常，人格尊厳には，以下の法律的特徴がある。①人格尊厳は，抽象性と独立性がある。ヘーゲル（Hegel）は，人格は「完全に抽象的な自分」から形成されると主張する。さらに，一切の具体的な制限と価値を否定した。「平等は抽象的な人自体の平等だけであり」，抽象的な人格概念の内在規定性であるが，独立性は「自由自在に存在する精神」であると主張する。[4] ②人格尊厳は観念性がある。人格尊厳は公民の観念形式に存在し，公民の主観認識である。それには，二つの面がある。まず，公民の自己評価である。次に，自己評価に基づく自己承認である。③人格尊厳には，客観性がある。その客観性とは，公民の自己評価と自己承認の所在が客観的な社会環境と心理環境をベースにすることで表現される。④人格尊厳は利益性がある。尊厳を損害する行為は鬱屈，悲しみ，怒り，絶望など複雑な消極的なマイナスの気持ちを引き起こしやすい。この消極的な気持ちが続くと，生理機能の乱れを引き起こすだけではなく，社会適応能力と活動能力の低下も招く。そのため，公民の尊厳は精神利益を表している。この精神利益は，物質利益と密接に関連している。⑤人格尊厳は，終身性がある。近現代の民法は例外なく，すべての命が人に抽象人格を与え，終身享有され，死亡以外に剥奪不可であり，

---
3) バーマン（H. J. Berman）『法と革命——西洋の法律伝統の形成』，賀衛方ほか訳，中国大百科全書出版社，1993年版，2頁。

4) 参照，ヘーゲル（G. W. F. Hegel）『法哲学の原理』，范揚ほか訳，商務印書館，1961年版，45頁，57頁。

譲渡・継承できないとする。⑥人格尊厳の内容には，特別なポイントがある。人格尊厳は，直接に公民の社会価値や人格価値を内容とするのではなく，これらの価値の評価と肯定を内容とし，対外的には主に公民の自尊と自愛を表している。公民自身に対する否定評価は，尊厳の構成部分にはならない。⑦人格尊厳には，平等性がある。公民尊厳は，職業・政治的立場・宗教信仰・文化程度・財産状況・民族・種族・性別などの違いによっても差がない。すべての公民の尊厳は平等である。これは，尊厳の最も重要な特徴である。尊厳権は，絶対権に属し，誰も権利主体を侵害してはいけない義務を負う。それだけではなく，公民の氏名権・肖像権・名誉権などその他の具体的な人格権と尊厳権と密接な関係にあり，異なる程度で公民尊厳を守る要求を表している[5]。人格尊厳権は，人格権の一般価値の集約的表現であり，法律の中の人格権立法の不足を補足する効果がある。

人格尊厳を侵害する方法には，主に人格偏見がある。人格偏見は，ある方面で優勢な個人や集団が他人に対して抱く不平等な心理状態であり，公然と他人の人格尊厳を軽蔑，軽侮する行為である。その構成要件は，以下のとおりである。①行為者の行為が，他人の尊厳を尊重する法定義務に反すること。当事者の間にあるいかなる契約関係，管理関係やその他の社会関係でも，この法定義務の特徴は変えられない。②相手は，人格尊厳が軽視されることにより，社会における不良な評判と精神的な苦痛を実感すること。「人格偏見」は二つの結果をもたらす。一つは，社会生活において差別被害者が発生することにより不良評価を受けること。即ち差別被害者があるまじき軽蔑や侮辱を受けること。二つ目は，差別被害者は，あるまじき社会の不評により，精神的苦痛を受けること。③行為者は差別する際，他人が持たないある種の優位に依る。これは，経済的優位・社会的地位の優位・身分的優位・その他の優位でもよい。④行為者が，故意に人格尊厳を軽蔑し，侮辱する内心の考えを公にすること。人格尊厳の侵害は常に被害者に精神的プレッシャーを与える。意志が弱い人や敏感な人なら，悲惨な結果に至る。

人格尊厳の侵害に対する注目は現代社会の特有現象ではなく，古代の成文法

---

[5] 沈志軍「論公民尊厳権およびその法律保護」，新疆社会経済，1997年版，4頁。

ですでに存在していた。その中には，侮辱・罵詈雑言などに対する刑事裁判の規定があった。ある刑罰制裁は相当に厳しい。その時期には，当然人格権という法律概念はまだ存在していなかったが，このような刑事制度の中で民事主体の人格権の保護が表現されている。ローマ法の中にも，明文の規定がある。「文字で他人を誹謗し，公然と他人を侮辱する歌詞を歌う場合，死刑に処する」。同時に，人格権侵害の復讐制度と賠償制度を規定した。だからこそ，人格権発展の歴史は，人間が人格平等，人格尊厳を追求し，人格偏見に反対する歴史であると主張する学者がいる。[6]

現在，中国の民法学界においては，公民尊厳権に何を含めるかについての争いが存在する。大きく分けて三種類の見解がある。①一般人格権説：この見解を主張する人は，「人格尊厳にはすでに人格権のすべての内容が含まれるので，一般人格権のように処理すべきである」[7]とする。その理由は，人格尊厳は具体的な人格権の立法の基礎であると共に，人格尊厳は一般の人格権として，民法に具体的な人格権規定が欠如していることを補足できる[8]というものである。②名誉権説：この見解を主張する人は，「公民名誉権が，名誉と人格尊厳という二つの項目の内容を含める」と主張する。この見解は，通説として多くの民法学者に主張されており，[9]その根拠は「民法通則」第101条の規定である。「公民・法人は名誉権を享有する。公民の人格尊厳は，法律で守られ，侮辱・誹謗などの形で公民・法人の名誉権を損害することは禁止されている」。司法判決も，公民の尊厳権を名誉権の範囲にあるとして保護している。③独立人格権——尊厳権説：この見解を主張する人は，「人格尊厳の内容は完全にその他の人格権に分化できず，その他の具体的人格権に包摂できない。それは単独の内容であり，一つの独立の人格権として規定及び保護すべきである」と主張する。[10]

---

6) 劉心穏・亓培氷「『人格差別』は一体我々にどれだけ離れているのか」，人民裁判所日報，2002年5月23日。
7) 王利明主編『人格権法新論』，吉林人民出版社，1994年版，61頁。
8) 同上書，182頁。
9) 王冠『人格権論（上）』，政法論壇，1991年第3期。
10) 劉保玉主編『中国民法原理と実務』，山東大学出版社，1994年版，501頁。

(2) **人格平等権についての倫理的分析**

　平等は社会の権利義務の特定の分配形態である。人格の平等は価値目標として，自由・人権・正義・理性などの価値基準と同じく，欠かせない追求すべき価値である。人格の平等の保障がないと，自由は不自由に取って代わる。人格の平等がないと，正義は存在する根拠がなくなる。同時に，人格の平等は人間の理性の発展の産物で，人間の理性が進化すると共に生じる思想成果と社会現象である。「天賦人権者は，人間には自己の権利と義務を理解する能力があると考える。これは独裁体制に対抗するための理論根拠を提供した」[11]。ダール（Dahl）は，かつて「平等は，証明せずとも自ずと明らかになるものなのか」[12]という深遠な命題を出した。彼は，「我々が認識しなければならないのは，時には我々の平等についての評論は事実判断のためではなく，表現するためであり，マラソンの試合や聞き取りテストの勝者を評論するように，我々が真実と思う，あるいは間もなく真実になろうとすることを表現するのでなく，人類に関わる道徳判断やあるべきことを表すのである。……我々はこの道徳判断を『内在的な平等』原則と呼ぶ」[13]。

(3) **人格自由権についての倫理的分析**

　自由権は，公民の個人意志と行為が他人に不法に干渉されないことである。自由権は人格権の重要な部分であり，公民が独自にほかの民事活動に従事する基礎であり前提である。自由権がないと，公民は，多くのほかの権利を有効に行使できない。人身権である自由権には婚姻の自由・住宅の自由・移動の自由・性の自由などがある。①婚姻自由権は婚姻自主権とも呼ぶ。公民が自分の意志で自主的に婚姻関係を決めて他人の干渉を排除する権利である。婚姻は，法律と社会風俗により認められる，男女を共同生活を目的とし結び合わせる制度である。婚姻自由は婚姻関係を長期に安定させることや質を高めることの前提である。婚姻自由には結婚自由・離婚自由がある。広義では，婚姻方式を選ぶ自由も含める。結婚自由は，公民は法律規定に基づき自主的に婚姻関係を締結する権利があり，他人から不法に干渉されないものである。離婚自由は，夫

---

11) 『ブラックウェル政治学百科全書』，中国政法大学出版社，1992年版，230頁。
12) ダール（R. A. Dahl）『民主を論じる』，李柏光ほか訳，商務印書館，1999年版，69頁。
13) 同上書，72頁。

第10章 民法の身分関係についての倫理的分析

妻両者のどちらでも夫妻感情が確実に破綻した時に婚姻関係を終える権利を持つことである。婚姻方式を選ぶ自由は，公民には結婚か独身かを選ぶ自由があり，様々な方法（宗教婚や世俗婚）で婚姻を締結する自由があることを示す。婚姻自由は絶対のものではなく，他人の利益と社会公共利益を損なってはならないし，公序良俗に違反してもいけない。例えば，重婚・同性婚を選択してはいけない。②移動自由権。移動自由権とは，公民が自分の意志で住む場所を選ぶことと，異なる地域及び空間を自由に移動する権利である。移動自由は，人間が絶えず最適化する外在の要求であり，人間生存本能の自然反映であり，法律手段を通じて公民能力を最大限度発揮するための必然の体現である。人間の誕生以来，生産・生活の要求を満足させるために，絶えず人口遷移し，生存空間を開拓し広げてきた。人口移動は，お互いの交流を強めただけではなく，社会の経済発展レベルを向上させた。近年，急速な経済発展と農用耕地の減少によって，田舎の人口が大量に都市に流入し，都市の経済発展に役立っている。国内移民にとって最も影響するのは膠着状態になった戸籍制度である。戸籍は，「戸」を単位で記載する公民の基本状況で，さらに公民の法的地位を確定する法律ファイルである。戸籍の記載事項は主に，公民の氏名・性別・出生時間と場所・本籍地・住所・親族関係・財産状況・職業及び死亡などの基本状況である。戸籍は公安機関に登録され管理される。性質上，それは行政法律ファイルに属する。国は戸籍制度を確立することによって，公民の基本状況を調べ，公民の権利と社会治安秩序を守ることが可能となる。人口資料を積み重ねて，社会経済発展企画に正しいデータを提供させ，出産計画などの執行状況をチェックし，監督するなど，重要な行政法的意味を持つ。同時に，戸籍の記載事項は公民の民事権利と民事行為能力の確定，家庭状況と財産継承関係の明確化，氏名権の確定などにも重要な民法的意味を持つ。現行の戸籍制度は経済体制の産物であり，その最大の弊害は人口の自由流動に対する障害である。それは農民にとって不公平かつ不平等な制度である。現行体制において，「戸籍」は単なる身分を確認するだけではなく，資源享有権の確認である。それゆえ，戸籍に付加している福利機能と管理機能を取り消し，最終的には戸籍制度を廃止するのがこれからの趨勢となるべきである。③住宅自由権。住宅は，公民が住み，生活し，休憩し，社交する固定した場所であり，家族と集まって一緒に

過ごす場所である。住宅は，一定の面積と一定の造型の建物の組み合わせである。住宅自由権は，公民が法律に従って住宅を選び，他人に侵害されない権利である。住宅自由権は住居を選ぶ自由，住宅の種類を選ぶ自由と住宅の様式を選ぶ自由を含める。他人の住宅自由権を尊重しなければならない。故意に他人の住宅を破壊したり，静かな生活を邪魔したり，住居環境を破壊したりすることは許されない。④性的自由権。性的自由権は，公民が法律範囲内で他人の干渉を排除して性的行為をする権利である。性的自由権は充分に当事者の自由意志を尊重することを条件に，他人の干渉を排除できる。ただし性的自由権は「性的解放」とは異なっており，性的自由権は本質的には，法律に規定される権利であるため，個人はこのような自由権を濫用してはならず，他人とも不法性行為をしてはいけない。例えば，婚姻法精神に違反する姦通，法律に違反する売春などは不法行為である。性的自由権の中で最も重要なのは貞操権である。貞操は男女の性的純粋の良好品行である。主な表現は，性的侵害不可であり，民事主体の性的純粋を保つことができる。貞操の実質は性自由で，公民が自分の性の権利に対する支配である。このような支配の基本的な内容で性の純粋を保つことができる。貞操権の核心内容は性であり，性的自由・性的安全・性的純粋を含める。貞操権は性の尊厳と自由を内容とする権利である。男女共に貞操権の主体になることができる。男性は生理と心理で女性より優位を占めるので，貞操権は女性に対しより重要である。貞操権は性的自由を保護内容とし，貞操の意味は伝統の貞操と異なり，売春婦・既婚の婦人・処女にも同じ貞操権がある。強姦や詐欺・脅迫で女性に性的行為を強要することは貞操権に対する侵害である。[14]

3　具体的な人格権についての倫理的分析

具体的な人格権とは，一般的人格権以外の他の人格権であり，生命健康権・氏名権・肖像権・名誉権・プライバシー権などが含まれる。

(1) 生命健康権についての倫理的分析

生命健康権とは，自然人の享有する生命が法律によって違法に奪われること

---

14) 朱玉龍「侵害貞操権が精神賠償すべきだ」，人大研究，2001年第12期（総第120期）。

なく，健康が損害されない権利である。生命健康権は，具体的に言えば，生命権・身体権と健康権を含める。生命権は法律による生存権とも称されるが，自然人の生命の安全利益を内容とする権利，あるいは自然人の生命の安全が侵害されない権利である。自然人の生命は，人の固有の活動能力であり，自然人が存在する前提であるため，違法に奪われてはならない。そうでなければ，生命権に対する侵害になる。生命権の客体は権利主体の命である。生命権の内容は，生命安全の保障権・生命利益の支配権・司法保護の請求権を含める。その中で，生命安全の保障権は生命権の主な内容であり，生命の継続・生命損害発生の防止・生命危険環境の変更など具体的な内容を含める。

身体権は，自然人が身体の完全性を守り，四肢・器官とほかの身体組織を支配する権利である[15]。身体権は，身体に対する完全性・完整性を保障するだけではなく，四肢・器官とほかの組織の支配権も表している[16]。伝統的な民法理論と倫理観念は，公民が身体組織の構成部分を支配するとは考えず，ただ身体の完全性が破壊されないことを強調する。しかし，科学技術，特に医学技術の進歩や，人間の文明度が進展し，また，法律や倫理観念も進歩したことによって，公民の身体支配行為は現代の法学理論で認められ，現代の立法でも確認された。公民は，法律で許される範囲で自分の生理機能を持つ器官や血液などの身体部分を支配できる。現代社会は，公民の全身（生理機能を持つ生命体）を公民の身体支配行為の対象とすることを禁止する。さらに，公民の生命も公民の身体支配行為の対象になってはならない。公民の身体支配行為は，一瞬でも人身と分離してはならない。そのため，公民本人だけが身体支配行為を行使することができる。この身体支配行為は他人に制限または干渉されない。身体を支配する公民は通常完全な民事行為能力者であり，身体支配は完全に自発的なもので，正義や公益の目的から生じる。一般的にこの行為は，負傷者を手当てし，科学研究を促進し，医療技術の進歩を推進するなどの目的であり，公民は利益を目的として身体の支配行為をしてはならない。日本の学界においても道義に反する身体支配行為をする者であっても，その違法性は阻却されない。さらに，身体の支配行為で，自分を死なせてはならない。即ち自己の生命を危険に

---

15) 彭万林主編『民法学』，中国政法大学出版社，1994年版，149頁。
16) 楊立新『民法判例研究と適用』，中国検察出版社，1994年版，170頁。

さらしてまで他人を救うことも許されない。公民が自己の身体を支配するにあたっては，社会公共利益と社会道徳に違反してはならない。違反した場合，法律では保護されない。[17] 健康権とは，自然人が身体器官と全身の安全を保って，正常な機能を発揮する権利である。健康権の客体は自然人の健康である。健康は人体生命活動を行う生理機能の正常な作動と機能の完全発揮が守られることである。健康は生理的健康と心理的健康の二つの部分から成る。自然人の生理的健康と心理的健康は法律で保護され，不法侵害してはならない。ただし，自然人の心理的健康に対する損害賠償は，精神賠償範囲に属する。したがって，健康権の客体となる健康は，自然人の生理的健康である。健康権の内容は健康維持権，労働能力保持権，健康利益支配権である。

(2) **名誉権についての倫理的分析**

名誉は公民と法人がその考え方・行為・作業能力あるいは経営スタイル・取引信用などで養う品性・才能・素養及び法人イメージ・評判などの社会評価である。名誉権とは，公民や法人が社会生活で取得する評判を他人に不法に侵害されない権利である。ほかの人身権と比べて，名誉権は以下の法律的特徴がある。①名誉権の客体は傷つけられやすい。名誉権は脆くて弱いため，わずかのミスでもダメージを受ける。悪意の侵害行為でなくても，過失行為や無過失行為でも容易に他人の名誉権を傷つける。だからこそ，法律で名誉権を慎重かつ細心に守ることが必要である。②名誉権には，再生不可の特性がある。公民の名誉の脆さと関わり，名誉権の再生性能は非常に弱い。一旦傷つけられたら，元の状態に修復し難い。③名誉権は，他の権利と強い関連性がある。名誉は社会が特定の公民に対する直観的評価として，公民の社会経済生活に重大な影響を及ぼす。名誉の良否は社会的地位に影響するだけではなく，財産収入や健康にも影響する。

公民の名誉権の内容は，主に社会に公正な社会評判を要求することと，他人にいかなる方式でも社会評価を貶めないよう要求することである。公民の名誉権を守るためには以下の点に注意しなければならない。①いかなる新聞やニュースも，人や物事について取材，報道，表彰や批評をするとき，事実と相

---

17) 劉敏「公民が体を支配する行為の法理研究」，江蘇社会科学，1997年第1期。

応しない誇張や記述を禁止され，②いかなる人も侮辱や誹謗で他人を攻撃してはいけない。③特定の公民や特定の事柄について司法機関やほかの部署に弾劾や告発をするとき，事実を捏造し，人を陥らせてはならない。特定の場合において，何らかの行為が他人の名誉権を侵害しても，違法を阻止するための行為なら責任を負わない。違法を阻止する事由とは，ある行為が民事主体の名誉を侵害しても，特定の場合に，法律はそれを合法行為とすることである。名誉権の違法阻却事由には，真実の内容を明らかにする行為と正当な世論監督行為がある。[18]

公民権を有する人は名誉を有しているのみならず，死後にも名誉がある。死者の名誉というのは，死者が生きていたときの道徳品性・生活態度・作業能力などの面に対しての社会評価である。死者に名誉権があるか否かについて，学界に異なる見解がある。一つの見解によると，死者は生きている人と同じく法律によって保護される名誉権があると言う。これは，すでに中国のある裁判所で採用されている。最高人民裁判所は，1988年の第52項の文書において「死者には名誉権があり，守られるべきである」ことを明確にした。別の見解は，死者は名誉権・身体権を生きている人と同様には享有できず，名誉権が傷つけられたことを理由として訴訟を提起してはならないというものである。ただし，死者の生前の利益を守るため，胎児の利益に関する規定を参考に，死者を生存しているとみなす。すなわち準名誉権としてみなすため，その名誉を犯してはならない。[19]さらに別の見解によると，法律が守るのは実際には死者の遺族の利益である。最高人民裁判所の「名誉権案件を審理する若干問題についての解答」第5条の規定によると「死者の名誉の保護とは死者の氏名・肖像・プライバシー・栄誉・遺体・遺骨などである」。中国古代の思想家によると，亡くなった親友に対する哀悼の意は生きている人の精神的利益の重要な内容である。その名誉の毀損は直接に遺族の利益と関わっている。死者の遺族は死者の名誉を損害する行為に憤怒・苦痛・不安などを感じ，法律に従うというより，むしろ遺族の名誉権や利益を守るというのが適切である。[20]四つ目の見解は，名

---

18) 龍顕銘『私法上人格権の保護』，法律出版社，1993年版，59頁。
19) 何孝元「損害賠償の研究」，中国法学，2000年第2期，134頁。
20) 王利明・楊三新『人格権と新聞権利侵害』，中国法制出版社，2000年版，381頁。

誉と名誉権の定義を区別するものである。名誉権は，人身権の一部として，人間の死亡と共に消失する。名誉はある人に対する評判であり，死亡によってはなくならず，社会構成員中に相当長く残り続ける。したがって，死者の名誉を同じく保護すべきとするものである[21]。事実上多くの場合において，死者の生前の人格利益を侵害する行為は同時に社会公共利益を侵害している可能性がある。法律で死者の人格を保護することは，死者の名誉と遺族の利益を守ると共に公序良俗を守ることでもある。

(3) プライバシーについての倫理的分析

プライバシーは，個人生活の中でみだりに公開されず，他人にも知られたくない情報である。個人経歴，財産状況，生活習慣や通信の秘密などである。通常，プライバシーの範囲には私的情報，私的活動と私的空間がある。プライバシーも同様に三つの形態がある。一つは個人情報で，それは無形のプライバシーである。二つ目は私的な事柄であり，動態的プライバシーである。三つ目は個人領域で，有形プライバシーである[22]。プライバシーは「私生活の秘密権」とも呼ばれる。個人の社会公共利益と関わりがない正常の生活は他人に不法干渉されず・邪魔されず・社会に関与されず・他人に勝手に公開されない権利である。プライバシー権という定義は，1890年アメリカの法学者のウォーレン（Warren）とブランダイス（Brandeis）が初めて提示し[23]，現在までに約百年の歴史がある。プライバシーの保護は，人間の恥辱感の発生と名誉観念の確立を前提とする。人間の祖先が樹の葉と獣の皮で身体の特定部分を隠した時から，恥とプライバシーの考えが出てきた。それゆえ，プライバシー権は人類文明の発展の結果と言えよう。プライバシー権は，人間の多様性を確認し，プライバシー権の共有は個人の発展に有利だと考えられている[24]。プライバシー権の法律による保護は1788年にさかのぼることができる。この年，アメリカ第一回の議会は修正第1条から修正第10条までの憲法修正案を通過させた。その中の修正

---

21) 孫加鋒「法律によって死者の名誉を保護する原因と方式」，法律科学，1991年第3期，57頁。
22) 王利明主編『人格権法新論』，吉林人民出版社，1994年版，480-482頁。
23) 姚輝『民法の精神』，法律出版社，1999年版，171頁。
24) 徐品飛「プライバシーの立法研究——新しい分析フレームを提案して」，世紀中国，2002年8月17日。

第4条案において,「人身,住居,文書,財産は正当な理由なしに捜査や押収されない」と明確にした。1890年,この規定は,連邦最高裁判所の裁判官ブランダイスに「私生活秘密権」と定義された。ただ,この考えはその当時の人に一般的に納得されなかったが,1968年,連邦最高裁判所の Mapp v. Ohio, (367. U.S. 643) (1961) 判決において法廷意見を執筆した裁判官クラークは,「憲法修正第4条に含まれるプライバシー権は,州に対しても適用されることが明らかになった。市民のプライバシーが州の役人の乱暴な侵害行為から保護されることが合衆国憲法に由来すると確認された以上,この権利の有名無実化は許されない」と判示した。それ以降,プライバシー権は明確な定義のある法律用語として確認された。1974年,アメリカ連邦議会は正式にプライバシー権の法案を通過させた。その後,「家庭教育の権利とプライバシーに関する法」と「財務プライバシー権法」を制定した。それにより,完全なプライバシー権の保護法律体系を築いた。[25] プライバシー権制度の構築は,人間関係の安定性・人間行為の規則性・人身財産の安全性を保障し,個人の安定を守って,個人と社会の調和を実現した。ほかの人身権と比べて,プライバシー権には以下の法律的特徴がある。①プライバシーには真実性がある。公民のプライバシーは常にその者が民事主体となる生活・行為と関わっている。そのプライバシーは,直接に人生の経歴・特殊な感情・日常の交際からなる。②プライバシーの内容には,秘密性がある。個人のプライバシーは,真実の生活経歴から形成されるが,一旦公になると,名誉に一定の影響が出て,静かな安定した生活を邪魔される可能性がある。したがって,公民はこのプライバシーを他人に知られたくないと考える。その上,プライバシーを隠しても,社会公共利益に影響しない。③プライバシー権は,純粋な精神的価値がある重要な民事権利である。特定の人にとって,人の名誉は命より重要である。④プライバシー権の内容には社会観念性がある。プライバシー権の内容は時代や国によっても,個人の身分と地位によっても異なる。法律が守るプライバシーは個人の内心認識であり,さらに重要なのは社会観念の影響である。つまり,プライバシー権の範囲は,一般社会の観念で認められる範囲に限られる。社会観念は国の社会道徳レベ

---

25) 王琳「プライバシーに関する思考」,天涯法網―法治評論,2001年8月23日。

ル・価値観念・文化素養・社会風俗・民族伝統・民族心理・政治経済発展状況などで決められる。⑤プライバシー権には相対性と放棄可能性がある。ほかの人身権と異なり各国では，プライバシー権の保護に条件を設定している。その条件とは，社会の公共利益を守るために法律によって，他人のプライバシー権に干渉し，暴露できるというものである。公民は法律規定の範囲内で自発的にあるプライバシーに対する保護を諦めなければならない。

　プライバシー権の内容について，各国で規定は異なる。一般的には，以下である。①個人の生活安定。権利主体は，自分の意志で社会の公共利益に無関係あるいは有害な活動に従事するあるいは従事しなくてもかまわず，他人に干渉されず，破壊も支配もされない。②個人のデータ保護権。イギリス1998年の「データ保護法」は，個人データについて比較的に全面的な定義を下した。「個人データは，生きている自然人のデータの組み合わせであり，このデータを通じて，またはこのデータと他のデータの組み合わせを通じて，当該人を識別する。他のデータは，すでにあるデータ及び将来得られるデータである。さらに当該人に関するあらゆる情報及び当該人に関するデータの使用者または他人の情報も含まれる」。③個人の内心の秘密保護権など。④個人の私生活秘密保護権。⑤個人身体の秘密と身分上の秘密の保護権。⑥個人の財産上の秘密保護権。⑦個人の通信上の秘密保護権。⑧個人の音声保護権。音声は氏名や肖像と同様に個人の重要な特徴である。盗聴器・録音機の広範囲の使用は，音声を特別な人格権と承認させ，法律で守られる。音声権は，自分の声で表現した利益を内容とする権利である。音声権が侵害される形態とは，他人の同意を経ず，音声を録音して，保存や使用することや，他人の声を模倣して，他者に誤解を与え，その人の声であると思わせ営業広告に利用することである。[26]また，他人のプライバシー権を侵害する方法は以下である。侵入・監視・覗き見・捜探・捜査・妨害・開示など。注意すべきなのは，社会通念では，公民が個人の権利の保護を要求するために，必要な範囲で他人のプライバシーを調べたとしても公表しなければ，プライバシー権の侵害にならないことである。

　社会の公共利益を保護するためには，プライバシー権の行使を必ずある範囲

---

[26] 馬俊駒・劉卉「法律人格内包の変遷及び人格権の発展──民法の人の視点から」，法学評論，2002年第1期。

に制限されなければならない。この制限には知る権利や言論自由権などが含まれる。その中で，知る権利は最も重要である。知る権利とは，自然人の最大限各種の情報を取得する自由と権利である。知る権利の内容は広い。政治を知る権利，社会を知る権利，個人情報を知る権利，法人を知る権利と法律を知る権利などがある。知る権利とは，法律の観点から，文明社会の人と情報に関する深い共感を表現したものである。これにより，法律に従って情報を取得することは，人の享有する侵害されない基本権利であることを示した。さらに，知る権利は，言論の自由と報道の自由の権利の後ろ盾として，一般人格権が無限に拡大することによって発生する法律安定性への脅威を防止できる[27]。知る権利の行使は多くの場合，他人のプライバシー権を侵害する可能性があり，法律はプライバシー権と知る権利の間にバランスを求める。一般的に知る権利とプライバシー権に対する調和は以下の原則に従うべきである。①社会の公共利益原則。個人のプライバシーは原則的には法律で守られるべきであるが，社会政治利益や公共利益に関連する場合，社会政治と公共利益を保障するために，個人のプライバシー権を犠牲にする。②権利協調原則。プライバシー権と知る権利が衝突するとき，狭い範囲でプライバシーを開示することで，知る権利の要求を満足させる。そうすることで，裁判所に訴訟提起するという副作用は最低程度まで下がる。③他人の人格の尊重原則。知る権利や報道の自由，言論の自由を行使するとき，故意に人格尊厳を損なうことを目的としてはならない。④公人原則。公的人物は社会領域で知名度の高い人物で，ある状況によりメディアの焦点になる人物である。彼らの情報は公衆に注目され，さらに「公共」性を持つので，公衆は彼らの活動や関連する個人情報を知る権利がある。それゆえ，プライバシー権の保護も状況を見て制限すべきである。ただし，公的人物の社会と直接に関係が発生しない完全な私生活は，邪魔されるべきではない。

　また別の特殊なプライバシー権として，患者のプライバシー権問題がある。患者のプライバシー権保護について，臨床医学では以下の点を注意しなければならない。①例えば法律規定がなければ，患者の同意なしに，病歴資料を他人に渡してはならず，組織内でも閲覧できない。②臨床医学レポートと研究につ

---

27) 曾慶洪・鄒兵「プライバシー及びその研究」(http://www.chinalawinfo.com/research/academy/details)。

いて，患者本人の同意がなければ，真実の氏名と病歴を公にしてはならない。文学作品の形をとっても報道できない。③臨床医学で用いる撮影資料は，患者に十分な許可をとらなければならない。勝手に患者の身分や特徴を暴露する資料を撮影してはならない。患者の身分や特徴を暴露する医学撮影資料を芸術撮影作品として公開するのは禁止である。④臨床手術の生放送やテレビ放送は必ず患者とその親族の同意及び授権書類を得なければならない。なるべく患者の身分と隠蔽部分を暴露しない原則を堅持しなければならない。他方，患者のプライバシー権は十分に尊重されるべきで，社会の公共利益と患者本人の利益の双方を守るため，病気が患者の生命健康や社会公共利益に影響を及ぼすとき，医者は患者の状況を関連部署に報告する義務がある。例えば，伝染病や性病を報告する場合，プライバシー権は公共安全に服さなければならない。健康権とプライバシー権が衝突するとき，医者は患者のプライバシー権を尊重するが，患者に生命の危険が発生した場合，第一に考えるべきなのは救命であり，医者の職業道徳がそうさせるであろう。つまり，ある危険が必然的に発生する場合，当事者は小さい危険を選んだほうが，さらに大きな危険を避けられるのである。[28]

(4) 氏名権についての倫理的分析

　氏名は公民が長期に使用する，ほかの公民と区別する特定の文字記号で，自然人の人格の特徴を示す重要な印である。氏名権は公民が氏名の決定・使用・変更について，他人の干渉と侵害を法律に基づいて排除する権利である。氏名は通常苗字と名前の二つの部分で構成される。中国古代においては姓と氏は異なっていた。「姓」は母系氏族社会に発生し，ある母系祖先の後裔を形成する群体で，主に血縁を明確にし，同姓間で婚姻をしないようにする役割を果たす。「氏」は父系社会で発生し，ある父系祖先の代々伝えられている子孫である。現在は，姓と氏は一つになり，氏や苗字と呼ぶ。氏名権の客体は氏名である。氏名は苗字と名前の結合である。氏（苗字）は家族を代表するものであり，名前は家族のほかの成員を区別するものである。氏（苗字）と名前は共同で完全な公民の個体記号になる。氏名には広義と狭義の区別がある。狭義の氏

---

28) 謝恵仁「患者プライバシーが争議を引き起こす――命を救うあるいは秘密を守って」，新聞晨報，2002年1月21日。

名は戸籍に登録している氏名を指す。登録氏名，正式氏名とも呼ぶ。広義の氏名は登録氏名以外に，本名・別名・ペンネーム・芸名などがある。氏名権の内容は主に以下のように三つある。氏名決定権・氏名使用権・氏名変更権である。1896年公布の「ドイツ民法典」第12条に，「ある氏名の使用権を持つ人は，他人がこの氏名使用権を剥奪したり，あるいはこの氏名使用権がない人の使用により，損害を受けたとき，使用の差止を請求することができる」と規定している。自然人は，自己の氏名権を行使すると同時に，一定の要求を遵守しなければならない。これらの要求は主に，法律上意味がある文書・契約書・公文書など書面や書類にサインする場合や，あるいは司法機関や他の国家機関に提出する書類などは，戸籍に登録した正式氏名を使用しなければならず，別名やペンネームで代替できない。それは権利義務主体を明確にするためであり，不正目的で他人と同じ氏名を取得したり，不正目的で氏名を変えたりしてはならない。例えば重婚・税金の逸脱を目的として，違法に氏名を譲渡してはならない等である。

　中国の伝統観念では，氏名と氏名の保護を非常に重視し，正当で十分な理由があることを強調する。名前の選定は，場合によって名前の使用より厳格に規範しており，「氏」と「名」を分離する。現在，氏名について発生する問題は以下のとおりである。(1)同名の現象が深刻である。同名が生ずる原因は三つある。①中国の氏名は相対的に集中している。李・王・張の三つの氏（苗字）を利用する人口は全国の20％を占める。②名前を付ける際に，縁起のよい字を選ぶ特徴がある。しかし，漢字の中で良い意味を表わす言葉や語彙はそれほど多くない。③名前の意味には強い時代性がある。時代性のある氏（苗字）は繰り返し出現する。(2)公序良俗に違反する氏名が大量に出現する。それには以下の場合がある。①氏名の斬新さと新奇性を求めるためにわざと不健康な氏名や世俗に媚びる氏名を使用する。例えば，サッダーム・フセイン（Saddam Hussein），ビンラディン（Bin Laden）等。②悪意で人に誤解を与える氏名を使用する。例えば，岳飛，孫中山，毛沢東などと名付ける。③中国の伝統の名付けに反して名前を付ける。中国では，氏（苗字）があることを強調する。姓と名（苗字と名前）を分割しなければならない。氏（苗字）は血縁継承を表現し，祖先から伝わるものである。名前を付けるとき，氏（苗字）と名前を区別しない場合や，

有名無姓とする場合である。(3)中国と欧米が結合した名前が益々増えている。(4)氏名の変更・廃止に対応する法律規定が欠如している。氏名を一旦決めたら，氏名の使用者はその氏名で他の民事主体と多くの民事法律行為を行い，氏名が特定の人の身分や行為と深く関わる。それゆえ，頻繁に氏名を変えるのは，氏名と関連する権利義務関係を不安定にするだけではなく，相手方に不便をもたらす。しかし，名前を付けられた後，様々な理由で，氏名を変更する必要が生じる場合がある。例えば氏名が様々な意味を持ったり，俗っぽかったり，著しく政治的意味を有するなどの場合，自由に変更を認めないならば，氏名権の本質に対する否定になる。それゆえ，氏名の自由使用権と公序良俗の関係をいかに適切に解決するかは，氏名権制度における不可回避の問題である。残念ながら，中国はこれに対する研究が非常に不足しており，氏名権の維持を公序良俗と同程度に重要なものとみなさず，氏名を付けることと使用することを社会公益に干渉されない私的な事柄としている。幸いなことに2014年11月1日，第12回全国人民代表大会常務委員会第11回会議で「氏名権」の立法解釈が可決された[29]。当立法解釈によれば，公民は法律に基づき氏名権を有する。公民の氏名権は，民事活動を行使すると明確に規定している。つまり，「民法通則」第99条1項と「婚姻法」第22条の規定によると，「民法通則」第7条の規定を遵守すべきであると言う。即ち社会道徳の遵守，公共利益を損なってはならないということである。中華民族の伝統的な文化の中で「名前」の中の「姓」がない問題，つまり姓氏は血縁伝承，倫理秩序と文化伝統を表し，公民の姓氏選択は公序良俗が関連する。そこで公民が原則的に父姓または母姓に従うのは中国の伝統的文化と倫理観念に適合するのであり，大多数の公民の意思と実際の方式にも適合する。また，社会実態に鑑みて，公民は正当な理由がある場合ほかの姓氏をも選べる。したがって，公民は原則上父姓または母姓に従うが，ほかの直系血族の年長者の氏名を選択する場合や法定扶養者以外の人の扶養によって扶養家族姓氏を選択する場合，公序良俗のその他の正当な理由に反しない場合など，三つの状況中でどれかが適合する場合，父姓または母姓以外の姓

---

29)「十二届全国人大常務委員会第十一回会議全国人民代表大会常務委員会での＜中華人民共和国民法通則＞第九十九条第一款，＜中華人民共和国婚姻法＞第二十二条に関する解釈」。

氏を選択できる。また，ある少数民族の姓氏（苗字）が公民の名前の中にないことを鑑みて，立法解釈上特別に，少数民族の姓氏は当民族の伝統文化と風俗慣習に従うことができると規定した。

II 婚姻家庭制度についての倫理的分析

1 婚姻の本質についての倫理的分析

　婚姻と家庭は，両性と血縁を特徴とする社会現象である。その中の婚姻制度は家庭制度の核心で，両性結合の社会形式である。結婚によって，その時代の社会に承認される夫婦関係が構成される。婚姻制度には自然要素と社会要素の二つがある。婚姻制度の自然要素は生物学の本能で決められる。婚姻家庭の社会要素は，人間の伝統慣習と倫理思想に長期に影響される結果の最も集中的な体現であり，婚姻家庭の根本的な要素である。婚姻家庭制度は社会観念形態に影響されている。同じ歴史段階で同じ類型の経済基盤を持つ国同士であっても，異なる婚姻家庭規範を持つことが多く，その主要な原因は異なる意識形態の影響を受けたからである。中国では，家族本位主義が根強く，揺るぎなく，誰でも自分が家族の血統継承者と考える。中国の長く続いた封建社会では，婚姻の目的は祖先の祭祀をとり行い，子孫を繁栄させることと思われていた。「礼記・昏義」は次のように述べる。「婚姻者両苗字を結び，祖先を祭祀し，後世を続ける」[30]。異性だけが婚姻の目的を実現できる。歴代王朝は男女家族の家長の合意を婚姻関係を構成する法定条件とする。同族は不婚・同姓は不婚・良賎不婚・士庶不婚である。これも家父家族の利益を考慮した内容である。家族本位の観念は非常に複雑な尊属制度を形成し，中国の伝統民法の主な内容の一つとなる。中国古代法はあまりにも家族倫理に拘っていたが，家庭秩序の調整は何といってもすべての社会の重要な課題であり，家族愛の強調と対人関係の調和に注目することは，人間の天性のより必然的な要求である。すべての人間性に相応しい法をは無視してはいけない。それに対して，中国古代の倫理法には，具体的な社会形態を超えて，普遍的な意味を持つものがたくさんある[31]。外

---

30) 法学教材編集部『婚姻立法資料選編』，群衆出版社，1983年版，16頁。
31) 胡旭晟「中国の伝統的な『倫理法』の検討」，百年，1999年5月号。

国における，古代から近現代までの法学者，哲学者の婚姻の言葉を示すと，男女の結合とみなす。ガイウス（Gaius）は，婚姻とは男性が妻を得ることで，女性を夫に服従させることであるとする。[32]ティヌス（M. J. Tinus）は婚姻を次のように定義した。「婚姻は一夫一妻の生涯結合で，神事と人事の共同関係である」[33]。モンテスキュー（Montesquieu）は，「父親は子どもを育てる当然の義務がある。これは婚姻制度の構築を促した。婚姻は誰がこの義務を負うのかを宣告する」[34]。現代社会の一般的な観点によると，婚姻関係の主要原則は「私事原則」である。つまり，性関係の個人性とプライバシー準則を強調する。私事原則は主に両性関係の自由自主性，非公開性と自律性を含む。自由自主性とは，男女双方は配偶・結婚・離婚を選択する自由と自主性があること。非公開性とは，現代性愛は男女の最も親密な肉体と精神の結合であり，二人がお互いに与え，相互享受する特殊な天地であり，二人に特有の，他人と共に享受できないものである。二人のみの場所で行い，公開・展示することができない。良性関係の自律性とは，自由自主性と非公開性があるが，性本能のままの任意・軽率・放任な行為ではなく，自尊・自重・自負など道徳意識及び社会道徳規範の支配による性の本能欲望に対する合理的抑制である[35]。

2　結婚制度についての倫理的分析

結婚制度の中の主な問題は，結婚条件に関する法律規定である。現代各国の通例として多くの場合，婚姻自由が実行される。ただ，婚姻法が婚姻自由に一定の制限を課している。これらの制限は，性禁忌原則が婚姻制度に反映されたものである。このような「性禁忌」は一定の性の道徳基準で，性拘束と性抑制を表現している。本質的に，性関係に関する禁止と否定を表現している。人類の発展の歴史を見渡すと，性禁忌は原始社会から始まる。当代の性倫理学の中

---

[32]　ガイウス（Gaius）『法学階段』，黄風訳，中国政法大学出版社，1996年版，20頁，40頁。
[33]　周枏『ローマ法原論（上）』，商務印書館，1994年版，164頁。
[34]　モンテスキュー（C. L. de S. Montesquieu）『法の精神（下）』，張雁深訳，商務印書館，1978年版，107頁。
[35]　方文暉「婚姻の法学上の概念」，南京大学学報（哲学・人文・社科版），2000年第5期。

で、人々が認めている禁止原則は血族関係の結婚禁止、病気を有する者の結婚禁止の二つである。血族結婚禁止の範囲について、各国の法律には直系血族による結婚禁止の規定がある。傍系親族間の結婚禁止についての規定は国によって異なる。一、精神面の病気があること。例えば、精神病や発達障害など。二、身体面の病気があること。通常は、治療できない悪疾や相手と子孫の健康を脅かす病気である。例えば、ハンセン病、重い遺伝性がある性病、エイズなどである。中国では性禁忌の歴史が長く、種類も多い。例えば同族不婚、同姓不婚や、良賤不婚、士庶不婚である。現代に至っては、性禁忌は減少する傾向にある。新中国が成立した後公布された1950年の婚姻法は、初めて完全に婚姻自由権を当事者に認めた。さらに、婚姻関係の一方が配偶者を脅迫できないことや第三者に干渉されないことを明確に規定し、婚姻自由の実現を保障した。中国の早婚の風俗を改めるため、婚姻法は自然及び社会要素を十分に検討した後、法定の結婚年齢を男性20歳、女性18歳に引き上げた。同時に、重婚を禁じた。直系血族と傍系の兄弟姉妹の間の結婚行為を禁じている。1980年婚姻法は、1950年の婚姻法を基に制定された。1950年の婚姻法要件をさらに修正して、法定の結婚年齢を男性22歳、女性20歳に引き上げた。さらに、優生学原理と遺伝学を考慮して、結婚禁止の親族を三親等内の傍系親族まで広げた。つまり、直系血族と三親等内の傍系親族は結婚を禁じられる。この規定は最大限婚姻自由の本質を表し、現代婚姻制度の安定にも重大な影響を与えている。しかし、公序良俗原則から言うとこの規定の範囲も広すぎる。典型的な問題として、血族結婚と直系姻戚間の結婚を禁止し抑制する規定がない。血族抑制は元々血縁関係がない人の間に、法律の確認によって血族関係を結んで、自然血族と同等な法律地位を享有することである。例えば、養子・養母・養父など扶養関係がある継父・継母は血族である。姻戚は婚姻と血縁の二つの事実を仲介として形成する親族関係である。直系姻戚と傍系姻戚に分ける。直系姻戚、人為的な肉親は何の血縁関係もなく、結婚しても子女の身体健康に影響は出ない。しかし、このような婚姻は人倫に反するため、世論では許されなかった。さらに、既存の親族関係と衝突して、本人と本人の子供の心理的健康に重大な影響を与える。さらに、法律が養父母と養子、継父母と継子が結婚することを禁じない場合、縁組人と扶養者が権利濫用して、不法なことをたくらむことを

防止できない。被縁組人と被扶養者の適法な権利を保障できなくなる。直系姻戚，人為的な肉親の通婚を禁止するのは世界各国の通例である。例えば，フランス・日本・ルーマニア・ペルー・メキシコは法律で縁組人と被縁組人の通婚を禁じる。「日本民法典」では，養子とその配偶者・養子の直系卑属とその配偶者と養父母やその直系尊属の間において，たとえ扶養関係が解除されても，結婚をすることができないとする。その目的は縁組人と被縁組人の利益を守るためである。直系姻戚は通婚できないとの規定に関しては，外国で主に二種類の立法例がある。①絶対禁止。姻戚関係は離婚や一方の死亡や，他方が終了意思を表示して姻戚関係をなくしても，結婚できない。日本とスイス民法典はこの制度を採用する。②相対禁止。原則として結婚はできないが，特殊な場合で，許可された場合，結婚が承認される。「フランス民法典」の場合，夫婦のうち一方が亡くなったら，同国の検察官は直系姻戚の結婚禁止制限を取り消す権利がある。被後見人の合法権益を守り，後見人の権利濫用を禁止するため，世界の多くの国は後見関係が存在するとき，後見人と被後見人は結婚できないと規定している。

3 婚約制度についての倫理的分析

婚約は将来結婚する男女二人が締結した将来の結婚の承諾を内容とする協議である。男女双方の当事者が結婚を目的とし，婚姻関係に対して事前約束をすることである。通常婚約儀式を伴う。男女双方の両親が未来の娘婿や息子の嫁に婚約プレゼント及び金銭（俗称は礼金あるいは結納）を贈る。婚約締結から正式の結婚までに，男女双方及び各自の家庭はしばしば相手に財産を贈る。多くの国には婚約に関する規定がある。一般的には，婚約は婚姻年齢未満の男女にも有効である。婚約は婚姻契約ではなく，将来婚姻の締結を目的とする男女の予約である。言い換えると，婚約は婚姻に対する承諾で成り立つ。婚姻契約と比べて，婚約当事者が負う義務は努力して将来婚姻を実現させること，つまり結婚をすることである。この義務は，一般の法律義務及びある普遍的な共通性を持っていると同時に，独自の特徴もある。即ち，当事者の一方が婚約を解除した場合，法律は強制的に結婚義務を履行させることはできない。婚約解除に理由は必要ない。大陸法系国家においては，婚約は結婚の一段階とするが，独

立した契約ではなく，契約債務とも考えない。それゆえ，誰も，婚約を理由に結婚の訴訟を提起してはならず，違約責任を追及できない。しかし，英米法系の国は婚約を婚姻の手段としており，婚姻を目的とする契約行為であるとする。そのため，婚約を破棄する人の違約責任を追及できる。つまり，婚約を解除する理由は必要ではないが，不当な婚約解除には相応な責任を負うべきであるとする。この責任の法律上の形式は，債務を履行しない不法行為と同じである。違法解除者が賠償すべき損害は，相手が被る精神的損害と物質的損害に分けられる。精神的損害は婚姻の信頼に背くことによってもたらされた苦痛であり，この賠償について相応の賠償費用を支払わなければならない。物質的損害は，結婚を実現するために支払われた準備費用である。この規定は公序良俗の要求にもふさわしく，相当な合理性もある。婚約は古代から現在まで続いている。しかし，中国の婚姻法とほかの関連する法律に婚約は規定されず，婚約そのものも法律の拘束力がない。

4 同居権についての倫理的分析

同居とは，『辞海』によると，次のとおりである。①一つの家で一緒に住むことであり，家業を共有すること。②夫婦共同生活。男女双方が結婚しないまま共同生活することも指す[36]。『辞源』の説明によると，漢代では大家族と別居しない兄弟や兄弟の息子を同居とする[37]。同居の語源のもう一つの意味は，夫婦共同生活である。同居は婚姻の効力の一つで，男女双方に婚姻行為に基づいて生ずる権利義務関係である。同居義務は婚姻により生じるものであり，場所を意味するだけではない。同じ部屋で，壁を設けて別々に生活するのは同居ではない。場所にある程度の距離があっても，同居になる。史尚寛の解釈によると，同居には次の内容を含める[38]。その一，夫婦同居は夫婦共同生活の基本的な要件で，婚姻成立時から発生し，婚姻解除前まで持続的に存在する；その二，同居義務は夫婦がお互いに負担する義務である；その三，性交はもちろん婚姻の内容であり，同居義務の中に含まれる。その四，同居とは，同じ住所または

---

36) 参照，『辞海〔増補版〕』，上海辞書出版社，1983年版，50頁。
37) 参照，『辞源』改訂版第1冊，商務印書館，1979年版，476頁。
38) 参照，史尚寛『親族法論』，中国政法大学出版社，2000年版，292頁。

住居に住むことであり，一時的な所在地においては，同居の義務はない。即ち伴侶と旅行する義務はない。現在，多くの国において，同居問題について明確に法律で規定している。例えば，「ドイツ民法典」第1353条1項の規定によると，「婚姻は生涯有効である。夫婦はお互いに共同で婚姻生活をする義務を負う。夫婦はお互いに相手に対して責任を負う」。「フランス旧民法典」第214条の規定によると，妻は夫と同居する義務を負い，夫に従いいかなる場所にも定住する義務を負う。夫は妻を受け入れ，自分の財力と身分で，生活上の一切の必要なものを提供する義務がある。該当条文は1938年に第213条1項で修正された。家庭の主人である夫は，住居を選定する権利がある。妻は夫と同居する義務があり，夫は妻を受け入れる義務がある。その後，1970年6月4日第70-459項法律で，第215項が修正された。夫婦は一緒に共同生活をする義務がある。「イタリア民法典」第143条2項の規定によると，婚姻により，夫婦はお互いに忠実義務を負い，お互いに精神的及び物質的援助をする義務を負い，家庭生活でお互いに協力して，同居する義務を負う。「アルゼンチン民法典」第199条によると，特別な状況で別居しなければならない場合以外に，夫婦は同居すべきであるとする。同居が配偶者の一方や両方，子どもの命，あるいは身体，心理，精神の安全を脅かすとき，裁判でこの義務は免除される。香港「家庭法」の規定によると，結婚した後，夫婦は同居の義務と権利がある。中国台湾地域「民法」第1001条にも明確な規定がある。夫婦は同居の義務があり，同居できない正当な理由がある者は，この規定を適用しない。

歴史上，夫婦同居義務の立法には変遷発展の過程がある。早期の資本主義の法律は妻に対してのみ夫との同居義務を強調する。近代以降，妻側の義務から夫婦両方の義務に進化する。例えば「ドイツ民法典」第1353条2項の規定によると，夫婦は婚姻生活をする共同の義務を負うとされる。1942年修正後の「フランス民法典」は夫の行為によって身体や精神に損害を与えられたとき，妻は同居義務を中止する権利がある。その後，1970年の法律でまた修正された。夫婦はお互いに共同生活の義務を負うとされた。日本の旧民法第788条，第789条の規定によると，妻は婚姻により夫の家に入り，夫と同居する義務を負うとす

---

39) 参照，同上書，292-295頁。

40) 参照，王春旭・羅斌主編『港澳台民商法』，人民裁判所出版社，1997年版，398頁。

る。夫は妻を同居させる義務を負い，住居の決定権は夫に属する。該当法律が修正された後，第752条の規定は次のようになった。夫婦は同居し，お互いに協力し扶助する。夫婦の協議によって住居を選定して同居する。一方が決定や変更をしたい場合，他方に付随義務はない。両方の協議が整わない場合，家庭裁判所で調停や裁判で決める。[41] 法律責任問題についても，多くの国家で法律に規定される。例えば「フランス民法典」第214条4項の規定により，夫婦の一方が義務を履行しないとき，他方が民事訴訟法に規定する方式で履行させることができる。民事訴訟法で規定される同居義務の履行方法は，収入を留め置くことや精神的損害賠償を請求することである。イギリスには，一方が同居義務に違反すると，他方が同居を回復する訴訟請求権を有する。同居を回復する判決は強制執行できないが，この判決に従わない場合，配偶者を見捨てる行為とされ，[42]「司法別居」を構成する法定理由の一つとなる。[43] 台湾地域の「民法」第1001条の規定によると，夫婦の一方が正当な理由なく，同居を拒否する場合，他方が裁判所に相手の同居義務履行を請求できる。しかし，人身関係という債務の性質上，この判決は強制執行できない。[44] 同居義務の違反によって引き起こされる法律効果は次のとおりである。①生活費用を負担する義務の免除。ある学者は，夫婦がお互いに援助することは夫婦共同生活関係の本質であって，婚姻関係の存在する期間に，同居を拒否する当事者でも，援助義務は免除できないと主張した。[45] ②遺棄行為は，離婚の法定原因の一つになる。学者らは，同居義務の履行を拒否する行為は，遺棄行為になると考える。[46]

5 非嫡出子の認知についての倫理的分析

非嫡出子は婚姻関係以外で受胎して生まれた子どもであり，私生児と呼ぶ国

---

41) 参照，史尚寛『親族法論』，中国政法大学出版社，2000年版，293頁。
42) 白潔「夫妻間の同居義務」，新疆大学学報：哲社版，1998年第1期。
43) 楊立新『人身権法論』，中国検察出版社，1996年版，731頁。
44) 参照，史尚寛『親族法論』，中国政法大学出版社，2000年版，297頁；李景禧主編『台湾親族と継承法』，厦門大学出版社，1991年版，36頁。
45) 参照，史尚寛『親族法論』，中国政法大学出版社，2000年版，297頁。
46) 参照，同上書，298-300頁；(台) 胡長清『中国民法・親族法』，商務印書館，1986年版，198頁。

もある。早い段階の親族法においては，非嫡出子の子どもは差別され，社会的地位や家庭的地位が非常に低かった。イギリスのコモン・ローは当初私生児を誰にも属しない「何ぴと子にも非ざる子」と呼んだ。私生児は，その者を産んだ両親と法律上の親子関係を生じない。両親は非嫡出子に権利と義務を負っていなかった。その後，国の教育負担を軽減するために，両親の非嫡出子に対する扶養責任が承認され，認知と準正制度に発展した。早くも，立法で認知を確認した国があったが，多くの制限もあった。例えば，1804年「フランス民法典」の規定によれば，「近親相姦や姦通で生まれた子を認知してはならない」「非嫡出子は父親の認知を請求できない」「認知される非嫡出子は嫡出子の権利を主張できない」「非嫡出子は継承人にはなれない。法律は適法に認知された非嫡出子に亡くなる父母の遺産を受ける権利を与える」「父母に嫡出子がある場合，非嫡出子の権利は嫡出子の三分の一である」とする。近年では，人道主義と血統継承思想に基づいて，非嫡出子と嫡出子の両方が父母血統であって，父母の過った行為で彼らの法律的地位に影響することはないと考えられている。そのため，多くの国は親族法で非嫡出子の地位を改善する規定をした。1919年制定のドイツ「ヴァイマル憲法」の第121条には明確な規定があった。「非嫡出子の身体・精神・社会発育について，法律が規定するとおりに嫡出子と同じ待遇を受けさせなければならない」。「ドイツ基本法」第6条にも同様の規定がある。「立法は非嫡出子の身体・精神発達及びそのほかの社会的地位を保障すべきであり，嫡出子と同様の条件を享有すべきである」。1926年，イギリスは「準正法」を公布した。1923年に「フランス民法典」は非嫡出子の元の規定に重要な修正を行った。多くの国で，数度の修正により，非嫡出子の認知制度や準正制度に対する制限が緩和され，非嫡出子の法律的地位を著しく高めた。多くの国は認知と準正プロセスで，非嫡出子を嫡出子と同等に扱った。ただし，認知と準正制度を規定していると同時に，非嫡出子に対する差別処理の法律が存在する国もある。例えば，旧日本民法及びフランス民法は継承問題について，非嫡出子の継承分割が嫡出子の半分であることを明確に規定していた。[47] 中国において，宗法制度下の奴隷社会と封建社会は，身分の上下関係が厳

---

47) 訳者注：現在日本では，判例変更がなされ，このような取り扱いは憲法違反になり，民法から削除された。

しく，尊卑区別がはっきりしていた。法律は「下女出産」，「姦通による出産」に偏見を抱き，彼らの人身権と財産権は保障されなかった。新中国成立後，1950年及び1980年に公布された婚姻法では，非嫡出子は嫡出子と同等の権利を持ち，誰も損害を与えたり，差別してはいけない[48]とされた。

　各国の立法において，非嫡出子の認知には二種類あり，それは自発的な認知と強制的な認知である。自発的な認知とは，実の父が非嫡出子に父の身分を承認して，非嫡出子を自分の子どもとして認知する行為である。この行為は実の父の単独行為で，非嫡出子と生みの母の承認は必要ない。さらに，認知に時効はなく，子どもの年齢も問わない。この認知は認知人と被認知人の間に事実上の親子関係が存在することを要求している。さらに，実の父が非嫡出子を認知した後に，任意に取消しできないことを要求する。しかし，認知の意思表示に瑕疵がある場合，例えば本人や親友の命・健康・名誉・財産が厳しい危険にさらされていると脅迫されている状況での認知，あるいは自分の父権に対して誤解をする場合の認知について，認知人は認知の無効や取消しを求める訴訟を提起することができる。ほかの利害関係者も，認知人は被認知人の実の父ではないことを理由として，無効や取消訴訟を提起することができる。強制的な認知とは，認知すべきだが認知しない実の父に対して，利害関係者は裁判所に訴訟をする権利があり，訴訟手続で強制的に認知させる方法である。訴訟を提起する権利がある当事者は非嫡出子，生みの母やほかの法定代理人で，被告は非嫡出子の実の父である。強制的な認知の適用状況は次のとおりである。妊娠期間，実の父と生みの母に同居の事実があること。実の父が書いた文書で彼が実の父と証明できるもの。生みの母が実の父に強姦された，あるいは騙されて強姦されたもの。強姦の時期と受胎の時期があっていること。実の父が権利濫用により生みの母を強姦したこと。例えば，他人の信頼を利用して，婚約を口実にし，詐欺的方法で締結した無効な婚姻で受胎させて，この受胎時期と誘惑時期があっていること。ただし，生みの母が受胎時期に他人と姦通，あるいは浮気していた場合，前述の強制的な認知の規定を適用しない。これは強制的な認知の「不貞の抗弁」である。「フランス民法典」の関連する規定によると，不

---

48)　王麗萍「非嫡出子の受け取ると準正制度についての探究」，法学家，1997年第3期。

貞の抗弁を適用できる状況は次のとおりである。妊娠法定期間に，母の行為が明らかに放蕩で，あるいは他人と不正当な男女関係があること。血液検査やその他の医療方法でのチェックにより，認知の申請者が主張する実の父は，実の父ではないと証明されること。

6 　出産関係についての倫理的分析

人類は集団婚制から個人婚制に移行した後，親子関係が明確化され始めた，社会においても親子の身分認定の自然命題と推定原則が確立された。誰もが自然血縁の一人の父と一人の母を持ち，特別の法律擬制がなければ，父母と子関係が自然に形成され，終身権利義務が伴う。受胎・妊娠・分娩は母体に集中し分離することはできない。母親の身分は出産事実により確認される。つまり，ローマ法の「分娩した人が母親」であることである。法律上の出産と性，性と婚姻が分離できないことに基づき，父の身分は母との婚姻関係により確認される。ナポレオン法典はそれを前提にして，婚姻関係中に妊娠した場合，夫は父の資格を得ると規定した。[49] ただ，人工生殖の適用はこれらの自然法則を破るものであり，現在，親子身分と戸籍管理をいかに実行するのか，不明な状況になった。

(1) 試験管ベビーについての倫理的思考

1978年7月25日に，世界初の試験管ベビーがイギリスで誕生した。第一世代の試験管ベビーは，女性に対する試験管ベビー技術であった。その詳細な手順は妻の身体から成熟した卵細胞を取り出し，精子と卵子の結合を向上させる培養液に入れる。その後，夫の精液を注入する。精子と卵子が受精し，8個の細胞に分裂した後，受精卵を妻の子宮に移植する。その後，男性不妊症を解決するための第二世代試験管ベビー技術が実施され始めた。正確な名称は「単精子注射人工授精」である。「第二世代試験管ベビー」の方法は，非常に細い注射器で夫の精子を妻の卵細胞に注射する方法である。受精卵形成後，また妻の子宮に移植する。第三世代の試験管ベビーは，遺伝病がある夫婦のために設けられた。受精卵に遺伝子検査をし，遺伝病がない遺伝子を選んで，子宮に受精卵

---

49) 陳小君・曹詩権「論人工生殖管理の法律コントロール原則」，法律科学，1996年第1期。

を移植する。その役割は，遺伝病のキャリアがある夫婦に健康な子孫を選択できるようにすることであった。ただし，メリットがある一方で，試験管ベビーの出現は様々な倫理問題を引き起こした。最も有名な例として，オーストラリア・メルボルン市のヴィクトリアクィーン医学センターで，次のような難しい問題が発生した。試験管ベビー技術を受けたアメリカ人夫婦は，二つの受精卵をヴィクトリアクィーン医学センターで冷凍保存し，後に解凍して移植手術を受けるつもりであったが，手術を受ける前に夫婦二人が飛行機事故で死亡した。センターに残った二つの受精卵をどのように処遇するか非常に頭を悩ませる問題となった。この二つの受精卵を存在させる必要があるのか，成長させる必要があるのか。例えば，両親を失った受精卵を試験管ベビーとした場合，誰が彼らの代理母をするのか。彼らは死亡した夫婦の遺産を継承する権利があるのか。中国にも似た例がある。ある有名な病院で，若者の睾丸で精子が生育できなくなったために，父が精子を提供した。手術は様々な原因で成功せず，医者はそれに関する倫理問題を考え始めた。移植が成功すれば，生まれた子どもが一体誰の子どもになるのか。なぜなら，精子の本当の提供者は出生児の祖父である。ほかの臓器移植と違って，試験管ベビー技術と精子バンクは生殖と子孫に関わっているので，多くの倫理問題や法律問題が絡んでいる。そこで，衛生部が規定した「人間補助生殖技術管理方法」と「人間精子庫管理方法」が2001年8月1日から実施された。その中で，この医療サービスに従事する医療機関は必ず医学倫理委員会を設定して，生殖時の倫理問題を評価しなければならないと規定する。

(2) **代理母出産技術についての倫理的思考**

「代理母出産技術」とは，夫婦の精子と卵子を体外の試験管で人工授精させて，さらに人工培養で胎芽に形成させ，最後に，正常な子宮を有する「代理母」の子宮に移植する方法である。中国の「人間補助生殖技術管理方法」おいて，いかなる形の代理母出産技術の実施も禁止されている。その理由は，代理母出産技術は関連する倫理，法律，社会や心理などの争いが過度に複雑になるからである。遺伝物質から言うと，嬰児は精子・卵子を提供する個体と完全に一致するが，法律では嬰児の本当の母は一体誰なのかが判断されにくい。親族関係が混乱し，嬰児と家庭員間の関係がなかなか決められない。伝統的な嫡出

子と非嫡出子の限界を混淆させる。伝統的なやり方では，明確な反証がない場合，夫婦の合法な婚姻で生まれた子はみな嫡出子である。ただし，人工生殖，夫婦以外の第三者の精子や卵子を使用する場合や代理母出産をする場合，受精や妊娠の主体と空間は夫婦関係を超えている。またこのような環境において生まれた子は嫡出子か非嫡出子か，戸籍管理に直接登録できるか，誰の戸籍に登録するかが判断し難くなる。中国の法律では，非嫡出子と嫡出子が同等な権利を享有すると明文規定しているが，どちらの父母が子の権利の実現を保障するかは，直接に子の切実な利益と関わっている。それ以外にも，社会的父母と生物的父母の多元衝突を引き起こす恐れがある。人工生殖は精子と卵子を提供する第三者・代理母・試験室・医者などを生殖プロセスに介入させて，婚姻・両性結合・精子と卵子の提供・受胎・妊娠・分娩及び保育の一体化生殖システムを分割し，結局，代理母と養育母，卵子を提供する母と妊娠する母，生物上の父（遺伝子に基づく）と社会的父（保育関係に基づく），婚姻関係にある父母と婚姻関係にない父母など，多重の役割を共存させる。出産という一つの関係が多重の複合的な関係になり，この多元性は伝統的な一元的関係に取って代わる。このような多重的役割が共存している場合，子を捨てる消極的な衝突と子を奪う積極的な衝突及び，子が成年後父母の変更を要求するという矛盾が発生しがちである。[50] それだけではなく，どのような女性が代理母になれるのか。生物学上の父母が，目上の代理母に頼む場合いかにすべきか。代理母の命に関わる問題が起きたら，どうするのか。委託する夫婦は子どもの胎教と健康のために，代理母の行為を制限，規制できるか。委託者が途中で後悔した場合，代理母は必ず堕胎するべきか等。これは全部代理出産に関しての倫理問題である。

(3) **非婚出産についての倫理的思考**

2002年11月1日から施行し始めた「吉林省人口と計画出産条例」にこのような規定がある。法定結婚年齢になっても一生結婚しないと決めた子どものいない女性は，合法的な医学補助出産技術で一人の嬰児を出産できる。この情報が出るとすぐに，社会的な注目と論争を引き起こした。非婚出産が，倫理問題を引き起こすのは避けられないことである。賛成する専門家によると，「条例」

---

50) 同上。

は女性の権利を守り，中国の国情に特別な意味を持つと言う。反対者によると，特定の地域のみに適用される法規に基づき出産する女性は，潜在的な心身被害にさらされる危険性がある。検討すべき問題がいろいろある。特に子孫繁栄の問題は，倫理上軽視できない要素である。倫理の最低線として，他人を傷つけてはならず，子どもについても同じである。「例えば，子どもが成長する前に，出産を決めた独身女性が予期せず亡くなった場合，子どもを誰が育てるべきか。生物学上の父は育てる一定の責任を負うべきか。さらに，生物学上の父が年を取り，子どもに扶養される必要が生じた場合，子どもは扶養義務を履行すべきか。[51] それ以外に，知る権利・継承権・扶養権などの争いも数年後に発生する。当該法規の運営上，例えば，女性が結婚しないと承諾して，法律規定によって嬰児を産んで，その後，好きな男性と出会い，結婚を決めるとき，処罰されるべきかどうかは検討すべき問題である。処罰を受けないと，該当法律の趣旨に違反する。罰を与える場合，どのように処罰するか，その処罰は合法出産権と矛盾しているかどうかということも考えるべきである。

(4) クローン (Clone) 人間についての倫理的分析

クローンは英単語の「Clone」の音訳で，そのものの意味は無性繁殖である。つまり，同じ人の細胞から繁殖して形成した純細胞系であり，そのすべての細胞の遺伝子は互いに同じである。クローン技術は人間にとっては，「両刃の剣」である一方，人間に多くのメリットをもたらす。優良品種の保持，危機に瀕する動物を救い，生物医学研究，その他，生物の多様性に挑戦する。他方，生物の多様性は自然進化の結果であり，進化の動力である。有性繁殖は生物多様性の重要な基礎で，クローン動物が生物品種を減少させ，個人の生存能力の低下を招く。[52] 現在，一般的には，人々はクローン人間に否定的な態度をとっている。理由として，次のものがある。①無性繁殖で複製する人体は徹底的に世代の定義を混乱させ，伝統的な倫理観念をひっくり返す。クローン人間技術は，伝統的な出産観念と生育方法を打ち破り，出産と男女間の結婚という密接に関連する伝統的な方法を変更させたり，自然生殖を行う夫婦関係の重要性を低下

---

51) 「『非婚出産』立法の論理難題」，中国青年報，2002年11月22日。
52) 謝衛群・王有佳「対話：クローンは『両刃の剣』です」，人民日報・華東ニュース，2003年1月9日第3面。

させたりする。また，人論関係を曖昧にし，混乱ひいては逆転させる。さらに伝統的家庭観及び権利と義務観念にショックを与える。哲学と倫理学から言うと，これは人性に対する否定である。②人の尊厳を破壊する。試験室で容器の中の物品と同じように作られ，このような無性繁殖でできたものは人ではなく，人の形をする自動機械である。生命は唯一無二なもので，独特な個性があるはずであるが，複製人間はこの特性がない。さらに，生命の誕生は，畏怖され，崇拝されるべき奇跡であり，これは必然である。無性生殖は，人間の自然生育を奇跡の欠片もないものとし，つまらない製品を作る行為としてしまう。[53]
③クローン人間は伝統的な人類生育方法と継承方法に挑戦する。クローン人間が一旦生み出されると，子孫を繁栄させる伝統的な規律を打ち破るだけではなく，子孫の遺伝子が祖先と同じになり，二人あるいはより多くの同じ人間を複製する。クローン人間と細胞核の提供者は親子の関係でもなく，兄弟姉妹の細胞関係でもない。したがって，倫理道徳と継承関係は定位できなくなる。④クローン人間は遺伝子庫の単一性をもたらす。遺伝の視点から言うと，父母の結合で父母の遺伝子を混合させることで，子の質量が父母を超える可能性がある。体細胞の無性繁殖は，子の質量が絶対母体を超えない。自然界において，生命の誕生は無性生殖であるが，段々有性生殖になるのである。有性繁殖は変異の可能性を増やし，生物の変異可能性を群体の中で増加させ，動物種の競争力や適応力を強める。これは生物進化の中の非常に重要な一歩である。無性繁殖はすべて同じであり，この動物種が消滅するリスクを拡大する。生物に多様性が重要であるのと同じく，人間も同様に多様性が必要である。⑤クローンには倫理上の問題も存在する。クローン人間を支持する一つの主な理由は，この技術が「優生」を実現できるという点である。しかし，この「優生」には同じく厳しい倫理問題が存在する。このような優生のクローン計画を誰に実施させるか。国が実施するなら，国は委員会を設置して，国民を分類することになる。クローンに値する優良国民と値しない劣等国民に分けられる。例えば，家庭や夫婦にクローン家庭の成員や子どもを決めるなら，同じような問題が存在する。家族の構成員や自分の子どもがクローンに値する優良者と値しない劣等

---

53) 陳蓉霞「クローン人技術から人の地位と尊厳問題を見る」，科学技術日報，2000年12月15日。

者に分けられる。⑥クローン人間は現代社会で頼りにできる平等理念に危害を与える。クローン活動には，設計者と被設計者の関係があり，未来人間の遺伝子配置は父母や医者，国が決めるので，個人は前者が決めた結果では，これは平等原則に対する基本違反である。それは，誰であろうと未来人の特徴と品性の設計者になる権利があると答えられない。明らかに，これは道徳優越感の倫理領域での反映である。クローン技術は本質的には人自身に対する尊重と評価問題に関わっている。人間は道徳ある生物で，道徳に対する反省は倫理学の基礎である。クローンは伝統社会の倫理道徳に強烈なショックをもたらす上，我々の生命の一番深い筋道に対する見方に関わっている。生命とは何？人間とは何？人間はどのような意味で自分の身体を支配できるか？人間はどのように自分が生きるか死ぬかを決めるべきか？人間はどのように自分の尊厳を維持するか？どのように生命の意味にきちんと対処すべきか？これらの問題はまさに生命倫理学が注目すべき焦点である。科学研究の行動は人間のほかの行為と同じく，行動さえすれば，必ず行為の結果に関わる責任の道徳概念と繋がり，法律と倫理に制約されるに違いない。科学者の目的はもちろん真理の探索だが，そうであるからといって躊躇なく研究の客体を対処してはいけない。科学事業は崇高であるが，それにより行為主体の最も基本的な消極義務に反してはならず，普遍的な道徳の約束力に違反してはいけない。

第11章

民事救済制度についての倫理的分析

I　民事救済制度の本質についての倫理的分析

1　権利救済の必要性について

　権利は人間の人としての価値であり，権利を侵すのは人間性を殺すのに等しく，権利が侵害されないことが私権神聖のあるべき意味である。法律は権利義務をその主要な内容とし，まず権利を創設して，確立する。同時に権利に十分な制度保障を与える。保障のない権利は壁のない花園のように，牛や羊が齧(かじ)るままになってしまう。ある意味，救済がなければ権利はない。民法は権利を本位とする法として，市民社会の主体に十分な権利を創設するだけでなく，立法で最大限権利を享有できる可能性を提供し，さらに，権利に十分かつ有効な保護を与えなければならない。誰であろうと，いかなる方法であっても自然人と法人の権利を侵害してはならず，権利を不法に制限することも剥奪することも許されない。民法における権利の保護は，救済制度にある。当事者に救済権を賦与し，簡便で信頼できる手続を確立し，救済権の行使を確保する。これは権利者が自力で救済権を行使をすることによって，自力救済手続を行うことの承認と，権利者が国の援助を受けて，救済権を行使する公的救済手続の承認である。救済権と原権の差は，原権利は救済できるが強制はできない。契約債権においても契約当事者の違約した後に強制される。しかし，救済権の内容は直接に強制できる。救済権は通常人権に適用されるが，原権利は人権にも物権にも適用される。[1]

---

1)　劉凱湘「民法の性質と理念を論じる」，済南法学フォーラム，2000年第1期。

2　民事権利救済の価値及び役割

　民事救済とは，民法の要求に符合しない具体的な民事法律関係について，抽象的な民事権モデルに従って調整を行い，元の円満な状態に戻し，民事主体間の利益，及び民事主体と社会利益のバランスをとることである。比較法学者によると，大陸法系は「救済より権利が先」の法体系であるが，コモン・ロー系は「権利より救済が先」の法体系である。イギリスのコモン・ローは，一連の救済手段として生まれ，その目的は紛争を解決することにある。権利侵害行為に関する法は令状を基礎として発展した。裁判所が特定した令状であり，訴訟によって救済を創造する。しかし救済の前に，法典が編成した権利体系はなかった。メーン（Maine）の指摘のように，イギリス法は手続の隙間から染み出したのである。それゆえ，コモン・ローにおいて，救済が人々の法律上の権利を確認し，救済手続がコモン・ローの権利体系を創設した。これと異なり大陸法系は，正義の観念に従い社会はいかなる権利と義務を認めるべきか，このような権利があるからこそ，相応する救済措置をとるべきであるということにしたのである。したがって，「救済より権利」である。民事救済制度の役割について孫鵬は次のようにまとめた。(1)公平に民事活動の参加者を守る。現代市場経済の条件の下に，民事主体が民事法律関係に参加し民事活動を行うのは，特定の利益に駆り立てられるからである。民事主体の営利の追求により，民事関係に不均衡を引き起こした場合，民法がそれを調整しなければならない。民事救済制度は，特有な制度体制と手続を通して保障するものである。公正・中立に民事法律関係を正しく調整し，民事主体の権利とほかの法益を守る。(2)社会経済の加速発展を保障する。社会経済の発展には法律の保護と裏付けが必要であり，民事領域は社会経済発展の重要な場面である。民事領域の混乱及び不均衡は，必然的に社会経済の発展に影響を及ぼし，発展の歩調を遅滞させる。民事救済制度は民事関係の障害を排除し，民事活動を健全に発展させることによって社会経済活動を適度に，快速に動かす。さらにその運行途中，摩擦と衝突を減らす。不必要な人力，財力と時間の浪費を避けることによって必然的に社会経済の収益を増進させる。(3)社会経済関係が順次良くなることを実現する。民法が民事の主体を規律するため，全力で民事主体の権利と利益を保護しなければならない。ただ民事主体が営利を追求する際，完全に規則に従わず，

任意及び恣意的に行動することもあり，その場合必ずやほかの民事主体の権利と利益を脅かし，民法律秩序にも危険をもたらす。さらに，全体の社会経済秩序を脅かすことは，民法では許されない。民事救済制度は，一方において救済措置を通してそれぞれの民事主体間の利益を平衡させ，それぞれの主体間の利益共同体を構築することを図ると同時に，詐欺を禁じるなどの措置によって民事主体の利益と社会利益を平衡させる。また民事法律関係ないし全体の社会経済関係を整然と秩序化する[2]。

権利救済は，自力救済と公的救済に分けられる。自力救済は権利者が自己の行為で，侵害された権利を救う。しかし，公的救済は，その権利者が訴権に依り国の公権の支援の下で，自己に加えられた危害を排除することで権利を円満な状態に戻す。

II　自力救済についての倫理的分析

1　自力救済の必要性についての倫理的分析

自力救済は，自力救助とも言う，権利者が国家機関の公的な力を借りずに自らの力で自己または他人の権利を実現する合法行為である。自力救済は，私権神聖の観念の産物であり，私権神聖の観念は市民法の内容と体系を表している。その役割は様々な面から主体の権利を確認し保護することである。一般的に，自力救済制度は，人類史の揺籃期に盛んに行われる制度であり，一旦国の権力が十分発達すればこの制度の氾濫は許されなくなる。これは自力救済が暴力事件を引き起こしやすく，当事者が力を頼りに弱い者を虐げ，報復の循環を招くからである。また，当事者が自己の判断で他人を強制するため感情的になりかねず，公正を保つことが困難となる。それゆえ，人類文明が高度に発達している社会では原則，自力救済を禁じる。しかし，自力救済は迅速で，時機を逸しないというメリットがあり，緊急状態においては公的救済も及ばないので，例外的に自力救済制度を承認すべきである。自力救済と公的救済が共に厳密な権利保障体系を組み立て，迷いなく権利行使し，さらにその範囲を確定で

---

2)　趙万一主編『商法学〔改訂版〕』，中国法制出版社，2002年版，453-464頁。

き，それによって市民社会の動きの調和を図ることができる。

2　自力救済形式についての倫理的分析

　自力救済の主な内容は正当防衛，緊急避難及び自助行為である。「ドイツ民法典」第227条第2項の規定によると，正当防衛とは「自己や他人を現在の不法侵害から守る必要な行為である」。その構成要件は二つに分けられる。①不法侵害の事実がある。②攻撃程度に相応する防衛行為である。必要な程度を超えると，法律が許す正当防衛の範囲を超える。「ドイツ民法典」第228条の規定によると，緊急避難は「非常事態にあって自分や他人を緊急に危険状態から救う目的で，他人の物を損傷した者は，そのような損傷が危険防止の必要な行為であり，損害が危険防止の程度を超えず，その行為が違法でない場合は，賠償責任を負わない」。その構成要件は三つある。①危険が存在する。②危険防止の行為である。③危険によって引き起こされ得る損害を超えない。自助行為について「ドイツ民法典」第229条の規定によれば，「自力救済のために，他人の物を留置，破壊若しくは毀損し，自力救済の目的で逃亡の疑いがある債務者を拘束，若しくは債務者の受忍義務がある者の行為の抵抗を制止することは，政府機関の支援が間に合わず直ちに介入しなければ請求権が実現できないかあるいは行使困難の場合，その行為は違法ではない」。その構成要件は次のとおりである。①自己の権利を保護するためである。②政府機関の支援を待つことができない。③迅速に処理をしないと，請求権が実現できないあるいは実現し難い。ここから，正当防衛であろうと緊急避難行為であろうと，共通する特徴は，加害者に主観的な過失がなく，法律上責めに帰すべき原因がないことである。それゆえ，自己の行為に不利な法律結果を負う必要はない。

3　中国古代の自力救済の参考意義について

　他の国と比べて，中国古代の民法は自力救済を非常に重視していた。朝廷法律の基本的な指導思想は，民事権利の擁護と行使を権利者が自ら解決でき，あまり官庁に煩わされないことを望んでいる。民間の実態もそうである。一般的に自分や親族，同郷の人に頼って権利の擁護または行使を実現する。このような民間自力保障，自力救済は主に以下の方法がある。まずは，民事取引におい

てはリスクを取引相手若しくは第三者に転嫁させる。次に，民事関係を築くとき担保を強制する。例えば，各種の契約で担保条項は欠かせない条項で，多くの民事関係の成立には第三者の参入を必要条件とする。ただ，第三者が担保するのは主に督促義務であり，相手に義務履行を督促する責任である。特別な条項がなければ通常連帯賠償責任は生じない。なお，このような第三者が参加する民事関係を強制する場合も，法律の支持を得るべきであり，民事法律の対象は有限であるため第三者が民事関係へ参加すべき必要性は少なくない。最後に，民事紛争の解決メカニズム上，主に親族，同郷の人，声望ある紳士，長老による調停「和解」に頼る。これも同じく朝廷法律の支持と提唱に基づく。例えば明初期の「申明亭」，明中期の「郷約」制度などである。[3]

III 公的救済についての倫理的分析

1 公的救済の法律地位についての倫理的分析

　公的救済は法律規定及び法律規定に相応する国の強制手段を通じて実施される救済である。公的救済は，法制度の中で，法的手続に従って，法規範に救済措置を提供でき，自力救済の役割より有効である。自力救済から公的救済への転換は現代法治文明の重要な表徴である。人類社会と法律が登場した頃，典型的な権利救済方法は，自力救済と同類の復讐であった。その後，法の継続的な努力の結果復讐状態を克服，排除しやや穏やかな救済方法をとるに至ったが，自力救済が依然として，相当な割合を占めていた。近現代法治社会が確立して以降，公的救済は直ちに主たる救済方法になり，自力救済は極度に制御された。権利救済は自力救済から公的救済への転化史であり，ある意味人類の法律発展史とも言える。自力救済から公的救済への転換手続は，法的救済の自発から自覚へ，衝動から理性へ，混乱から秩序へ，任意から規制への移行であり，この手続の完成は，現代法治文明の重要な表徴である。法哲学の角度から考察すれば，自力救済の状態は，法の支配が欠如している状態であり，この「自然」に近い状態で，人々は広範囲の権利や自身の権利に対する尊重を待ち望ん

3）　訳者注：本郷の本地に適用する規約を指す。近隣郷人が励まし合いならが共同に守って，相互協力して救済する目的の制度である。

でいる。しかし，人は生まれつき自己中心的で，さらに他人の権利を無視し，踏み躙る傾向がある。自己の権利を救済するときも例外ではない。それゆえ人々はお互いに権利を尊重することや，調和のとれた法律秩序を呼びかけるようになった。このように理論に基づき構築された現代法治社会において，民事権利の救済は，論理的な必要に従って法律を代表する専門的な公共機関で担うことになる。これは自力救済から公的救済への転換の法哲学の根源でもある。

2 公的救済対象と救済形態についての倫理的分析

一般的に，公的救済の対象は，侵害された被害者の民事権利，つまり法益である。言い換えると，民法の権利侵害行為法がすべての権利侵害行為の被害者に救済権を与えるわけではない。「フランス民法典」第1382条の規定によると，「過失に基づく行為は，他人に損害を与えた場合，賠償責任を負う」。「ドイツ民法典」第826条1項規定によると，「善良な倫理に反し，故意に他人に損害を与える者は，それによって生じた損害を賠償する責任を負う」とし，第823条の規定によると，「第1項 故意または過失によって，他人の生命，身体，健康，自由，所有権や他の権利を侵害した者は，その損害を賠償する責任を負う。第2項 他人を保護するための法律に違反する者も，同じ義務を負う。法律の内容に従い，無過失でも法律に反する可能性があるとき，過失があったときに損害賠償の義務を負う」。ここで，「他人を保護するために法律に違反した者」について，ホルン（Horn）の説明によると，「ここに言う保護的法律は，すべての個人と個人集団を守る目的の私法規範と公法規範を含め，特に刑法の規範を指す。しかし，公衆全体を保護する目的とする法律は含めない」[4]。ドイツ民法により，公権の侵害によって私益が損害された場合，民法の権利侵害行為法で救済されるということがわかる。さらに，民法上の救済権の救済対象は私益であり，私権（私法）が守っている私益を含めるだけではなく，公権（公法）が守っている私益も含めることもわかる。民事救済の方法には以下の内容が含まれる。(1)民事仲裁。民事仲裁は民事法律関係の運用に障害が生じたり，特に民事主体において実体上の民事権利と義務に紛争や議論が生じたりする場

---

4)　ホルン（N. Horn）『ドイツ民商法入門書』，楚健訳・謝懐拭校正，中国大百科全書出版社，1996年版，171頁。

合，事前に締結している仲裁条項や事後形成した仲裁協議に基づき，争いのある事項について特定の仲裁機関に付して法律に従い裁決する制度である。(2)民事訴訟。民事訴訟は，民事主体が争いのある民事権利と義務を司法審理機関に提出して，審理プロセスにより裁決をする制度である。民事仲裁と民事訴訟は民事権利義務の紛争を解決するための民事救済制度として，二種類の独立した制度であり，民事主体は一つの民事争議と紛争に関して，救済の手段と方法としてこの二種類のうち一つしか選べない制度である。

3 公的救済の内容についての倫理的分析

現代民法において，公的救済の内容と方式は主に財産責任であって，古代のローマ時代において，救済方式は人身責任であった。例えば，「十二表法」の第三表により，「債務者が自発的に裁判所の判決を執行せず，審問を受ける際，債務者に代わって責任を免除させる者がいない場合，原告はその者を私宅に連れて行って，15ポンド以上の鎖や手錠をかけることができる」。債務者はさらに，「死刑にされたり，外国に売り出されたりしてもいい」[5]。メーン（Maine）の『古代法』にこの変化が描かれている。「ローマ法において，犯罪行為は完全な不法行為に属すると習慣的に考えられた。しかも，法の専門家は，窃盗のみならず，追剥や強盗を権利侵害や文字による誹謗や口頭での誹謗と同種のものとしたため，このすべての債務は法的鎖（Obligatio est iuris vinculum）となり，金銭の支払いで補償されていた。この特徴は，ゲルマン部落の統一法律に明らかに見出されている。殺人罪に対しても例外なく膨大な金銭による賠償制度があり，軽微な損害にも若干の例外を除き，同じような金銭賠償制度がある」。「アングロ・サクソン（Anglo-Saxon）は，すべての自由民の生命には，その身分に応じて一定の金銭を賠償され，自ら受けた加害，市民権，栄誉などのほぼすべての損害に対して，相当する金銭で賠償される」[6]。ボンファンテ（Bonfante）によると，ローマにおける債務（obligatio）の歴史は私犯（exdelicto）罰金責任に起源する。契約責任は初期のこの概念に属する。法律は先ず罰金（poena）や借金（pecunia or res credita）を支払うよう規定しており，債務者の

---

5) 萧榕主編『世界有名な法典選編・民法巻』，中国民主法制出版社，1998年版，16頁。
6) メーン（H. J. S. Maine）『古代法』，沈景一訳，商務印書館，1995年版，209頁。

財産は給付不能,あるいは弁済不能のときに,権利者は具体的な行動で執行することができる。その時から,債務（obligatio）は初めて新しい意味,つまり財産の意味を取得する。[7] 債務（obligatio）と責任の問題は19世紀にドイツ民法学上の一つの激しい争点であった。通常,債務は一定の給付義務で,責任は強制的にこの義務を実現する手段であり,またこの義務を履行する担保である。債務と責任の差違及び関係は次のとおりである：債務は義務であり,責任は強制的である。債務は責任の前提で,責任は債務の結果である。債務は永遠に存在し,責任は時効を超えると存在しなくなる。[8]

4 公的救済の手続と救済目的についての倫理的分析

公的救済手続の中の倫理要求は主に二つに分けられる。一つは,裁判官は審理にあたって誠実・公平原則を遵守すべきである。二つ目は,裁判官は審理にあたって総合的に種々の要素を考えるべきある。特に責任軽減要因に関して審理結果は衡平であることを求める。裁判官は信義則に基づいて,正確に当事者の民事行為を評価・解釈でき,当事者の権利濫用を防止し,不均衡な利益関係を回復・修正できる。裁判官は裁判の際に,信義則を基点として,公平・正義を裁量基準とすることが求められる。当事者の法律範囲内の意思自治行為について,裁判官は自由裁量権で自ら関与することは許されない。それは権利濫用に属するのですべきではない。[9] 信義則の当事者の法律行為に対する評価機能は,信義則違反行為の場合法律の保護を受けず,場合によって法律で制裁されることもある。信義は法律が追求する公平・正義の価値目標を表すものであり,境界が不明確であるがゆえに適用範囲の柔軟性が高く,事実上民事立法の指導的な規定になり,法律規定の補充的機能を有する。

信義則は,裁判官に自由裁量権を与え,法律を補充する機能がある。世界の絶え間ない変化・発展と当事者の民事活動中の悪意ある行為は,当事者間の利益関係の衡平を失わせる。この状況において法律の有効な関与がないと,当事

---

7) ボンファンテ（P. Bonfante）『ローマ法教科書』,黄風訳,中国政法大学出版社,1992年版,284頁。

8) （台）王澤鑒『民法債編総論（1）』,三民書局,1996年版,46頁。

9) 楊葵「審理実践における誠実信用原則の運用」,人民裁判所報,2001年3月26日。

者間の既存の権利義務関係は公平・正義の軌道から外れ，経済生活秩序と社会安定を破壊しかねない。信義則に基づき，裁判官は適時に当事者間の失衡した利益関係を調整でき，意思表示に瑕疵がある民事行為を修正でき，当事者間の利益平衡を回復・再建する。さらに，法律に従って権利を行使し，義務を履行する当事者の得るべき利益を確保し，公平・正義及び経済秩序を擁護する。自由裁量権は裁判官の法律を補充・発展させる権利として，審理を複雑な現実生活に適応させるために必要なものである。ただし，いかなる権利の行使でも，限度があり，自由裁量権も例外ではない。

　民事救済において，責任者の責任を軽減できる法定事由がある場合，救済結果を訂正すべきである。いわゆる民事責任軽減とは，一般的な責任帰属原則に基づき，特定の当事者の民事責任を確定する上で，裁判所や仲裁機関が一定の事由を元に法律に従って責任者の民事責任を軽減させることである。民事責任を軽減する一般的な事由とは，法律規定に基づき裁判所と仲裁機関に特定の当事者の民事責任を軽減する基本原因を認めることである。一般的な事由は，法定事由と酌定事由に分けられる。法定事由とは，法律で明文規定があり，軽減できる民事責任の原因である。現行立法の規定をまとめれば，民事責任を軽減する法定事由は次のとおりである。①混合過失。②無過失または小過失。後見責任の軽減・防衛・過当避難により生ずる適当な法律責任は，責任者の無過失や小過失の原因である。③ある合法的な原因によりもたらされる損害。④他人の物を無償保管中の故意のない破損。⑤その他の法定事由。民事責任の軽減は，正確あるいは公平に特定の民事責任を定義するにあたって考慮する要素に影響する原因が存在するか否かにある。酌定事由とは，法定の軽減事由に当たらない場合，裁判所や仲裁機関が特定の当事者の民事責任を軽減するためのその他の一般的事由である。酌定事由は，事件あるいは紛争と密接に関わる様々な実際の状況によって構成される。広義では，酌定軽減は依然として法定軽減の範囲に属する。その理由は酌定軽減権の取得には，同じく法律の賦与が必要であるからであろう。狭義の法定軽減制度は，立法手続・時間・方法・技術など要素の制約により，一つずつ正確かつ公平に民事責任に影響する事由を列挙して確定することは不可能である。普通責任者の動機，目的，手段，債務履行能力，後悔の気持ちの表明，健康状況及び被害者（権利者）との血縁関係など

が民事責任軽減の可否を決める酌定事由になる[10]。酌定事由が重視するものは，民事責任の分担がより公平で合理的になるのみならず，さらに人々の倫理的判断基準に適合し，しかも民事責任制度をより血の通ったものにすることができるという点である。これはまさに中国の現行民法制度に欠如する内容でもある。

---

10) 黄龍「民事責任軽減制度初探」，山東法学，1997年第1期。

あとがき

　現行の法律体系の中で，民法は最も厚い文化の蓄積であり，最も深い社会的影響力がある法律部門の一つである。主に制度と規則の集合を表現する法律である商法，訴訟法，国際法等と違って，民法は法律意識を含め，公平，自治，誠実を核とする法治精神と法律文化を表現する。民法の発展は単純な制度の進化と規則の変遷ではなく，社会の経済政治制度の環境と観念の進展を反映している。したがって，民法文化は現代文明の起点であり，発動するものとして，現代文明に欠かせない重要な主体である。30年前の中国で行った経済体制改革は，現代の中国社会に法治の必要性を認識させ，中国において数千年に渡り根深く影響していた重刑軽民の思想を転換させた。これまで，民法が中国国民性の塑像と国民行為にもたらしてきた深い影響は恐らく争いのない事実である。30年ほどの懸命な努力と持続的な探索のすえ，民法が持つ私法の性質と人本理念と平等思想の体現については理論界で一致している。しかし，民法が表している人文価値は一般社会に承認されず，その社会道徳の牽引機能をも有効に発揮できていない。たとえ制度的に先進国の軌道に合わせることを実現したとしても，中国に必要な法治理念と法律の精神を構築することはできない。中国社会，特に中国経済がいち早く世界に融けこむためには，適宜先進国の法律規定を参考にして，最大限度に中国の法律と国際条約・慣例及び先進国の法律法規が合致することが必要である。ただ，このような一致は各国の経済発展のレベル・社会慣習・社会伝統などに存在する差異の否定ではなく，各国の民族精神・風俗慣習と道徳伝統を充分尊重することを求めるのである。外国の法律制度全体をそのまま導入することは可能であるが，先進国の法治精神と環境を導入することは不可能である。例えば西洋社会で民法の基礎としての市民社会観念は，自由，自治，自主と自律を強調し，国家公権力が恣意的に私生活領域に入ることを許さず，民法を含むすべての法律は市民生活と一定の距離を維持しなければいけない。これが西洋のことわざが言うところの「神のものは神のも

の，カエサルのものはカエサルのもの，カインのものはカインのもの」である。歴史的に見れば，近代ヨーロッパ市民社会は形式上完全な市民法律体系を形成しただけでなく，さらに実質的に市民法に含まれる偉大な私法精神と私権の尊重という法律意識を育成し，また長い歴史の中で近現代西洋の法律伝統を滋養してきた。それと比べ，中国の法律・文化・伝統は国家と集団利益が私的利益に優先し，国家と社会の要求の下私有尊厳と権利を蹂躙できる。このような観念に基づく指導の下で，我々の法律と司法活動は絶えず公共利益の名の下で個人生活を侵してきた。

　過去30年の中国法治の発展史を回顧すれば，次のような社会現象が見える。中国の法治の発展過程において，民法学と民事立法は最も早く発展した法律部門である。人気法分野として民法学の社会的影響力が徐々に拡大され，他の分野の発展にも影響を及ぼし，ひいては他の分野の生存空間を占拠し，かつて民法は「民法帝国主義」と呼ばれるようになった。ただ，民法研究繁栄の背後で，民事立法が社会実践から脱線し，しかも間違った岐路に行く傾向にある。主に，民法学者らは野心に満ち，画期的で21世紀の民法トレンドを代表できる民法典を提案し，中国の市場経済の成長の最新要求を最大限度に表す民法典であると主張したからである。これに比して，社会公衆の民法に対する共感が強調されず，民法が表す法律価値と法律精神はあまり尊重されず，発揚されていない。民事立法の中の「汎政治化」傾向が明らかになり，公権力は恣意的に私法領域を侵す現象が深刻である。立法の過程で異なる社会主体の質の差違を過度に強調し，異なる主体には異なる立法要求と法的保護を採用し，政治的先進性を経済的先進性に優先させ，さらに立法上差別的待遇を実行する現象が普遍的に存在する。これらの状況の発生原因はいくつかあるが，その中でも自由，平等を中核とする民法文化の欠乏が考えられる。先進的な民法文化の指導と奥深い市民社会思想の観念の支えなくして，実質的な民法典の制定は考えられない。以上の認識に基づいて，私は1990年代中後期から，絶えず民法の本質と役割を思索し，民法とその他の法律の関係を思考し，そして倫理的視野から民法制度に全面的な解読を試みている。そこで，《契約自由と公序良俗》，《経済法の若干基本的理論問題についての研究》，《民法意思自治原則における倫理的分析》，《民法の倫理性価値について》，《民法の公平原則における倫理的分析》，

あとがき

《財産権制度が存在する基礎》,《民法と憲法の関係から中国の民法典制定の基本理念と制度構成について》など多数の論文を相次いで発表した。自らの考えを総括して昇華させ,そしてこの基礎上に『民法の倫理的分析』を書き上げた。この本は最初,西南政法大学50年の創立記念日を祝うために出版した50冊の学生文庫中の一部として,2003年に中国法律出版社にて発行された。その後,2005年に中国台湾の五南図書出版社において繁体字で出版された。2012年に修正版が《民法哲学文庫》の一つとして中国の法律出版社において第二版として出版された。

今回,本書が日本の法律文化社において出版できたことにつき,まず本書を法律文化社に推薦し,監修など大変な役割を荷ってくださった大阪市立大学大学院法学研究科 高橋英治教授に深く感謝申し上げたい。そして,監訳を引き受けて頂き,最初から最後まで何度も見直して頂いた静岡大学人文社会科学部法学科 坂本真樹准教授に深く感謝申し上げたい。序論から第2章まで見直し,ご意見をくださった大阪市立大学大学院法学研究科 王晨教授に深く感謝申し上げたい。同時に根気よく翻訳に取り組んで頂いた上海大学法学院 崔文玉教授に感謝申し上げたい。そして,上海大成弁護士事務所 張詩萌弁護士,南京銀行法務部 彭敏君にも本書翻訳への貢献に感謝を申し上げたい。

最後になったが,本書の刊行に漕ぎつけることができたのは,法律文化社の舟木和久氏の忍耐強い対応のおかげと言わねばならず,この場を借りて心から感謝申し上げる。

　　　2017年6月16日に重慶にて

　　　　　　　　　　　　　　　　　　　　　　　　趙　万一

執筆者紹介

■著　者
　趙　万一（ちょう　まんいち）　西南政法大学民商法学院院長

■監訳者
　王　　晨（おう　しん）　大阪市立大学大学院法学研究科教授
　坂本真樹（さかもと　まき）　静岡大学人文社会科学部准教授

■訳　者
　崔　文玉（さい　ぶんぎょく）　上海大学法学院教授

Horitsu Bunka Sha

民法の倫理的考察
――中国の視点から

2018年2月28日　初版第1刷発行

著　者　趙　万一
監訳者　王　　晨・坂本真樹
訳　者　崔　文玉
発行者　田靡純子
発行所　株式会社 法律文化社

〒603-8053
京都市北区上賀茂岩ヶ垣内町71
電話 075(791)7131　FAX 075(721)8400
http://www.hou-bun.com/

＊乱丁など不良本がありましたら、ご連絡ください。
　送料小社負担にてお取り替えいたします。

印刷：㈱冨山房インターナショナル／製本：㈱藤沢製本
装幀：白沢　正
ISBN 978-4-589-03888-3

© 2018 C. Wang, M. Sakamoto, W. Cui Printed in Japan

JCOPY　〈(社)出版者著作権管理機構　委託出版物〉

本書の無断複写は著作権法上での例外を除き禁じられています。複写される
場合は、そのつど事前に、(社)出版者著作権管理機構（電話 03-3513-6969、
FAX 03-3513-6979、e-mail: info@jcopy.or.jp）の許諾を得てください。

石岡 浩・川村 康・七野敏光・中村正人著
史料からみる中国法史
四六判・240頁・2500円

初学者にとって理解困難な史料を，現代日本語訳とやさしい語り口で読み解くユニークな入門書。中国法の変遷を概観したうえで，法学入門的なトピックを切り口に現代日本法との比較のなかで中国法史をわかりやすく叙述する。

西村幸次郎編〔NJ叢書〕
現代中国法講義〔第3版〕
A5版・278頁・2900円

第2版刊行（05年1月）以降の中国法の重要な立法・法改正（物権法・商法など）をふまえて改訂。グローバル化の影響を受けながら展開する中国法制の全般的動向を理解するうえでの最適の書。

下野寿子著
中国外資導入の政治過程
―対外開放のキーストーン―
A5判・282頁・5400円

中国の経済発展の主因の一つである外国からの直接投資。社会主義統制経済のもとにあった中国で，なぜ資本主義的な性格をもつ直接投資導入政策の開始と定着が実現可能となったのか。その政治的要因を探るとともに，全貌を解明する。

大野達司・森元 拓・吉永 圭著
近代法思想史入門
―日本と西洋の交わりから読む―
A5判・304頁・2800円

立法・法改正論争が盛んな現代日本の法理論の背後にあるものを理解するため，幕末～敗戦・新憲法制定までの法思想の道筋を辿る。日本と西洋の重要人物の来歴や相互の影響関係，さらに近代法継受の社会的政治的背景を含む入門書。

村上一博・西村安博編〔HBB⁺〕
新版 史料で読む日本法史
四六判・364頁・3300円

学生の知的好奇心を刺激するトピックを選び，現代の法的問題とも結び付く法意識や裁判の観点から日本法史の世界を探検。史料を読み解きながら解説を加える方針を踏襲し，総論・古代法・近代法を補訂。史料の体裁も刷新。

田井義信編
民法学の現在と近未来
A5判・382頁・8600円

学界の重鎮も執筆に加わる最新の研究成果。家族法の世界的激動や日本の債権法改正の動きに合わせてカレント・トピックスを取り上げる。外国法の知見をふまえ先端的分析や問題提起を行い，民法学が進むべき方向性を指し示す。

―法律文化社―

表示価格は本体（税別）価格です